Political Landscape
[Politische Landschaft]

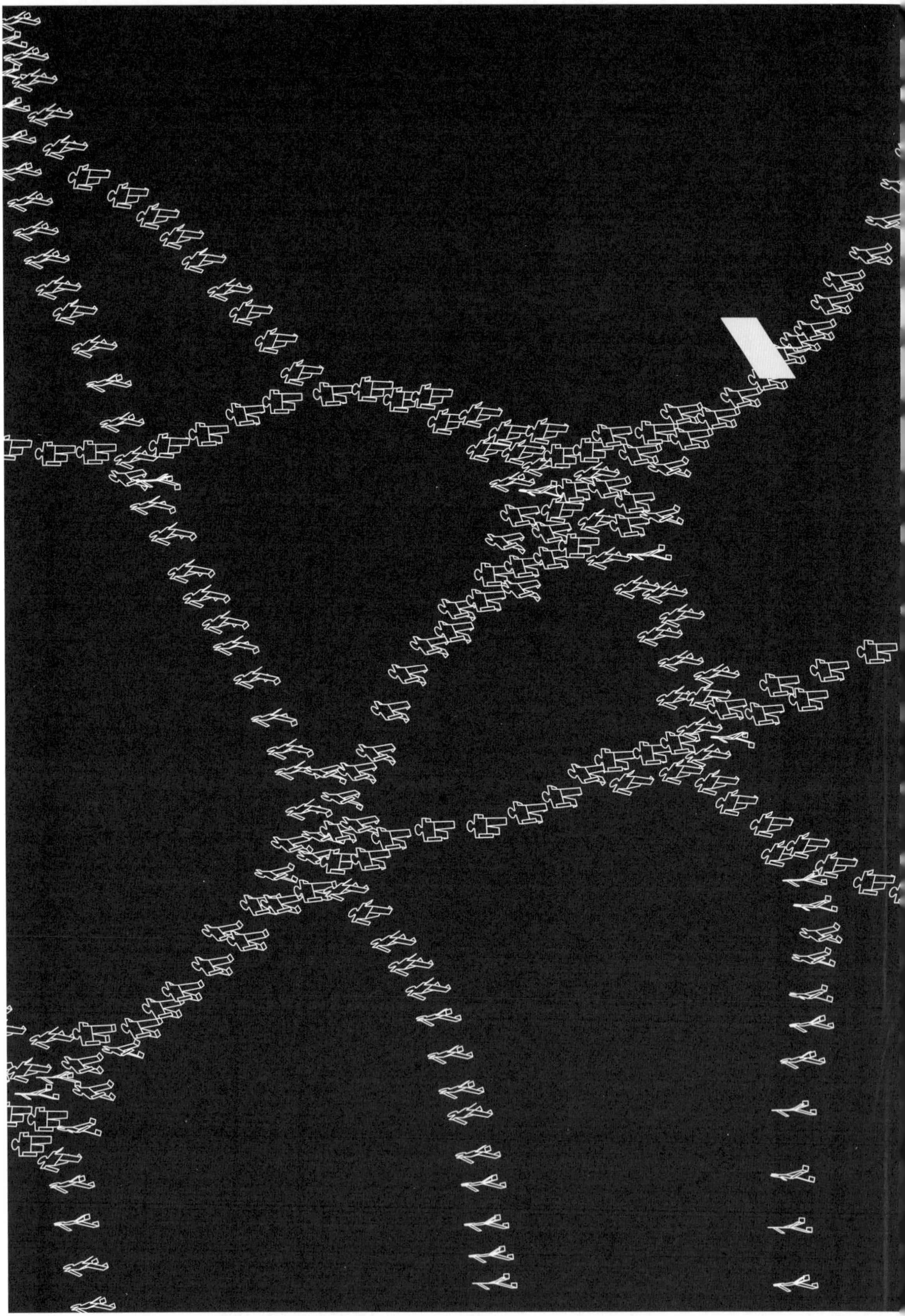

Political Landscape [Politische Landschaft]

b&k+
Bergische Universität GH Wuppertal
Akademie der Stadt Sindelfingen

Diese Publikation erscheint anlässlich von Workshop und Ausstellung **„Gründung der Akademie"** (b&k+, Anne-Julchen Bernhardt, Bittermann&Duka mit Alias, Christopher Dell, ifau, Isa Melsheimer und Klaus Meyersen vom 17.9. bis 5.11.2000 in der Galerie der Stadt Sindelfingen) und des Workshops **„Politische Landschaft"** (veranstaltet von: b&k+, Bergische Universität GH Wuppertal, MAK Köln, ARCH+ und schoenerwissen vom 22.9 bis 27.9.2000 im Museum für Angewandte Kunst Köln).

Inhalt

Herausgeber
b&k+
Brandlhuber&Kniess + Partner
Bergische Universität GH Wuppertal
Prof. Ursula Ringleben, Hochbaukonstruktion und Entwerfen;
Prof. Stellv. Arno Brandlhuber, Elementares Bauen
Akademie der Stadt Sindelfingen
Elisabeth M. Asche; Otto Pannewitz

Redaktion
Silvan Linden,Susanne Kerßenboom

Gestaltung
Casper Mangold, Meissner & Mangold, Berlin
(Kapitelillustrationen Silvan Linden)

Der Workshop **„Politische Landschaft“** und die Publikation **„Political Landscape“** wurden gefördert durch das Ministerium für Schule Wissenschaft und Forschung des Landes Nordrhein-Westfalen.

Die Deutsche Bibliothek – CIP-Einheitsaufnahme

Political Landscape; Hrsg.: b&k+, Bergische Universität GH Wuppertal, Akademie der Stadt Sindelfingen [Red.: S. Linden. Übers.: U. Gutmair, S. Linden] - Köln: König, 2001
ISBN 3-88375-484-6

Printed in Germany

Vorwort der Herausgeber

Die Kapitel des Buches sind als lose Gruppierungen zu verstehen, die von einander unabhängige Gebäude verschiedenster Maßstäbe, Hintergründe und Formate gegen- und zueinander stellen. Die gedankliche Schleife der Kapitel beginnt beim handelnden Individuum und „Techniken" einer gesellschaftlichen Positionierung, wendet den Blick in die gebaute Umwelt, und über die Betrachtung von Formen des Gebrauchs öffentlichen Raums letztlich auf Strategien gesellschaftsrelevanter Gestaltung.
Die Autorenbeiträge sind anlässlich des Kölner Workshops oder für „Political Landscape" verfasst worden – gefolgt von den abbildbaren Ergebnissen des Workshops „Politische Landschaft" im September 2000 und der 2000 realisierten „Gründung der Akademie".
Die vorliegende, in ihrer Entstehungsgeschichte heterogene und unvollständige, „Landschaft" will eine verbindende Absicht skizzieren: Die Frage nach den Möglichkeiten politischen, gesellschaftsrelevanten Handelns unter den Bedingungen einer Gegenwart, die irgendwo zwischen Neoliberalismus, Politikverdrossenheit und Reformstau angesiedelt wird. Während sich die institutionelle politische Praxis in diesen Begriffsmustern als weitgehend erstarrt beschrieben oder möglicherweise auch stigmatisiert findet, will „Politische Landschaft" vom entgegengesetzten Ende der Konstitution von „Gesellschaft" ausgehen. Dort, wo sich gesellschaftliche Verantwortung und Kompetenz täglich neu zu erfinden und beweisen hat: beim Einzelnen und dem Bedürfnis nach Vorstellungen möglicher Zukunften.

William Speakman

Echtheit

Speakmans Installationen sind abgeschlossene Welten, die be-treten und erfahren werden wollen. Sie dienen immer einem bestimmten Zweck – Sushibar, Hanf-Gewächshaus, Spritzlackkabine, Sägewerk – und entziehen sich dabei gleichermaßen der „wirklichen" Welt wie dem Definitionsbereich von Kunst.

In Speakmans Verständnis hat die Kunst den alleinigen Anspruch auf das Erstellen wirksamer Bilder an eine Bild- und Kommunikationsindustrie verloren, die den öffentlichen und privaten Bereich vollständig durchdrungen und durch das Angebot einer allumfassenden Erfahrungswelt ersetzt hat.
Sein Verlangen nach Raum ist inspiriert von abweichenden Energien, die Orte mit eigener Identität entstehen lassen. Orte, die die Sinne anregen und über körperliche Erfahrungen den kürzesten Weg in das Bewusstsein suchen. Es geht ihm dabei nicht um die Erfahrung als solche, sondern – seine letzten Arbeiten haben sich auch ins Visuelle verlagert – er untersucht unser zwiespältiges Verhältnis zu Natur und Natürlichkeit. In dem Wissen, inszenierte Situationen vorzufinden, liegt die Bereitschaft begründet, seine Arbeiten als Teile einer eigenen Realität zu akzeptieren. Ihre Funktionalität und Speakmans Gespür für Materialien verleiht den Installationen einen authentischen und beiläufigen Charakter, der jedoch immer seiner kommunikativen und interaktiven Wirkung untergeordnet bleibt.
Speakman entwirft eine Vorstellungswelt, der die Banalität der realen Welt als Ausgangspunkt für eine verwandte und verwandelte Realität dient. Er etabliert Orte, die Raum für Gefühle und Gedanken eröffnen und uns ermutigen, das Verständnis von Wirklichkeit zu überdenken.

Theo Tegelaers[1]

1] Aus dem Englischen von Silvan Linden.

Spiritual Teenage Moodmaker, Installation, 1997.

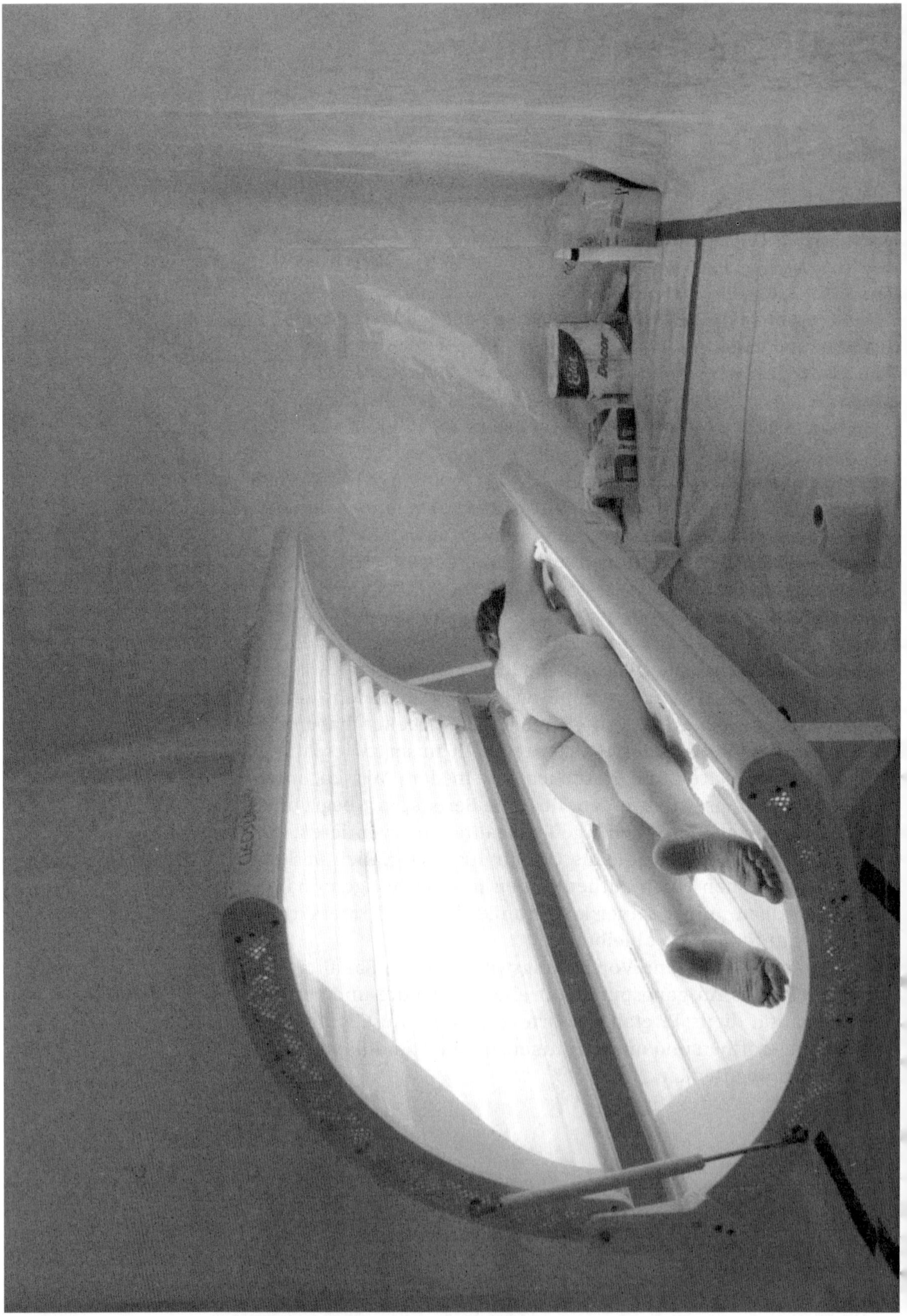

Handy Woman Work – solarium, Installation, 2000.

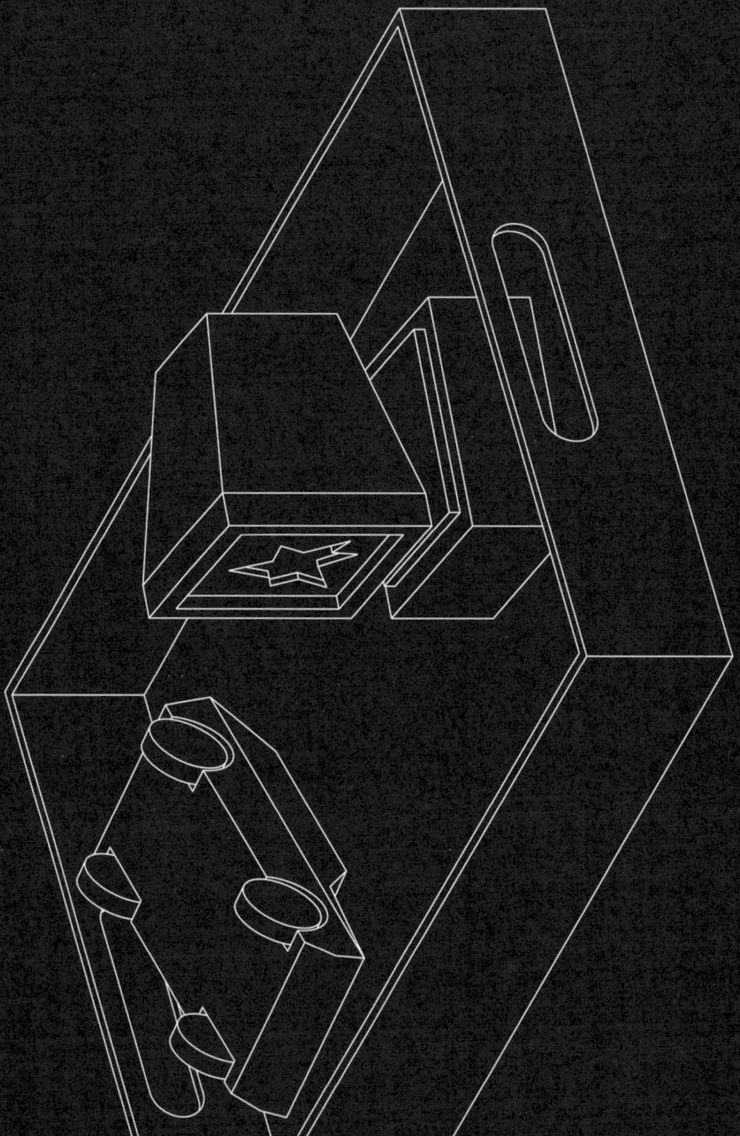

Theorie des Handelns

Slavoj Zizek: **Was kann Lenin uns heute über die Freiheit sagen?**
Matthias Haase: **Die Logik der Subversion**
Christopher Dell: **Soziale Praxis und Improvisation**

Slavoj Zizek

Was kann Lenin uns heute über die Freiheit sagen?

Sogar sich selbst als postmarxistisch bezeichnende Radikale billigen heute die Spaltung von Ethik und Politik. Sie verbannen Politik in die Domäne der Doxa, also ins Feld der pragmatischen Überlegungen und Kompromisse, die immer und per definitionem auf bedingungslose ethische Forderungen verzichten müssen. Der Begriff einer Politik, die nicht nur aus einer Reihe rein pragmatischer Interventionen bestünde, sondern eine Politik der Wahrheit wäre, wird dagegen als „totalitär" abgelehnt. Der Ausweg aus dieser Sackgasse, nämlich die mit Nachdruck vorgetragene Behauptung einer Politik der Wahrheit, sollte heute die Form einer *Rückkehr zu Lenin* annehmen. Warum aber gerade Lenin, und nicht einfach Marx? Verlangt eine korrekte Rückkehr nicht nach einer Rückkehr zu den korrekten Ursprüngen? „Zu Marx zurückzukehren" ist heute schon ein kleinerer akademischer Trend geworden. Aber *welchen* Marx bekommen wir da zurück? Einerseits den Marx der Cultural Studies, den Marx der postmodernen Sophisten, den Marx der messianischen Versprechung. Andererseits den Marx, der die Dynamik der gegenwärtigen Globalisierung vorhergesehen hat und der als solcher selbst von der Wall Street beschworen wird. Diesen beiden Marxen ist das Leugnen von Politik als solcher gemeinsam; der Rückgriff auf Lenin erlaubt uns hingegen, diese Falle zu umgehen.

Zwei Gesichtspunkte machen die Differenz aus. Erstens kann nicht oft genug auf das *externe* Verhältnis von Lenin zu Marx hingewiesen werden: Lenin war nie Teil des Inner Circle der Initiierten, er hat weder Marx noch Engels je getroffen. Außerdem kam er aus einem Land an den östlichen Grenzen der „europäischen Zivilisation". (Diese Externalität ist Teil der rassistischen

Argumentation des Westens gegenüber Lenin: Er habe das russisch-asiatische „despotische Prinzip“ in den Marxismus eingeführt; in einem weiteren Schritt der Distanzierung und Verleugnung erkennen ihn die Russen selbst nicht an, indem sie auf seine tatarische Herkunft verweisen.) Man kann den ursprünglichen Impuls der Theorie nur von einer solchen externen Position aus zurückgewinnen. Exakt diese Position nimmt auch Paulus ein, der die grundlegenden Lehrsätze des Christentums formuliert hat, aber nie dem engeren Zirkel Christus' angehört hat. Lacan wiederum konnte auf die selbe Art und Weise seine „Rückkehr zu Freud“ bewerkstelligen, indem er eine völlig andere theoretische Tradition als Hebel benutzte. (Freud war sich der Notwendigkeit dieser externen Position durchaus bewusst. Aus diesem Grund vertraute er auf Jung als Nicht-Juden, also einen Außenseiter, um aus der initiatischen jüdischen Gemeinschaft auszubrechen. Seine Wahl war allerdings eine schlechte, weil die Jungsche Theorie selbst als Initiationswissen funktionierte; es war Lacan, der Erfolg hatte, wo Jung scheiterte.) Auf die selbe Weise, in der Paulus und Lacan die ursprüngliche Lehre in einen anderen Kontext einschrieben (der Heilige Paulus interpretiert die Kreuzigung Christi erstmals als dessen Triumph; Lacan liest das Freudsche Spiegelstadium durch Saussure), entwurzelt Lenin in einer gewalttätigen Operation Marx. Er reisst dessen Theorie aus ihrem ursprünglichen Kontext, pflanzt sie in einen anderen historischen Moment ein und universalisiert sie dadurch letztendlich.

Zweitens kann eine jeweils „ursprüngliche“ Theorie nur durch solch einen gewaltsamen Akt des Verschiebens *zum Funktionieren gebracht werden,* indem damit ihr Potential zu politischer Intervention freigesetzt wird. Bezeichnenderweise war Lenins einzigartige Stimme zum ersten Mal in *Was tun?* klar und deutlich zu hören. Es ist dieser Text, der Lenins bedingungslosen Willen zum Eingreifen in die Situation offenbart – nicht im pragmatischen Sinn einer „Anpassung der Theorie an realistische Anforderungen mittels der hierfür notwendigen Kompromisse“, sondern ganz im Gegenteil im Sinne einer Zurückweisung aller opportunistischen Kompromisse: Lenin nimmt eine unmissverständlich radikale Position ein. Und nur aus einer solchen Position heraus können wir in eine bestimmte Situation auf eine Weise eingreifen, die eine Veränderung der Koordinaten dieser Situation tatsächlich möglich macht. Der Unterschied zur aktuellen „Postpolitik“ des Dritten Weges ist deutlich: Diese betont gerne, dass alte ideologische Gräben überwunden und neue Probleme angegangen werden müssen. Hierfür muss sie mit der nötigen Expertise ausgestattet und durch freie Debatte strukturiert werden, welche sich wiederum der Bedürfnisse konkreter Menschen annimmt.

Lenins Politik ist somit aber nicht nur der wahre Gegenpol zum pragmatischen Opportunismus des Dritten Wegs, sondern auch zu jener marginalen linken Haltung, die Lacan *le narcisme de la chose perdue* genannt hat. Ein echter Leninist und ein politischer Konservativer haben die Zurückweisung einer Haltung gemeinsam, die man linksliberale „Verantwortungslosigkeit" nennen könnte (die Befürwortung großer solidarischer Projekte wie der Freiheit und so weiter, während man tatsächlich aber in Deckung geht, wenn man dafür den Preis in Gestalt konkreter und oftmals „grausamer" politischer Maßnahmen zu zahlen hat): Wie ein echter Konservativer hat ein echter Leninist keine Angst vor dem eigenen Handeln, also keine Angst, alle Konsequenzen der Verwirklichung seines politischen Projekts zu tragen, so unangenehm sie auch sein mögen. Der von Brecht bewunderte Rudyard Kipling verachtete die Britischen Liberalen dafür, zwar Freiheit und Gerechtigkeit hoch zu halten, aber im Stillen auf die Konservativen zu zählen, die ihnen die Drecksarbeit schon abnehmen würden. Dasselbe kann über das Verhältnis von liberalen Linken (oder „demokratischen Sozialisten") zu leninistischen Kommunisten gesagt werden: Liberale Linke weisen jeden sozialdemokratischen „Kompromiss" zurück, weil sie eine echte Revolution wollen. Sie drücken sich jedoch davor, den Preis für die Revolution wirklich zu zahlen. Stattdessen legen sie sich eine schöngeistige Attitüde zu und versuchen, sich nicht die Hände schmutzig zu machen. Im Gegensatz zu dieser falschen Position der radikalen Linken (die eine echte Demokratie fürs Volk wollen, aber ohne Geheimpolizei, die die Konterrevolution bekämpft, und ohne Einschränkungen ihrer akademischen Privilegien) ist ein Leninist wie ein Konservativer insofern *authentisch,* als er die Konsequenzen seiner Entscheidung vollständig annimmt, sich also vollkommen darüber im Klaren ist, was es tatsächlich bedeutet, die Macht zu übernehmen und sie auszuüben.

Die Rückkehr zu Lenin ist der Versuch, den einzigartigen Moment zurückzugewinnen, in dem sich ein Gedanke bereits in eine kollektive Organisation übersetzt, sich aber noch nicht zu einer Institution (wie die Amtskirche, die Internationale Psychoanalytische Vereinigung oder den stalinistischen Einparteienstaat) verfestigt hat. Sie zielt weder auf ein nostalgisches *Nachspielen* der „guten alten revolutionären Zeiten", noch auf die opportunistisch-pragmatische *Anpassung* des alten Programms an „neue Bedingungen", sondern auf eine *Wiederholung* der Leninschen Geste der Initiierung eines politischen Projekts unter den gegenwärtigen weltweiten Bedingungen. Dieses Projekt würde die Totalität der globalen, liberal-kapitalistischen Weltordnung unterminieren und darüber hinaus auf nachdrückliche Weise deklarieren, dass es für die Wahrheit eintritt, da es in die gegenwärtige globale Situation vom Standpunkt ihrer unterdrückten Wahrheit aus interveniert. Was das Christentum in Hinblick auf das globale „multikulturalistische" Gemeinwesen des Römischen Imperiums getan hat, sollten wir in Bezug auf das Imperium von heute[1] tun.

Wie steht es aber mit der Freiheit? Lenins Position wird in seiner Polemik von 1922 gegen die Kritik der Menschewiki und der Sozialrevolutionäre an der bolschewistischen Macht deutlich: „Wahrhaftig, die Art von Predigt, wie sie (...) die Menschewiki und die Sozialrevolutionäre vom Stapel lassen, spiegelt ihre eigene Natur wider: ‚Die Revolution ist zu weit gegangen. Was du heute sagst, haben wir immer gesagt. Gestattet uns, das noch einmal zu wiederholen.' Wir aber antworten darauf: ‚Gestattet uns, euch dafür an die Wand zu stellen. Entweder unterlaßt ihr es gefälligst, eure Ansichten auszusprechen, oder aber, wenn ihr in der gegenwärtigen Lage, wo wir uns in schwierigeren Verhältnissen befinden als bei der direkten Invasion der Weißen, eure politischen Ansichten auszusprechen wünscht, dann werden wir, entschuldigt schon, mit euch verfahren wie mit den schlimmsten und schädlichsten weißgardistischen Elementen'."[2]

Diese leninistische Freiheit der Wahl – nicht „Geld oder Leben!", sondern „Kritik oder Leben" –, die sich mit Lenins abwertender Haltung gegenüber der „liberalen" Idee von Freiheit verbindet, begründet seinen schlechten Ruf unter Liberalen. Deren Anliegen beruht größtenteils auf der Zurückweisung der üblichen marxistisch-leninistischen Opposition von „formeller" und „wirklicher" Freiheit: Selbst liberale Linke wie Claude Lefort betonen immer wieder, dass Freiheit eine formale Kategorie ist, sodass „wirkliche" Freiheit tatsächlich ein Fehlen von Freiheit bedeutet.[3] In Bezug auf die Freiheit erinnert man sich an Lenin vor allem wegen seiner berühmten Replik „Freiheit – ja, aber für WEN? Um WAS zu tun?" Im oben zitierten Fall der Menschewiki kam ihm ihre „Freiheit", die Bolschewiki kritisieren zu können, der „Freiheit" gleich, die Regierung der Arbeiter und Bauern zu unterminieren, um der Konterrevolution zu dienen... Ist es heute, nach der schrecklichen Erfahrung des real existierenden Sozialismus, nicht mehr als offensichtlich, wo der Fehler in dieser Überlegung liegt? Erstens reduziert sie eine historische Konstellation auf eine geschlossene, voll kontextualisierte Situation, in der die „objektiven" Konsequenzen einer Handlung vollständig determiniert sind („unabhängig von deinen Absichten dient das, was du tust, objektiv folgendem..."); zweitens usurpiert die Sprecher-Position solcher Aussagen das Recht der Entscheidung darüber, was die eigene Handlung „objektiv bedeutet", sodass ihr scheinbarer Objektivismus (das Fokussieren auf eine „objektive Bedeutung") eine Form der Erscheinung ihres Gegenteils ist, nämlich ein reiner *Subjektivismus*. Ich entscheide, was deine Handlung objektiv bedeutet, weil ich den Kontext der Situation definiere. Wenn ich etwa meine Macht als direktes Äquivalent oder Ausdruck der Macht der Arbeiterklasse verstehe, dann wird mein Gegner zu einem „objektiven" Gegner der Arbeiterklasse. Gegen diese vollständige

1| Siehe Michael Hardt/Antonio Negri: Empire, Cambridge: Harvard University Press 2000.

2| W. I. Lenin: Politischer Bericht des Zentralkommitees der KPR(B), 27. März 1922, in Werke, Berlin: Dietz Verlag 1973, Band 33, S. 269.

3| Siehe Claude Lefort: Democracy and Political Theory, Minneapolis: Minnesota University Press 1988.

Kontextualisierung sollte man betonen, dass „wirkliche" Freiheit ausschließlich in der Fähigkeit besteht, die Koordinaten einer bestehenden Situation zu „transzendieren", also das „Setzen der Voraussetzung" des eigenen Handelns ist (wie Hegel es genannt hätte) das Umdefinieren eben jener Situation, in der man handelt. Außerdem ist der Begriff des „real existierenden Sozialismus", der als Behauptung eines erfolgreichen Sozialismus gedacht war, selbst bereits ein Beweis des totalen Scheiterns des Sozialismus, worauf einige Kritiker hingewiesen haben. Nämlich das Scheitern des Versuchs, sozialistische Regimes zu legitimieren: Der Begriff des „real existierenden Sozialismus" tauchte in einem historischen Moment auf, als die einzige Legitimation des Sozialismus seine bloße Existenz war...

Ist das aber schon die ganze Geschichte? Wie funktioniert Freiheit in den liberalen Demokratien tatsächlich? Obwohl die Präsidentschaft Clintons den Dritten Weg einer (Ex-)Linken von heute verkörpert, die sich der ideologischen Erpressung der Rechten unterwirft, wäre seine Reform des Gesundheitswesens nichtsdestotrotz zu einer Art des Handelns geworden, da sie zumindest unter den aktuellen Bedingungen auf der Zurückweisung der hegemonialen Idee beruht, dass die Beschneidung der Ausgaben und der Verwaltung des starken Staates dringend notwendig sei. Auf eine gewisse Weise hätte sie „das Unmögliche getan". Kein Wunder also, dass sie gescheitert ist: Ihr Scheitern, das vielleicht sogar das einzig signifikante, wenn auch negative Ereignis der Präsidentschaft Clintons markiert, gibt Zeugnis ab von der materiellen Kraft des ideologischen Begriffs der „freien Wahl". Obwohl die große Mehrheit der sogenannten gewöhnlichen Leute nicht richtig über das Reformprogramm informiert war, gelang es der Lobby des medizinisch-industriellen Komplexes (die doppelt so stark ist wie die berüchtigte Rüstungslobby!), der Öffentlichkeit die fundamentale Idee aufzuzwingen, dass die allgemeine Krankenversicherung die „freie Wahl" in Sachen Arzneimittel auf irgendeine Weise gefährden würde. Gegen diesen rein fiktionalen Verweis auf die „freie Wahl" erwies sich die Aufzählung „harter Fakten" als wirkungslos (in Kanada etwa ist die Krankenversicherung billiger und effektiver, ohne dabei die freie Wahl einzuschränken, et cetera).

Hier treffen wir auf das Nervenzentrum der liberalen Ideologie: Die Freiheit der Wahl, die sich auf einen „psychologischen" Begriff des Subjekts gründet, das mit Neigungen ausgestattet ist, die er oder sie zu realisieren versucht. Dies gilt besonders heute, in der Ära der „Risikogesellschaft"[4] wie sie der Soziologe Ulrich Beck beschreibt, wenn die herrschende Ideologie uns die durch die Abwicklung des Sozialstaats verursachte Unsicherheit als einen neuen Freiraum verkaufen will: Du musst dir jedes Jahr einen neuen Job suchen und dich mit begrenzten Arbeitsverträgen anstelle einer stabilen Langzeitanstellung begnügen? Warum sollte man dies nicht als Befreiung von den Einschränkungen einer festen Anstellung verstehen, als Chance zur ständigen Neuerfindung, als Möglichkeit, sich der verborgenen Potentiale der eigenen Persönlichkeit bewusst zu werden, um sie dann realisieren zu können? Du kannst dich nicht länger auf die gewohnte Form der Krankenversicherung und einen Rentenplan verlassen, sodass du zusätzliche Versicherungen abschließen und selbst dafür bezahlen musst? Warum das Ganze nicht als zusätzliche Wahlmöglichkeit begreifen: Entweder das bessere Leben jetzt und sofort oder Sicherheit auf lange Sicht? Und wenn diese Zwangslage Angst verursachen sollte, wird der Ideologe der Postmoderne oder „Zweiten Moderne" dich sofort der Unfähigkeit bezichtigen, die volle Freiheit anzunehmen, sowie einer „Flucht aus der Freiheit" und eines unreifen Festhaltens an den alten, sicheren Formen... Wenn dies dann auch noch in die Ideologie des Subjekts als eines psychologischen Individuums eingeschrieben wird, das über ein Potential natürlicher Fähigkeiten und Tendenzen verfügt, dann werde ich automatisch alle diese Veränderungen als Ergebnisse meiner Persönlichkeit, und nicht als das Ergebnis der Tatsache interpretieren, dass ich von den Kräften des Marktes gebeutelt werde.

Phänomene wie diese machen es heute umso notwendiger, die Opposition zwischen „formeller" und „wirklicher" Freiheit auf eine neue, präzisere Art und Weise zu formulieren. Was wir heute, in der Ära der liberalen Hegemonie brauchen, ist ein „leninistischer" *traite de la servitude liberale,* eine neue Version von la Boetie's *Traite de la servitude volontaire,* der das scheinbare Oxymoron „liberaler Totalitarismus" vollkommen rechtfertigen würde. Jean-Leon Beauvois machte auf dem Gebiet der experimentellen Psychologie den ersten Schritt in diese Richtung, indem er die Paradoxien untersuchte, die sich ergeben, wenn dem Subjekt die Freiheit der Wahl verliehen wird.[5] Verschiedene und oft wiederholte Experimente zeigten das folgende Paradox auf: Zwei Gruppen von Teilnehmern, die sich freiwillig für ein Experiment zur Verfügung gestellt haben, werden darüber informiert, dass das Experiment etwas Unangenehmes beinhalten wird, das unter Umständen gegen ihre individuelle Ethik verstoßen könnte. Dann erinnert man nur die erste der beiden Gruppen daran, dass sie selbstverständlich die freie Wahl hat, sich dem Experiment zu verweigern. Trotzdem wird derselbe (sehr hohe) Prozentsatz der Teilnehmer in beiden Gruppen der weiteren Teilnahme am Experiment zustimmen. Das bedeutet, dass *die Verleihung der formell freien Wahlmöglichkeit keinerlei Unterschied macht.* Diejenigen, denen diese Freiheit gegeben wird, werden dasselbe tun wie diejenigen, denen diese Freiheit (implizit) verweigert wurde. Das bedeutet jedoch nicht, dass die Erinnerung an, beziehungsweise die Verleihung der Möglichkeit der freien Wahl keinen Unterschied machen würde: Die-

4| Siehe Ulrich Beck: Risikogesellschaft. Auf dem Weg in eine andere Moderne, Frankfurt am Main: Suhrkamp 1986.

5| Siehe Jean-Leon Beauvois: Traite de la servitude liberale. Analyse de la soumission, Paris: Dunod 1994.

jenigen, denen die freie Wahl explizit gegeben wurde, werden nicht nur dieselbe Wahl treffen, wie diejenigen, denen sie verweigert wurde; darüber hinaus werden sie dazu tendieren, ihre „freie“ Wahl zugunsten der weiteren Teilnahme am Experiment zu rationalisieren. Weil sie unfähig sind, die so genannte kognitive Dissonanz (das Bewusstsein darüber, dass sie FREIWILLIG gegen ihre eigenen Interessen, Neigungen, Vorlieben und Normen handeln) auszuhalten, werden sie dazu tendieren, ihre *Meinung* über die Handlung *zu ändern,* zu der sie angehalten wurden. Nehmen wir an, dass ein Individuum anfangs gebeten wird, an einem Experiment teilzunehmen, das sich mit der Änderung der Essgewohnheiten befasst, um Hungersnöte zu bekämpfen. Nach seiner Zustimmung wird er bei einem ersten Treffen im Labor darum gebeten, einen lebenden Wurm zu essen. Dabei wird er explizit darauf hingewiesen, dass er selbstverständlich nein sagen könne, falls er dies als ekelerregend empfinden sollte, denn schließlich besitze er die volle Freiheit der Wahl. In den meisten Fällen wird er seine Zustimmung geben und daraufhin diese Handlung rationalisieren, indem er sich selbst etwa sagt: „Worum ich gebeten worden bin, IST ekelhaft, aber ich bin kein Feigling, ich sollte Mut und Selbstkontrolle beweisen, sonst werden die Wissenschaftler mich als schwache Person wahrnehmen, die beim ersten Hindernis aufgibt! Außerdem hat ein Wurm eine Menge Proteine und man könnte Würmer tatsächlich zur Ernährung der Armen nutzen – und ich will nicht derjenige sein, der so ein wichtiges Experiment wegen seiner kleinlichen Sensibilität scheitern lässt. Und vielleicht ist mein Ekel vor Würmern nur ein Vorurteil, vielleicht ist ein Wurm gar nicht so schlecht und vielleicht ist das Essen des Wurms eine völlig neue und aufregende Erfahrung? Vielleicht wird mir dieses Experiment eine neue, leicht perverse Seite meiner selbst zeigen, die mir bis jetzt unbekannt geblieben ist?“

Beauvois postuliert drei Modi, die Leute dazu bringt, eine Handlung zu begehen, die sich gegen ihre Neigungen und/oder Interessen richtet: Der *autoritäre* Modus besteht im reinen Befehl: „Du sollst das tun, ohne es zu hinterfragen, weil ich es sage.“ Dieser Befehl wird dadurch wirksam, dass das Subjekt belohnt wird, wenn es gehorcht, aber bestraft wird, wenn es sich weigert. Im *totalitären* Modus wird auf eine höhere Sache oder auf das Wohl der Allgemeinheit verwiesen, die wichtiger sind als die subjektiven Interessen: „Du sollst das tun, auch wenn es unangenehm ist, weil es der Nation, der Partei, der Menschheit dient!“ Im *liberalen* Modus schließlich wird auf die innere Natur des Subjekts selbst abgehoben: „Worum du gebeten wirst, mag ekelhaft erscheinen. Blick aber tief in dein Inneres hinein und du wirst herausfinden, dass es in deiner wahren Natur liegt, dies zu tun. Du wirst es reizvoll finden, du wirst völlig neue, unerwartete Dimensionen deiner Persönlichkeit entdecken!“ An dieser Stelle sollte Beauvois korrigiert werden: Ein direkter Autoritarismus existiert praktisch nicht – selbst das repressivste Regime legitimiert seine Herrschaft *öffentlich* durch den Verweis auf ein höheres Gut. Die Tatsache, „dass du gehorchen musst, weil ich es dir sage“, ist als obszöne Ergänzung dieses Verweises nur zwischen den Zeilen zu lesen. Der Verweis auf ein höheres Gut gehört eher zu den spezifischen Eigenschaften autoritärer Herrschaft: „Was auch immer deine Neigungen sein mögen, du hast meinem Befehl um der höheren Sache willen zu folgen!“ Wie der Liberalismus appelliert der Totalitarismus hingegen an das eigene Wohl des Subjekts: „Was dir als externer Druck erscheinen mag, ist in Wirklichkeit der Ausdruck deiner objektiven Interessen, ein Ausdruck dessen, was du WIRKLICH WILLST, ohne es zu wissen!“ Der Unterschied zwischen Totalitarismus und Liberalismus liegt woanders: Der Totalitarismus zwingt dem Subjekt sein eigenes Wohl auf, erinnern wir uns etwa an das berühmt-berüchtigte Wort König Charles': „Falls jemand so unnatürlich dumm sein sollte, sich seinem König, seinem Land und seinem eigenen Wohl zu widersetzen, werden wir ihn mit Gottes Segen glücklich machen, wenn nötig auch gegen seinen Willen“ (Charles I. zum Earl of Sussex am 6. August 1644). Hier treffen wir bereits auf das spätere jakobinische Thema des Glücks als einen politischen Faktor wie auf die saint-justianische Idee, dass die Leute zu ihrem Glück gezwungen werden müssen... Der Liberalismus versucht dieses Paradox zu vermeiden, oder vielmehr zu verbergen, indem er die Fiktion zu Ende denkt, dass das Subjekt über eine umittelbare und freie Selbstwahrnehmung verfügt: „Ich behaupte nicht, besser als du selbst zu wissen, was du willst – schau in dich hinein und entscheide frei darüber, was du willst!“

Der Grund für diesen Fehler in der Argumentation Beauvois' liegt in der fehlenden Erkenntnis begründet, dass die abgrundtiefe tautologische Autorität (das „Es ist so, weil ich es sage“ des Herrn) nicht nur aufgrund der Sanktionen von Strafe und Belohnung funktioniert, die sie implizit oder explizit evoziert. Was bringt das Subjekt tatsächlich dazu, sich frei für etwas zu entscheiden, was ihm entgegen seiner Neigungen und/oder Interessen auferlegt wird? Die empirische Untersuchung von im Kantschen Sinne „pathologischen“ Motivationen reicht hier nicht aus. Das Aussprechen einer Anordnung, die ihrem Adressaten eine symbolische Verpflichtung auferlegt, erzeugt als solche bereits ihre eigene, inhärente Kraft. Was uns also verführt ist eben jener Gesichtspunkt, der hierbei als Hindernis erscheinen könnte – das Fehlen eines „Warum“. Hier kann uns Lacan weiterhelfen: Der Lacansche Herren-Signifikant bezeichnet genau diese hypnotische Kraft der symbolischen Verpflichtung, die lediglich auf dem Akt ihres Aussprechens beruht – genau hier treffen wir auf den Herren-Signifikanten in seiner reinsten Form. Die drei Arten der Legitimierung der Ausübung von Autorität („autoritär", „totalitär", „liberal") sind lediglich drei verschiedene Formen, um die verführerische Macht und den Abgrund dieser leeren Anrufung vor unseren Augen zu verbergen. Auf gewisse Weise ist der Liberalismus die schlimmste dieser drei Formen, weil er die Gründe für den Gehorsam in der psychologischen Struktur des Subjekts NATURALISIERT. Das Paradox ist also, dass „liberale" Subjekte auf eine gewisse Weise am wenigsten frei sind: Sie verändern ihre Selbstwahrnehmung und akzeptieren damit das ihnen AUFERLEGTE als etwas, das seinen Ursprung in ihrer eigenen Natur hat – sie sind sich somit ihrer Unterordnung nicht mehr bewusst.

Werfen wir etwa einen Blick auf die Situation der osteuropäischen Länder um das Jahr 1990 herum, als der real existierende Sozialismus zusammenbrach: Die Leute waren plötzlich mit einer Situation der „Freiheit der politischen Wahl" konfrontiert – wurden sie aber jemals TATSÄCHLICH gefragt, welche neue Ordnung sie wirklich haben wollten? Fanden sie sich nicht in derselben Situation wieder wie die Subjekte/Opfer der Experimente von Beauvois? Zuerst wurde ihnen gesagt, dass sie nun das verheißene Land der politischen Freiheit betreten würden; bald darauf aber wurden sie darüber informiert, dass diese Freiheit wilde Privatisierung, den Abbau der sozialen Sicherheit et cetera beinhalten würde – sie verfügten nun aber auch über die Freiheit der Wahl, wenn sie also wollten, könnten sie jederzeit wieder aus diesem Prozess aussteigen. Aber nein, unsere heldenhaften Osteuropäer wollten ihre westlichen Tutoren keinesfalls enttäuschen, also hielten sie unbeirrt und stoisch an der Wahl fest, die sie nicht getroffen hatten, und überzeugten sich selbst davon, dass sie sich wie reife Subjekte benehmen sollten, die sehr wohl wissen, dass die Freiheit ihren Preis hat... Der Begriff eines psychologischen Subjekts, das mit natürlichen Neigungen ausgestattet ist, das sein wahres Selbst und dessen Potentiale realisieren muss und daher in letzter Konsequenz selbst für Scheitern oder Erfolg die Verantwortung trägt, ist daher der wichtigste Bestandteil der liberalen Freiheit. Und an dieser Stelle sollte man die Wiedereinführung der leninistischen Opposition von „formeller" und „wirklicher" Freiheit riskieren: In einem Akt wirklicher Freiheit wagt man es, eben jene verführerische Macht der symbolischen Wirksamkeit zu brechen. Denn darin liegt die Wahrheit der scharfen Replik Lenins in Richtung seiner menschewikischen Kritiker: Eine wirklich freie Wahl ist nicht die zwischen zwei oder mehreren Optionen INNERHALB eines gegebenen Sets von Koordinaten, sondern diejenige, die sich dafür entscheidet, die vorgegebenen Koordinaten selbst zu verändern. Der Haken am Prozess des „Übergangs" vom real existierenden Sozialismus zum Kapitalismus bestand darin, dass die Leute niemals die Chance hatten, das *ad quem* dieses

Übergangs zu wählen – plötzlich wurden sie in eine neue Situation „geworfen" (was beinahe wortwörtlich zu nehmen ist), in der ihnen dann ein neues Set vorgegebener Wahlmöglichkeiten präsentiert wurde (reiner Liberalismus, nationalistischer Konservatismus...). Die „wirkliche Freiheit" als Akt der bewussten Veränderung des gegebenen Rahmens tritt also nur dann auf, wenn man in der Situation einer erzwungenen Wahl so tut, ALS OB DIE WAHL NICHT ERZWUNGEN WÄRE, und „das Unmögliche wählt".

Genau davon handeln die obsessiven Tiraden Lenins gegen die nur „formelle" Freiheit, genau darin wohnt ihr „rationaler Kern", der wert ist, bewahrt zu werden: Wenn Lenin betont, dass es keine „pure" Demokratie geben kann, dass wir uns immer fragen sollten, wem eine fragliche Freiheit nützt und welche Rolle sie im Klassenkampf spielt, dann geht es ihm genau darum, die Möglichkeit einer WIRKLICH radikalen Wahl immer offenzuhalten. Die Unterscheidung zwischen „formeller" und „wirklicher" Freiheit kommt also folgender Unterscheidung gleich: „Formelle" Freiheit ist die Wahlfreiheit INNERHALB der Koordinaten der existierenden Machtbeziehungen, während die „wirkliche" Freiheit den Ort einer Intervention bezeichnet, die eben diese Koordinaten unterminiert. Kurz gesagt ist es nicht Lenins Absicht, die Freiheit der Wahl einzuschränken, sondern vielmehr die fundamentale Wahlmöglichkeit zu erhalten – wenn Lenin nach der Rolle der Freiheit im Klassenkampf fragt, dann fragt er präzise formuliert also: „Trägt diese Freiheit dazu bei, die fundamentale revolutionäre Wahlmöglichkeit aufrechtzuerhalten oder schränkt sie die revolutionäre Wahl ein?"

Gab es in der Sowjetunion der späten Zwanziger- und frühen Dreißigerjahre nicht eine Entsprechung zur Erfindung des liberalen psychologischen Individuums? Die russische Avantgarde der Futuristen und Konstruktivisten feierten in den frühen Zwanzigerjahren nicht nur eifrig die Industrialisierung, sondern versuchten gar, den neuen industriellen Menschen zu erfinden, der nicht länger der alte Mensch mit seinen sentimentalen Leidenschaften und seinen Wurzeln in der Tradition, sondern ein neuer Mensch sein sollte, der seine Rolle als Rad im Getriebe der gigantischen industriellen Maschine freudig akzeptiert. Diese Idee war eine subversive, weil sie so „ultra-orthodox" war, sich also mit dem Kern der offiziellen Ideologie überidentifizierte: Das Menschenbild, das uns Eisenstein, Meyerhold, konstruktivistische Malerei et cetera vermitteln, betont die Schönheit seiner/ihrer mechanischen Bewegungen, seiner/ihrer gänzlichen Depsychologisierung. Was der liberale westliche Individualismus, der sich als ideologisches Gegenstück zu „Taylorisierung" und fordistischer Fließbandarbeit verstand, als ultimativen Alptraum wahrnahm, wurde in Russland als eine *utopische* Aussicht auf Befreiung begrüßt: Erinnern wir uns daran, wie nachdrücklich und vehement Meyerhold sein

„behaviouristisches“ Konzept des Spiels verteidigte – keine emphatische Annäherung des Schauspielers mehr an die Person, die er spielt, stattdessen schonungsloses Körpertraining, das auf die körperliche Disziplin abzielte, also auf die Fähigkeit des Schauspielers, die gewünschte Serie mechanischer Bewegungen auszuführen...[6] DIES war für UND IN der stalinistischen Ideologie unerträglich, sodass der stalinistische „sozialistische Realismus“ tatsächlich der Versuch war, sich eines „Sozialismus mit menschlichem Antlitz“ rückzuversichern, also den Prozess der Industrialisierung wieder in das traditionelle psychologische Individuum mit seinen Zwängen und Schranken einzuschreiben: In den Texten, Gemälden und Filmen des sozialistischen Realismus werden Individuen nicht mehr als Teile einer globalen Maschine, sondern als warme, leidenschaftliche Menschen gezeichnet.

Hier drängt sich natürlich sofort ein offensichtlicher Vorwurf auf: Ist das grundlegende Charakteristikum des „postmodernen“ Subjekts von heute nicht das exakte Gegenteil des freien Subjekts, das sich selbst als vollauf verantwortlich für sein Schicksal empfand? Gründet dieses „postmoderne“ Subjekt die Autorität des eigenen Sprechens nicht gerade auf seinen Status als Opfer der Umstände, die außerhalb seiner Kontrolle liegen? Jeder Kontakt mit einem anderen Menschen wird dabei als potentielle Bedrohung empfunden – wenn der andere raucht, wenn er einen begehrlichen Blick auf mich wirft, dann verletzt er mich bereits. Diese Logik der Viktimisierung ist heute universell und reicht weit über die Standardfälle sexueller oder rassistischer Belästigung hinaus – man erinnere sich an die wachsende Industrie, die sich um Schadensersatzklagen formiert hat, vom Deal mit der Tabakindustrie in den USA und den finanziellen Ansprüchen von Holocaustopfern und Zwangsarbeitern in Deutschland bis hin zu der Idee, dass die Vereinigten Staaten hunderte von Milliarden Dollar an die Afro-Amerikaner für alle Folgen der Sklaverei bezahlen sollten... Dieser Begriff des Subjekts als Opfer ohne eigene Verantwortung beinhaltet eine extrem narzisstische Perspektive, in der jedes Zusammentreffen mit dem Anderen als potentielle Gefahr für die prekäre imaginäre Balance des Subjekts erscheint; als solche steht diese Perspektive aber nicht dem liberalen freien Subjekt entgegen, sondern ist sein inhärenter Bestandteil: In der vorherrschenden Form der Individualität überlappt sich die egozentrische Behauptung des psychologischen Subjekts paradoxerweise mit der Selbstwahrnehmung als eines Opfers der Umstände.

Der Fall der Muslime als einer ethnischen, nicht bloß religiösen Gruppe in Bosnien ist hier beispielhaft: Während der gesamten Geschichte Jugoslawiens war Bosnien der Schauplatz potentieller Spannungen und Streitigkeiten, der Ort, an dem der Kampf von Serben und Kroaten um die führende Rolle ausgefochten wurde. Das Problem dabei war aber, dass nicht orthodoxe Serben oder katholische Kroaten, sondern Muslime die größte Gruppe in Bosnien stellten, deren ethnische Ursprünge immer schon umstritten waren – sind sie nun Serben oder Kroaten? (Diese Rolle Bosniens hinterließ als Redewendung sogar eine Spur in der Sprache: In allen ex-jugoslawischen Nationen wurde der Ausdruck „Jetzt ist Bosnien ruhig!" benutzt, um zu signalisieren, dass ein drohender Konflikt erfolgreich entschärft worden war.) Um diesen Brennpunkt potentieller (und tatsächlicher) Konflikte zu befrieden, erfanden die regierenden Kommunisten in den Sechzigerjahren eine wunderbar einfache Konstruktion: Sie erklärten die Muslime über ihren Status als religiöse Gruppe hinaus zu einer autochthonen ETHNISCHEN Community, sodass die Muslime in Zukunft dem Druck entgehen konnten, sich als Serben oder Kroaten identifizieren zu müssen. Was anfangs lediglich eine pragmatische politische Konstruktion war, setzte sich langsam durch, und die Muslime begannen, sich als eigene Nation wahrzunehmen. Sie konstruierten systematisch ihre eigenen Traditionen und so weiter. Aber selbst heute verbleibt ein Element reflektierter *Wahl* in ihrer Identität: Während des post- jugoslawischen Kriegs in Bosnien waren die Leute dazu gezwungen, ihre ethnische Identität zu WÄHLEN – wenn eine Miliz eine Person anhielt und die bedrohliche Frage „Bist du Serbe oder Muslim?" stellte, dann bezog sich diese Frage nicht auf eine ererbte ethnische Zugehörigkeit, sondern war ein Echo der Frage „Welche Seite hast du *gewählt?*" (Der Filmregisseur Emir Kusturica, der aus einer ethnisch gemischten, muslimisch-serbischen Familie stammt, hat etwa die serbische Identität gewählt.) Die FRUSTRIERENDE Dimension solch einer Wahl wird am besten durch die Situation deutlich, in der man sich beim Online-Shopping ein Produkt aussuchen soll und eine fast endlose Serie von Entscheidungen treffen muss: Wenn du das gewünschte Produkt mit X willst, drücke A, wenn nicht, drücke B... In den post-traditionellen „reflexiven Gesellschaften", in denen wir alle dauernd mit der Aufforderung zu wählen bombardiert werden, in denen selbst so „natürliche" Charakteristika wie die sexuelle Orientierung und die ethnische Identifizierung als Frage der richtigen Wahl verstanden werden, besteht das Paradox darin, dass gerade die grundlegende, authentische *Wahl selbst* als Option ausgeschlossen wird.

Aus dem Englischen von Ulrich Gutmair

6| Siehe Kapitel 2 und 3 in Susan Buck-Morss: Dreamworld and Catastrophe, Cambridge (Ma): MIT Press 2000.

Matthias Haase

Die Logik der Subversion

"... straining eyes to ascertain whether particular performances (e.g. of drag) are really *parodic and subversive* (e.g. of gender essentialism) or just *uphold the status quo.* The bottom line is generally the same: kinda subversive, kinda hegemonic".

Eve Kosofsky Sedgwick

Wir vergewissern uns unserer politischen Handlungsmöglichkeiten durch Bilder, vor deren Hintergrund sich dann die politische Signifikanz einzelner Züge in der Praxis bestimmen läßt. Eines dieser Bilder trägt den Titel „Subversion". Die Befragung seiner Implikationen ist das Thema des folgenden Textes: Inwiefern erklärt der Begriff der Subversion unsere politischen Handlungsmöglichkeiten? Was bedeutet es, einzelne Praktiken als „subversiv" auszuzeichen? Und welchen Ort im politischen Raum weist ein solches Lob des Subversiven dem so Bezeichneten zu? Eine Verwendung dieses Begriffs, die in den letzten Jahren einflußreich geworden ist, geht auf Judith Butlers Theorie der Performativität zurück. Im folgenden möchte ich ihr Konzept der „performativen Subversion" vor dem Hintergrund des Phänomens problematisieren, dass dieser Begriff oft als eine Art Universalkriterium für wahrhaft „minoritäre" Politik angesehen wird. Im Verlauf des Textes werde ich drei Fragen zu klären versuchen: Erstens, auf welches Problem der Begriff der Subversion in Butlers Text antwortet, zweitens, welche Antwort dies ist und drittens, warum wir uns meines Erachtens mit dieser Antwort nicht zufrieden geben sollten, beziehungsweise warum wir nicht glauben sollten, es sei mehr als eine Antwort auf ebenjene Ausgangsfrage.

1. Im Kontext der Überlegungen Butlers in „Das Unbehagen der Geschlechter"[1] verspricht der Begriff der performativen Subversion ein Problem zu lösen, das sich nach Zurückweisung der Vorstellung vom souveränen Subjekt stellt: Wie können wir in den diskursiven Machtprozessen handeln, wenn deren „Anrufungen“ unserer ethnischen, geschlechtlichen und sexuellen Identität uns überhaupt erst als Subjekte konstituieren? Was kann dort „Handlung“ bedeuten, wo kein vorgängiger und „neutraler“ Handlungsträger mehr angenommen wird, der seiner Rolle im sozialen Raum – zumindest prinzipiell – vorauszugehen und so seinen Handlungsoptionen gegenüberzustehen vermag?

Diese Fragestellung geht bei Butler aus der Kritik klassischer Identitätspolitik hervor: Das Einsetzen von Identitätskategorien als Legitimationsbasis minoritärer Politik droht, so Butlers Argumentation, genau jene Mechanismen weiterzuschreiben, die die herrschende Ordnung naturalisieren und als unveränderbare Gegebenheit erscheinen lassen. Da im repräsentationspolitischen Kampf um Anerkennung die Gemeinsamkeit der Subjekte, im Namen derer gesprochen wird, vorausgesetzt werden muß, kann nicht zugleich reflektiert werden, wie die Regeln politischer Repräsentierbarkeit die repräsentierten Subjekte zuschneiden. Die identitätspolitische Strategie läuft so nicht nur Gefahr, die *produktiven* Machtprozesse zu verschleiern, in denen die Subjekte konstituiert werden, sondern produziert auch selbst Exklusionen und Normalisierungen. Denn die Regeln der Inklusion verlangen, die minoritäre Gruppe nach den Standards des Normalen und Akzeptablen zu repräsentieren und genau dadurch die hegemonialen Ausschluß- und Normierungsmechanismen fortzuschreiben.[2]

Nun folgt aus dieser Argumentation bei Butler freilich *nicht* die These, auf Identitätspolitik sollte oder könnte verzichtet werden. Denn die dekonstruktive Kritik der Identitätspolitik, so stellte G.C. Spivak einmal fest, ist – wie jede ernsthafte dekonstruktive Kritik – „the critique of things that are extremely useful, of things without which we cannot live on [...].“[3] Gleichwohl stellt sich in der Konsequenz die Frage nach unseren politischen Handlungsmöglichkeiten neu: Wenn die diskursiven Machtprozesse vorallem auch in der Konstitution geschlechtlich, sexuell und ethnisch definierter Subjekte bestehen, greift ein Politikverständnis zu kurz, das schlicht von der unverfügbaren „Gegebenheit“ ebendieser Identitäten ausgeht. Könnte nämlich keine Möglichkeit des Handelns in diesen Subjektivierungsprozessen aufgezeigt werden, ergäbe sich ein Bild des sozialen Raums, demzufolge wir den Machtmechanismen schlicht ausgeliefert zu sein schienen. Auf ebendiese Herausforderung soll Butlers Theorie der performativen Subversion antworten.

2. Butlers Überlegungen zum performativen Charakter von Geschlecht wurden fast ebenso oft als Determinismus kritisiert, wie sie als Voluntarismus mißverstanden wurden. Butler hat jedoch

1] Judith Butler „Das Unbehagen der Geschlechter“, Suhrkamp, Frankfurt a. M., 1991.

2] Zur Problematik von Inklusion und Normalisierung vgl. auch Eric O. Clarke „Virtuous Vice – Homoeroticism and the Public Sphere“, Duke University Press, Durham & London, 2000 und Michael Warner „The Trouble with Normal – Sex, Politics, and the Ethics of Queer Life“, The Free Press, New York, 1999.

3] Gayatri Chaktravorty Spivak „Outside in the Teaching Machine“, Routledge New York & London, 1993, S. 4. Butler hat mehrfach das Missverständnis zurückgewiesen, sie behaupte Identitätspolitik solle oder könne aufgegeben werden. Ihr geht es eher um eine Identitätspolitik, die ihre eigenen Konstitutions- sowie Exklusionsmechanismen reflektiert und, statt zu versuchen, ihre Zugehörigkeitsstandards durch eine naturali-sierte Identität zu schließen, eine politische Dynamik gerade aus einer gewissen Instabilität und Offenheit des identitären Terms entfaltet. Vgl. Judith Butler „Imitation und die Aufsässigkeit der Geschlechtsidentität“ in: Sabine Hark (Hg.) „Grenzen lesbischer Identitäten“, Querverlag, Berlin, 1996, S. 15–37.

von Beginn an und immer wieder darauf hingewiesen, dass sie weder behaupte, Geschlechtlichkeit sei wie das Anlegen eines Kostüms, das nach Belieben gewechselt werden könne, noch die Position vertreten, die sozialen Prozesse der Subjektkonstitution determinierten unser Verhalten.[4] Meines Erachtens beruhen beide Mißverständnisse darauf, dass nicht beachtet wurde, welche Verschiebung der Begriff der politischen Handlung in Butlers Text erfährt. Denn das Dilemma zwischen Voluntarismus und Determinismus beruht auf der Annahme, die Bedingung der Möglichkeit von Handlungen bestünde in der Existenz eines Subjekts *vor* der Handlung – eines Subjekts, das die verschiedenen Handlungsoptionen vor sich bringen kann, um sich dann für eine zu entscheiden.[5] Folgt man diesem Bild, entsteht das Dilemma, entweder ein Subjekt *vor* dem Geschlecht annehmen oder jegliche Handlungsmöglichkeit bestreiten zu müssen. Der erste Fall läuft auf die unplausible Vorstellung hinaus, die Subjekte seien vorgängig zu dem geschlechtlich definierten kulturellen Raum und könnten völlig frei über ihre Geschlechtlichkeit verfügen; und im zweiten Fall erscheinen die Subjekte durch ihre Geschlechtsidentitäten vollständig determiniert zu werden. Butler hofft dieses Dilemma aufzulösen, indem sie eine Alternative zu dem Handlungsbegriff vorschlägt, der diesem Dilemma zugrunde liegt: Weil die Möglichkeitsbedingung von Handlungen in der Annahme eines vorgängigen und stabilen „Ichs" gesehen wurde, mußte dessen Identität als unveränderlich gelten. Wird dagegen Identität als eine soziale Bezeichnungspraxis verstanden, in der Subjekte überhaupt erst konstituiert werden, kann die vergebliche Suche nach einer Subjektposition *vor* dem kulturellen Raum durch den Hinweis auf Möglichkeiten der Veränderung und Störung *innerhalb* der diskursiven Prozesse der Subjektivierung vermieden werden: Auf der einen Seite gibt es kein Subjekt vorgängig zu der Geschlechtlichkeit, das sich für sein Geschlecht entscheidet, und auf der anderen Seite gibt es auch keine Geschlechtlichkeit vorgängig zu der sozialen Praxis. Subjekte konstituieren sich immer schon als geschlechtlich Definierte in einem ihnen vorausgehenden diskursiven Raum, und Geschlechtlichkeit konstituiert sich fortwährend durch die Art und Weise, wie sich Subjekte im sozialen Raum wiederholend als geschlechtlich Definierte verhalten. „Geschlecht" ist in diesem Sinn nie gegeben – weder als eine natürliche Gegebenheit noch als ein stabiles Produkt einer abgeschlossenen sozialen Konstruktion; es existiert vielmehr nur in Form sozialer Prozesse der Iteration. Die gesuchte „Handlungsmöglichkeit" ist nach Butler so „in der Möglichkeit anzusiedeln, diese Wiederholungen zu variieren."[6] Die Geschlechterordnung kann niemals das Subjekt determinieren, das sie konstituiert, weil sie sich auf Grund der Notwendigkeit fortwährenden Wiederholtwerdens in der Praxis niemals endgültig gegen Verschiebungen und Subversionen

abschließen kann. Worin aber bestehen nun solche Subversionen der Geschlechtsidentität?
In „Das Unbehagen der Geschlechter" wird der Begriff der „performativen Subversion" über das Beispiel von Drag und Travestie eingeführt. Mit dem Begriff der Parodie interpretiert Butler Drag zunächst vor allem als eine Art Entlarvungs- beziehungsweise Reflexionsfigur: Die Existenzweise von Geschlecht besteht grundsätzlich in der imitierenden Wiederholung von vorangegangener geschlechtlich definierter Praxis. Während sich dieser performative Konstitutionsprozeß nun „normalerweise" verschleiert und so sein Produkt – die Geschlechtsidentität – naturalisiert, wendet sich Drag als parodistische Wiederholung gleichsam in der Wiederholung auf den Wiederholungsprozeß zurück und stellt ihn mit aus. Diese Reflexivität wird Butler zufolge möglich, weil im Cross Dressing die heteronormative Kohärenz der verschiedenen Dimensionen der Geschlechtlichkeit – anatomisches Geschlecht, soziale Geschlechtsidentität und Geschlechtsverhalten – aufgebrochen wird und so der naturalisierende Schleier der *einfachen* Gegebenheit fällt. Des Weiteren wird nun in dem Ausstellen der eigenen Konstitutionsweise zugleich der performative Charakter von Geschlechtlichkeit überhaupt vorgeführt: Indem Travestie theatral auf die eigene Inszeniertheit, auf das eigene Entstehen aus Imitation verweist, „offenbart sie implizit die Imitationsstruktur der Geschlechtsidentität als solcher – wie auch ihre Kontingenz."[7] Drag kann so zu einer „Kopie" werden, die den Begriff des Originals zu destruieren und damit die Geschlechterordnung zu denaturalisieren vermag.

3. Nimmt man nun zunächst einmal an, in der Analyse von Drag als Beispiel für die Möglichkeit von Subversion sei eine befriedigende Lösung für das grundsätzliche Problem der Handlungsfähigkeit gefunden worden, dann stellt sich umgekehrt die Frage, ob Drag mit der Rede von parodistischer Subversion eine angemessene Beschreibung erfährt. Diese Frage drängt sich vor allem angesichts einer gewissen Butler-Rezeption auf. Denn im Anschluss an ihre Überlegungen wurde das Konzept der parodistischen Subversion zu einer beliebten Interpretationskategorie für konkrete Drag-Performances und fungierte oft zugleich als allgemeines Klassifikationsmuster für die Beurteilung der politischen Signifikanz von Praktiken jeglicher Art. So entstanden ganze Forschungsprojekte zur Beantwortung der Frage, ob einzelne Performances, Filme oder Praktiken „wahrhaft subversiv" oder doch nur „affirmativ" seien, ob sie die „heterosexuelle Matrix" wirklich „denaturalisierten" oder vielleicht doch „reidealisierten". Das Ergebnis dieser Untersuchungen ist, wie Sedgwick in dem vorangestellten Zitat bemerkt, nicht selten: „kinda subversive, kinda

4] Siehe z. B. Judith Butler „Performative Acts and Gender Constitution: An Essay in Phenomenology and Feminist Theory", Sue Ellen Case (ed.) „Performing Feminisms: Feminist Critical Theory and Theatre", The John Hopkins University Press, Baltimore & London, 1990, S. 270–282; besonders 276ff.

5] Dieses Bild hält sich oft auch noch in „nachmetaphysischen" Theorien, die die Idee vorgängiger Subjekte eigentlich kritisieren. Denn auch in Theorien, die die soziale Situiertheit von Subjekten betonen, wird oft noch angenommen, die Subjekte könnten sich durch rationale Reflexion in ebendiese Entscheidungsposition vor den Handlungsoptionen bringen.

6] Butler, 1991, S. 213.

7] Butler, 1991, S. 202; Butler behauptet freilich nicht, daß jede Drag-Performance diesen subversiven Effekt zeitigt: Immer wieder betont sie sowohl die Möglichkeit von Drag Performances, die die hegemoniale Ordnung affirmieren, als auch die unvermeidliche Ambivalenz zwischen Affirmation und Subversion, die auch jede „subversive" Praxis auszeichnet; vgl. z. B. Butler, 1991, S. 204ff und Judith Butler „Bodies That Matter", Routledge, New York & London, 1993, S. 231f.

hegemonic". Und zwar aus strukturellen Gründen. Weil es nämlich keine Subjektivierungen außerhalb des sozialen Raums geben kann, wird die Frage nach der Beziehung zur herrschenden Ordnung immer irgendwelche Übereinstimmungen zu Tage fördern. Welche Aussagekraft hat dann aber überhaupt das Begriffspaar „subversiv/affirmativ" als politische Kategorie? Welchen Ort im politischen Raum gibt ein solches Lob der Subversion den so klassifizierten Drag-Praktiken?

Zunächst markiert Butlers „exemplarische" Drag-Analyse eine wichtige Verschiebung im Blick auf „cross dressing". Indem sie den Begriff des Originals in Frage stellt, bricht Butler mit der Auffassung, Drag-, Travestie- und Transgenderperformances seien sekundäre Nachahmungen ursprünglicher Geschlechtsidentitäten. Einerseits macht Butlers Theorie es also möglich, Drag jenseits der diskursiv zugewiesenen Position derivativer Imitation zu betrachten; andererseits stellt sich aber die Frage, ob das Lob der Subversion nicht in gewisser Weise an diese Logik der Sekundarität gebunden bleibt. Butlers Text läßt Drag nämlich zu einem ausgezeichneten Ort werden, an dem die Imitationsstruktur der heteronormativen Geschlechtlichkeit sichtbar wird. Drag wird so im gewissen Sinn auf die „heterosexuelle Matrix" gerichtet und mit der Aufgabe versehen, exemplarisch ihre verborgenen Konstitutionsmechanismen offenzulegen.[8] Problematisch ist dieser Zug nun nicht als Argument für die Denaturalisierung von Geschlechtlichkeit. Erneut zu erfragen gilt es meines Erachtens aber, was es bedeutet, wenn diese Entlarvungsfigur wie in einer bestimmten Butler-Rezeption als universal anwendbare und erschöpfende Interpretation von Drag angesehen wird. Immer wieder festzustellen, dass „Denaturalisierung" ein möglicher Effekt von „Cross Dressing" ist, droht den Blick auf andere politische Dimensionen der Performances zu verstellen. Zur Sprache kommen nämlich auf diese Weise weder ihre möglichen semantischen Verweise (unter anderem auf die verschiedenen hoch-, pop- und subkulturellen Traditionen von Drag) noch die Eigenschaften des sozialen Raums, in dem sie stattfinden. Mit der Rede von Parodie wird so die politische Signifikanz der Drag-Performances, die sie als Teil oder Zitat einer queeren Bildtradition mit sich führen, auf ein allgemeines Möglichkeitsbewußtsein reduziert: auf ein Bewußtsein von – in Butlers Worten – der „fließende(n) Ungewißheit der Identitäten (...), die ein Gefühl der Offenheit für deren Re-Signifizierung und Re-Kontextualisierung vermittelt."[9] Die herrschende Geschlechterordnung als sozial verfaßt und damit als veränderbar zu begreifen, ist nun zwar eine Möglichkeitsbedingung von Körperpolitik. Diese grundlegende Einsicht aber ständig als Deutung einzelner Performances zu wiederholen, heißt, sich immer nur am Rand ihres Politischen aufzuhalten und seinen Raum zu schließen. Drag als Reflexionsfigur zu beschreiben,

mit der wir uns ein weiteres Mal an unser liberales Kontingenzbewußtsein erinnern, wird so zu einer Distanzierungsgeste, mit der all jenen Fragen aus dem Weg gegangen wird, die eine politische Positionierung zu der sexuellen Kultur verlangen, deren Teil die jeweilige Performance ist. Nicht zuletzt ist es auch die Vermeidung der „privaten" Frage, worin die eigene Rolle in dem sozialen Raum der Performance besteht. Zum Verstummen gebracht werden so die Dimensionen von Drag, in denen sich Formen opaker Kommunikation in und für queere Kulturen entfalten.[10] Indem die Theorie der Parodie nämlich Drag nur über die Konstitutionsgesetze der „heterosexuellen Matrix" sprechen läßt, bewahrt sie auf paradoxe Weise gerade in der „solidarischen" Rede von „Subversion" die Logik der Sekundarität. Die Interpretation, die Drag nur als Entlarvungsfigur des heimlichen „Ursprungs" der herrschenden Geschlechterordnung darstellt, hält Drag – wenn auch in verschobener Form – weiterhin in der Distanz einer derivativen Position, deren Stimme sich *allein* der – nun auch entlarvenden, statt bloß imitierenden – Relation zu der „heterosexuellen Matrix" verdankt.
Nun verwahrt sich Butler selbst an mehreren Stellen gegen die Reduktion von Subversion auf Parodie und betont gegen ein bloßes Möglichkeitsbewußtsein, dass es nicht die Aufgabe sein könne, „alle und jede neue Möglichkeit *qua* Möglichkeit zu feiern, sondern jene Möglichkeiten zu reformulieren, die bereits existieren, wenn auch in kulturellen Bereichen, die als kulturell unintelligibel und unmöglich gelten."[11] Ihr Konzept der Subversion stellt also *nicht* nur eine Reflexionsfigur dar; es geht vielmehr um die Artikulation der Subjektivierungsmöglichkeiten, die in der heteronormativen Ordnung als deviante oder inkohärente Subjektpositionen fungieren. Die Frage ist meines Erachtens aber, wie gut das Bild der Subversion für dieses Projekt geeignet ist. Denn Butlers historisiertes Verständnis von „Hegemonie" zeigt uns zwar, inwiefern die Geschlechternormen veränderbar sind; diese Veränderbarkeit wird ihrem Text jedoch ausschließlich über die Rede von der „Schwäche" und „Ineffizienz" der heteronormativen Regeln bestimmt. Aus diesem Grund kann Butler meiner Meinung nach nicht beschreiben, wie sich in der sozialen Praxis *verschiedene* Netze der Normbildung und Normalisierung etablieren. Ihre Theorie bleibt in dem Bild einer binären Opposition zwischen der *einen* „heterosexuellen Matrix" und ihren „Subversionen" gefangen. Auf diese Weise kann bei ihr ein *Widerstreit* zwischen verschiedenen Normen und Praktiken im sozialen Raum gar nicht kohärent gedacht werden, weil jede Norm *qua* Norm zur ein und derselben Struktur der Macht gehört. In diesem Bild des sozialen Raums zieht sich das Möglichkeitsfeld „devianter" Geschlechtlichkeit auf einen bloßen Moment subversiver „Verflüssigung" jener *einen* herrschenden Geschlechtlichkeit zusammen, und die Mög-

8] Butlers Überlegungen zu Drag und Melancholie funktionieren nach dem gleichen Muster: Die melancholische Drag Queen offenbart die konstitutive Melancholie der heterosexuellen Identitätsformation. Butler, 1993, S. 234ff.

9] Butler, 1991, S. 203.

10] Siehe dazu Sedgwicks Begriff der „camp-recognition" in: Eve Kosofsky Sedgwick „Epistemology of the Closet" University of California Press, Berkeley – Los Angeles, 1990, S. 156. Zur politischen Signifikanz von queeren Kommunikationsformen jenseits des Wissens und jenseits der Parodie siehe auch Marc Siegel „The Gossip of Images", bisher unveröffentlichtes Manuskript.

11] Butler, 1991, S. 218.

lichkeit einer queeren Geschichte, die nicht einfach *nur* die Geschichte hegemonialer Zuschreibungen ist, wird ausgeschlossen. Denn die „Subversion“ kann zwar Effekte einer momentan berauschenden Vervielfältigung der möglichen Geschlechtsidentitäten hervorbringen; ihr Ort wird aber immer die Bühne des „heterosexistischen“ Schauspiels sein: Da der „subversive Akt“ ausschließlich in der Form einer „Destabilisierung“ *des* Geschlechtersystems, dessen „Stabilisierung“ ihm immer schon vorauseilt und immer wieder einholen wird, gedacht ist, wird er immer wieder auf genau die hegemoniale Ordnung zurückbezogen, der er dann, für einen bloßen Augenblick, entgehen soll. Eine solche Theorie kann nur *eine* „heteronormative“ Geschichte kennen und bestätigt so auf eigentümliche Weise die derivative Position queerer Kulturen. Denn die „subversive Performance“ verdankt hier ihr Sein *ausschließlich* dem Verhältnis zur „heterosexuellen Matrix“ und muß so die eigene Geschichtlichkeit im Moment ihres Vollzugs beinahe vollständig verbrauchen. Ihre Spur bleibt nur als Narbe im heterosexistischen Skript sichtbar und kann auf keinen Raum queerer Geschichte verweisen.

Nun ist es zwar eine richtige Einsicht, dass wir uns nicht einfach in ein machtfreies Jenseits flüchten, sondern uns nur in den verschiedenen Feldern des sozialen Raums bewegen können. Dies bedeutet aber nicht, dass sich die Normen, die diese verschiedenen Felder konstituieren, zu einem kohärenten System – *einer* heterosexuellen Matrix – zusammenfügen. Eine Theorie, die dies nahelegt, läuft Gefahr, in der *Form* ihres Bezugs auf „minoritäre“ Praktiken jener imperialistischen Geste nahezukommen, die die Hegemonie selbst auszeichnet, – dem Drang nämlich, in jede Situation die heteronormativen Geschlechterkategorien hineinzulesen und sei es auch nur in Form ihrer Überschreitung. Es ist zwar ein entscheidender Unterschied in der Bewertung, ob diese Überschreitung als „Verfehlung“ stigmatisiert oder als „Subversion“ begrüßt wird; in beiden Fällen aber – und dies ist ihre strukturelle Parallele – kann die Praxis nicht unter ihrem eigenen Namen, sondern nur als Überschreitung der hegemonialen Normen auftreten. Eine Drag Queen ist aber kein Mann in Frauenkleidern, der die Kohärenz zwischen anatomischen Geschlecht, Geschlechtsidentität und Geschlechtsverhalten in Unordnung bringt, sondern eine Drag Queen.[12]

Werden queere Kulturen *ausschließlich* in ihrer subversiven Beziehung zur „heterosexuellen Matrix“ beschrieben, wird ihre Geschichte auf einen kurzen Moment der „Destabilisierung“ reduziert und so letztlich ein weiteres Mal ausgestrichen. Nur in einem Unterbrechen der theoretischen Perspektive, die die Rede von Subversion (in ihrem hier diskutierten Sinn) impliziert, wird es möglich, nach der Verfaßtheit queerer Geschichte zu fragen: Was könnte eine queere Geschichte sein, die nicht nur als Reihe von Störungseffekten der heterosexuellen Matrix existiert, deren Subjekten aber auch nicht ein autonomer Raum jenseits aller hegemonialen Normen zur Verfügung steht? Was ist die Vollzugsform einer Geschichte, die unterhalb der offiziellen Geschichtsschreibungen verläuft ohne jenseits der Geschichte zu verlaufen? Was ist der Status von Praktiken, die durch die prekäre Struktur des offenen Geheimnisses geprägt sind, weil ihre Subjekte „deviante“ Subjektivierungen entfalten? Welche Art von Positivität kennzeichnet den Raum, in dem eine Drag Queen kein Mann in Frauenkleidern, sondern eine Drag Queen ist?

Trotz der großen Bedeutung, die Butlers Theorie der Performativität für ein angemessenes Verständnis von Geschlechtlichkeit hatte und hat, droht ihr Begriff der performativen Subversion immer wieder – zumal in der Rezeption der letzten Jahre – die politisch entscheidende Frage zu verdecken, was es heißen könnte, gegen die heteronormativen Dynamiken der Normalisierung die Positivität einer Ethik queerer Kultur zu setzen.

12] Die „Normen“, die die Subjektposition der Drag Queen in der queeren Kultur regeln, produzieren freilich auch Ausschlüsse, sie sind aber nicht deshalb schon einfach Teil der „heterosexuellen Matrix“. Und Drag-Performances ausschließlich in ihrer Relation zur heteronormativen Hegemonie zu betrachten, bedeutet die Existenz und die Möglichkeit der Subjektposition namens Drag Queen ein weiteres Mal zu verwerfen. C. Jacob Hale macht einen ähnlichen Punkt bezogen auf Transgender-Subkulturen: C. Jacob Hale „Leatherdyke Boys and Their Daddies – How to Have Sex Without Women or Men“ in: Social Text, No. 52–53: Queer Transexions of Race, Nation and Gender, Fall/Winter 1997, Duke University Press, Durham, S. 223–236. Will man nun nicht die schlichte Umdrehung der Subversionsthese vertreten und behaupten, „subkulturelle Normen“ herrschten in einem autonomen, in sich geschlossenen Raum außer Reichweite der heteronormativen Mechanismen und stünden so den hegemonialen Normen im Widerstreit Gleicher gegenüber, dann stellt sich die Frage, welchen Status und welche Vollzugsform „Normen“ haben, die nicht „herrschen“ können, weil sie in einem Raum „unterhalb“ der offiziellen Geschichte statthaben: In welchem Sinn genau können wir von einer „queeren Geschichte“ und einer „queeren Bildtradition“ reden, wenn wir mit diesen Worten nicht eine weitere Variante der bürgerlich wissenden Erfolgsgeschichte fortschreitender Anerkennung und Inklusion der schwullesbischen „Minderheiten“ bezeichnen wollen? Vgl. dazu auch Douglas Crimp „Getting The Warhol We Deserve” in „Texte Zur Kunst”, September 1999, 9. Jahrgang, Heft 35, S. 45–65, besonders S. 63.

Christopher Dell

Soziale Praxis und Improvisation

Transkript eines Vortrags gehalten anlässlich des Workshops „Politische Landschaft"

[... Musikeinlage]
Ich habe Musik gemacht, weil es mir um ein Zusammenspiel geht. Ich habe allein gespielt, aber es war ein Zusammenspiel mit Ihnen, dem Publikum. Das spüre ich. Man entwickelt einfach eine Sensibilität für die Energie, die in einem Raum ist, und mit dieser Energie kann man spielen. Das hat nichts Esoterisches, sondern ist ganz normal. Zum Handeln gehört immer die Aufnahme dessen, was die anderen einbringen. Bei den Lateinern heißt es „inter hominos esse" – „Leben ist unter Menschen weilen". Das Leben ist ein Handlungsraum, in dem sich das Subjekt letztlich nicht durch sich selbst erfährt, sondern durch die Erfahrung der anderen und ihrer Reaktionen auf das eigene Handeln. In diesem Sinne gibt es die vielbeschworene liberale, individualisierte Gesellschaft nicht – wir brauchen immer die Anerkennung der anderen. Diese Anerkennung werden wir uns irgendwie gestalten. Sei es durch Geld, persönlichen Kontakt und so weiter.
Wir behandeln hier den Begriff „Politische Landschaft". Darin enthalten ist zum einen der Begriff Land, der ganz unterschiedliche Bedeutungsursprünge hat. Bei den Iren beispielsweise meint der Begriff freies, offenes Land, in dem wir schalten und walten können. Bei den Schweden bedeutet Land soviel wie Wald oder Heim und beschreibt somit eine ganz andere Form von Geborgenheit und Enge. Wenn im 8. Jahrhundert Landschaften, die noch als Natur zu begreifen waren, unser Denken bestimmt haben, so bestimmen uns heute die Landschaften, die wir selber bauen und nicht von der Natur gegeben sind. Seit der Moderne wird unser Denken mit und durch Moden geprägt und nicht durch die Natur. Wir ha-

ben keinen Naturkönig oder Naturgott, der alles bestimmt, sondern wir denken kontextuell. Das ist ein totaler Unterschied. Wir müssen nichts als gegeben hinnehmen, sondern wir können auf den Kontext bezogen selbst gestalten. Interessanterweise betrachten wir beispielsweise den Markt, der sich wirtschaftlich entwickelt hat, als etwas Naturgegebenes; als ein Naturwunder, das uns durch den lieben Gott geschenkt wurde und innerhalb dessen wir nur versuchen können, so gut wie möglich zu schwimmen. – Kontextbezogenes, prozessuales Handeln findet im Grunde nur selten statt. In der Regel ist es ein Hinterherhecheln. – Wenn Sie schauen, wie Laien Aktien kaufen: da gibt es eine wahnsinnige Welle, die Leute hecheln hinterher und kaufen Telekom – wenn dann die ganzen Profis ihre Aktien abgestoßen haben, bleibt ihnen nichts anderes übrig als die Telekom zu verklagen, sie hätte falsche Versprechungen gemacht ist. Ein aktiver Umgang mit dem gesellschaftlichen System ist praktisch nirgendwo vorhanden, obwohl wir das für uns voraussetzen würden.

Kommen wir zu dem nächsten Begriff: Politik von griechisch „polis“. Polis steht im Griechischen für Burg oder auch Stadt, und bezieht sich auf ein System von Stadtstaaten in denen „Politik“ letztlich persönlich auf der Agora verhandelt wurde. Bei den Griechen war dies natürlich kein allgemeiner Kreis, so wie es heute kein allgemeiner ist, sondern es waren speziell geschulte Privilegierte, die sich ausschließlich mit Politik beschäftigt haben. Infolge der Aufklärung ist das Wissen zwar breiteren Schichten zugänglich geworden, ohne jedoch für den Einzelnen zu mehr Handlungsspielraum geführt zu haben, da der Handlungsraum gleichzeitig eine zunehmende Instrumentalisierung erfahren hat. Wir nehmen die instrumentalisierte Form des gegenwärtigen Parteiensystems als gegeben hin. Ebenso analysieren wir innerhalb dieses Systems Entwicklungen, um sie als unveränderliche Gegebenheiten zu akzeptieren und ohne ein Handeln daraus abgeleitet zu haben. Es passiert nichts. Das gilt es zu entwickeln: Formen des Politischen, in denen wieder etwas passiert.

Womöglich ist es genau das, was auch die Rechtsradikalen interessiert: Unmittelbarkeit, Leidenschaft, Energie. Diese Power, die man nirgendwo mehr umsetzen kann. Wir wollen handeln und das nicht nur im herstellenden Sinne – Wir bauen einen Stuhl. Der Stuhl ist zu verwenden. Jeder klopft mir auf die Schulter, weil ich einen Stuhl gemacht habe, der zu verwenden ist – sondern Handlungen, die wieder Folgen haben und Folgen haben und Folgen haben. Handlung als ein offenes Konzept der nicht vorauszusehenden Folgen. Das müssen wir uns wieder neu erarbeiten.

Kürzlich war ich bei einem Projekt in Sindelfingen, wo ein Moderator engagiert wurde, um Bürger, Vertreter von DaimlerChrysler und Stadträte miteinander reden zu lassen. – Bei den Griechen oder auch in einer Dorfgemeinschaft war es selbstverständlich miteinander zu reden. Dort gab es eine Bank, dort hat man sich getroffen und auseinandergesetzt. Diese gewöhnliche Parkbank gibt es nicht mehr. Den direkten Diskurs haben wir vollkommen verlernt.

Ich möchte es aus der Sicht meines Faches beschreiben: Improvisieren ist Bewegung in einem Kontext. Wenn ich eine Komposition spiele, kann ich letztlich immer den Komponisten verantwortlich machen. Ein ganzes Orchester kann etwas spielen und sagen: der ist verantwortlich, da habe ich nichts mit zu tun. Ich habe mein Bestes gemacht, aber das war halt nichts. In der Improvisation ist das unmöglich; jeder, der dort mitspielt, ist verantwortlich für das, was er bewerkstelligt. Wenn das nichts ist, dann ist das nichts. Das setzt Verantwortungsbereitschaft voraus. Auch ein komponiertes Jazzstück ist meistens nur eine offene Struktur, die einen Handlungsraum vorgibt. Diesen Handlungsraum zu bespielen erfordert wahnsinnig viel Arbeit. Sie müssen überhaupt erst einen bestimmten Sättigungsgrad erreichen, Sie müssen in jedem Moment in einer wahnsinnigen Geschwindigkeit die Bewegungen der anderen erfassen, um mit diesem Kontext umgehen und etwas ausdrücken zu können. Im Musikunterricht kommt das nicht vor. Dort gilt: 1+1=2. Fertig. Dort rechnen Sie 1 und 1 zusammen und bekommen die Bestätigung, die Sie brauchen. Aber wenn Sie anfangen, die Dinge anders zu sehen, wird es ganz, ganz schwierig.

In der Kommunikationswissenschaft unterscheiden wir nur noch zwischen 0 und 1. Basierend auf der Funktionsweise des Computers wird jede Handlung soweit vereinfacht, dass sie sich in Entscheidungen zwischen 0 und 1 strukturieren lässt. Ja oder nein. Der binäre Code. Dazu kann ich als Musiker nur sagen, das ist nichts. Das muß mindestens ein ternärer Code sein. Wir haben 0, wir haben 1 und wir haben sicherlich auch die Bewegung zwischen 0 und 1. In der Sprache vermittelt sich allein durch den Duktus ein ganzes Universum an Nuancen und Farben. Reduzieren wir alles auf 0 und 1, können wir natürlich große Dinge tun. Wir können im Computer wahnsinnig große Orchester spielen lassen, ohne Auseinandersetzungen mit den Musikern führen zu müssen. – Ohne innerhalb eines politischen Feldes klären zu müssen, wie das gespielt werden kann. 0 oder 1. Ja oder nein. – Um Metaphern auszubilden, um durch Kombination und Betonung Bedeutungen umkehren zu können, bedarf es eines gewachsenen kollektiven Wissens. Es bedarf eines ternären Codes.

In der Musik gibt es einen interessanten Fall. Ein Achtel ist eine Bewegung, die ein Viertel in zwei teilt. Sie kennen den 4/4-Rhythmus, der wiederum mit Achteln geteilt werden kann: [rhythmisches Klopfen].

Auch im Jazz gibt es Achtel. Die kann man aber nicht beschreiben. Die sind irgendwie da: [Musikeinlage].

Die Notenschrift hat zwar die Möglichkeit Achtel zu schreiben, kann jedoch nicht beschreiben, wie sie gespielt werden sollen. Jeder, der sich mit der Sache auskennt, weiß aber, wie das gespielt werden muß. Das ist schwer zu lernen und kann nur oral weitergetragen werden – durch direkte Vermittlung. [Rhythmisches Trommeln]. Gleichgültig, in welchem Gebiet Sie sich bewegen: der Fluß der Dinge kommt nur durch das Wissen von dem, was nicht sichtbar ist, zustande. Die Unsichtbarkeit kommt nicht zum Vorschein, wenn wir uns mit 0 und 1 beschäftigen; wenn wir sagen: o.k., das war es.
Spiele ich ein traditionelles Jazz-Stück so, wie man es im Jazz spielt [Musikeinlage] – dann fliesst es. Spiele ich es so, wie es geschrieben steht [Musikeinlage] – kommt nichts dabei raus. Sage ich: Oh, ich habe es total raus, Jazz, da habe ich schon von gehört [Musikeinlage] – lande ich mit soviel Verve und Jive vielleicht beim Musikantenstadl.
Wenn ich arbeite, bewege ich mich immer in einer Zwischen-Schriftlichkeit. Kann ich Dinge nicht schriftlich definieren und vermitteln, muß ich mir ein Gegenüber suchen, dem ich das direkt vermitteln kann. Ich bin immer in einem Versuchsstadium. Es ist im durchaus körperlichen Sinne ein Hinken. Zum Spielen gehört körperliche Bewegung. Will ich etwas finden, muß ich an dem Gerät tanzen, brauche ich den körperlichen Raum. – Ich arbeite mit vielen Musikern zusammen, die elektronische Musik machen. Die bewegen sich ganz anders. Die sagen immer, die Leute müssen darauf tanzen können. Das ist das erste. Die sagen: Mensch, Christoph, Du machst ein Wahnsinnszeug, aber wir müssen einen Beat darunter legen, damit die Leute tanzen können. Sie selbst bewegen sich überhaupt nicht. Ich war dabei. Da wird ein Teechen gemacht. Da wird hier geschaltet und dort gedreht. Das ist ja super. Ich aber muß die Dinge in der Bewegung finden [Musikeinlage]. Jede Bewegung muß vorher stundenlang ausgecheckt sein. Der Körper muß frei sein – es ist eine Art von Tanz, bei der ich nicht ganz am Boden, sondern in einem „Flow“ bin. Sensibilität ist gleichbedeutend mit Verletzlichkeit, körperlicher Verletzlichkeit. – Sie kennen sicherlich die Geschichte von Klee. Klee hat beim Malen getanzt. Das ist doch unglaublich, wenn man bedenkt, wie konzeptionell er gearbeitet hat. Offensichtlich gab es bei Klee eine Wechselwirkung zwischen dem Konzept und etwas ganz anderem.
Hannah Arendt hat die Entwicklung vom antiken, in der Gemeinschaft handelnden, Zoon politikon hin zum Homo faber, dem Herstellenden, beschrieben. Ich kenne das sehr gut von meinen Eltern: „Prima, was Du da machst. Was kommt denn dabei heraus? Was ist das hinterher?“ In der Homo faber – Gesellschaft brauchen wir das Werk. Das Handeln müssen wir wieder lernen. Dieses gewaltige Potential von bildungs- und arbeitslosen Menschen – und

jeder Mensch hat das Potential, handelnd tätig zu werden – bleibt völlig ungenutzt, weil in einer Gesellschaft, die dem Herstellen eine solche Dominanz einräumt, für das Handeln kein Raum besteht.
Auch im Entwurf unserer Autobiographie sind wir immer an die Kategorie des Zwecks gebunden, an die Frage der Verwertbarkeit, während alles andere, was wir im Gespräch mit anderen entwickeln könnten, keinen Wert hat. – Wenn ich Musik mache, mache ich ein Provisorium. Sie hören das und ich bin schon wieder ein anderer geworden. Indem ich anerkenne, dass ich gespielt habe, verändert sich automatisch meine Autobiographie. Ich glaube, man muß für seine Wurzeln und das Wissen über das, was man tut, selbst sorgen. Ich habe kein Rezept, wie man eigenverantwortlich Wurzeln schafft, aber die Neubewertung der Improvisation und des Provisoriums als eigentlichen Grundgedanken der Moderne, beinhaltet die Chance, Dinge zu entwickeln, die wir nicht mehr als Krankheit empfinden, sondern als etwas Positives, das wirklich Wurzeln schlägt. Wir können nur sagen, wir wollen gute Sachen machen und uns dafür leidenschaftlich engagieren – auch wenn es peinlich ist, sorgen wir selbst dafür, wieder Wurzeln schlagen zu können. Vielleicht im slow space, in der Stille, in dem wir nicht nur hinterher rennen, sondern ausnahmsweise vorne dran sind.

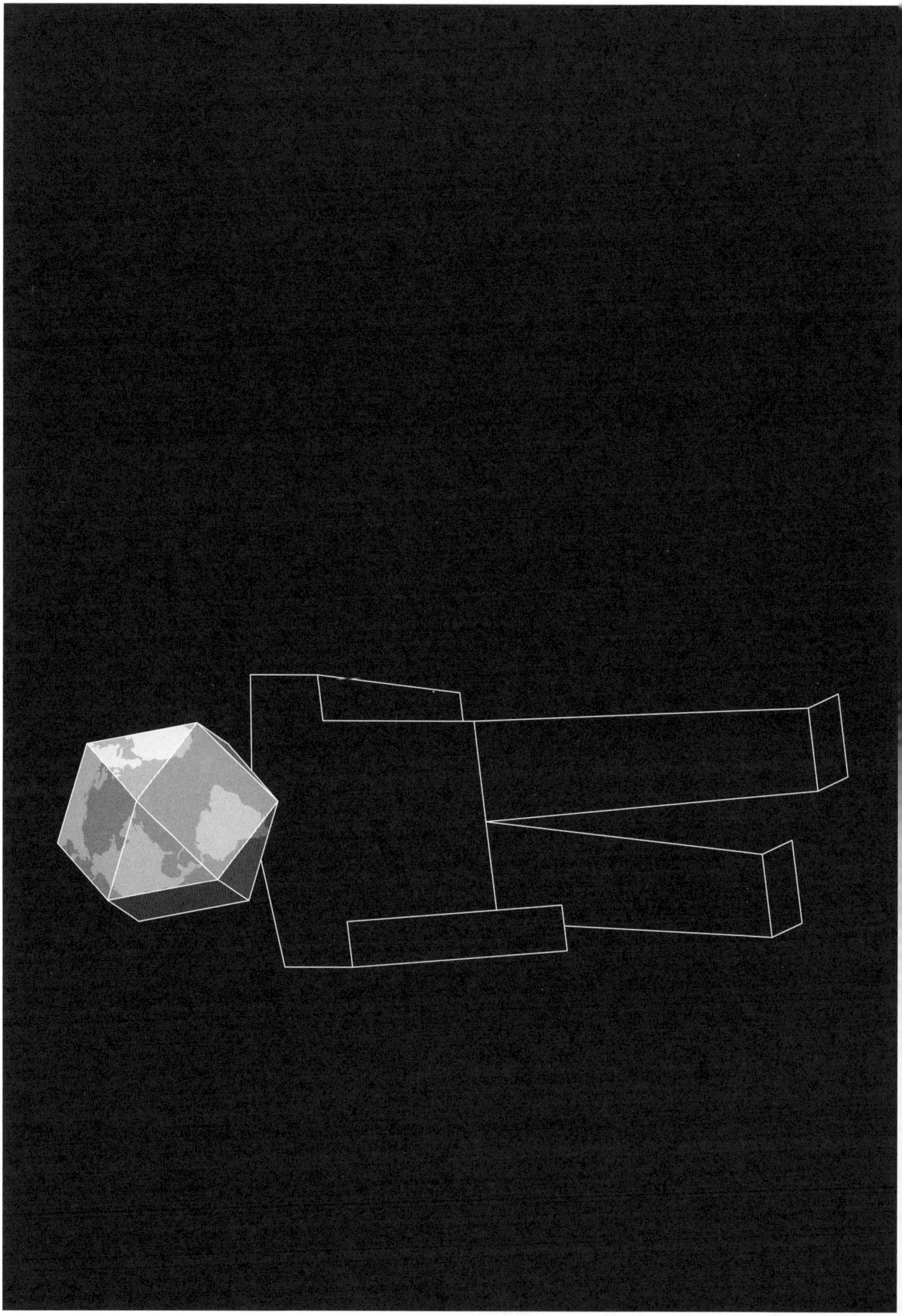

Techniken des Selbst

Ulrich Gutmair

Verschwinden. Wegsehen. Ignorieren. Vergessen.

William S. Burroughs' subversive Strategien des Cut-up und die Gesellschaft der Kontrolle.

„Warum produzierten Leute Sachen wie diese? Es gab keine Geschichte, keine erkennbare Struktur; manche der Fragmente wiederholten sich ständig, in unterschiedlichen Geschwindigkeiten... Die Logik dieser Cut-ups bestand wohl darin, dass man mit ihrer Hilfe irgendwie dem Medium Widerstand leisten konnte. Für Laney aber, der viele seiner wachen Stunden in den tieferliegenden Datenzonen unterhalb der Medienoberflächen zugebracht hatte, erschien es bloß hoffnungslos."[1]

Laney, der Protagonist von William Gibsons Roman „Idoru", ist Datenspezialist, Meister im Aufspüren von „nodal points", den signifikanten Schnittpunkten in den netzförmigen Verknüpfungen und strukturellen Verbindungen digital gespeicherter Daten. Das Auseinandernehmen und Neuzusammensetzen von medialem Material, hier beispielhaft in Form eines Videos präsentiert, erscheint ihm dagegen als ein hoffnungsloses Agieren an den medialen Oberflächen. Laney ist ein Produkt des Internets, seine Kritik gilt einer ästhetischen Technik, die unter den Bedingungen der alten Massenmedien entstand. Das Netz aber lehrt uns, so Laney, dass es heute um Verknüpfungen gehen muss, nicht um Unterbrechungen des Datenstroms, der sich top-down aus den Apparaten der Massenmedien über uns ergießt.

William Gibson benennt damit die historische Sackgasse einer rein ästhetischen Form, in die jene subkulturelle Strategien geraten können, die unter anderem im Rückgriff auf das Konzept des

Cut-up entwickelt worden waren (und auch Gibson stark beeinflussten). Vor allem William S. Burroughs experimentierte in den Sechziger- und Siebzigerjahren auf verschiedene Weise mit dieser Technik des Auseinanderschneidens und Neuzusammenfügens von Textmaterial, Sound und mündlicher Rede. Seine Praxis und Theorie des Cut-up stiftete eine Tradition, die über die Industrial Music der Siebzigerjahre und den Medienaktivismus der Achtziger bis in die üblicherweise unter dem Begriff der „Technokultur" zusammengefassten Strategien und Praktiken der Neunzigerjahre hineinreicht.

In Burroughs frühen, von Brion Gysin angeregten Experimenten, wurden Texte zuerst mit der Maschine getippt, dann die jeweiligen Seiten zum Beispiel senk- und waagerecht zerschnitten. Die so entstandenen Kolumnen wurden vertauscht und wieder neu zusammengesetzt. Die in dieser quasi-aleatorischen Operation neu entstandenen Module konnten nun entweder verworfen oder weiter verwendet werden. Später erweiterte Burroughs sein Instrumentarium um Tonbandgerät und Kassettenrekorder, um auch Feldaufnahmen, mediales Material und selbst eingesprochene Texte bearbeiten zu können. Burroughs verstand Cut-ups nicht nur als Instrument, um der Literatur eine realistischere Form der Repräsentation von Wahrnehmung beizubringen, indem ihr der Zugriff auf das gesamte Sensorium des Lesers ermöglicht werden sollte. Darüber hinaus dienten sie einem emanzipatorisch-politischen Ziel: Sie sollten die massenmedial kontrollierten Assoziationsketten durchbrechen, die unser Bewusstsein prägen. In verschiedenen programmatischen Texten entwarf Burroughs in diesem Sinn Szenarien zum Gebrauch von Cut-ups als Mittel einer Medienguerilla.

William Gibsons Kritik an dieser Technik wird in diesem Band ähnlich von Diedrich Diederichsen in Bezug auf die formal strategischen Modelle der Diskursanalyse formuliert. Für seinen Begriff der Diskursanalyse rekurriert er explizit auch auf Industrial Culture und damit auf eine Tradition, die sich unter anderem auf Burroughs' Texte bezieht. Tatsächlich könnte man verkürzt sagen, dass die aus der Idee des Cut-up abgeleiteten subkulturellen Strategien die künstlerisch-aktivistische Variante der Diskursanalyse darstellen, die wiederum eng mit dem Namen von Michel Foucault verbunden ist. Der Begriff der Kontrolle markiert dabei eine der Schnittstellen zwischen Cut-up-Strategien und den Theorien, die die Diskursanalyse inspiriert haben. Das von Gilles Deleuze in Anlehnung an Foucault formulierte Konzept der Kontrollgesellschaft reflektiert bereits den „Kontrollprozess", der laut Burroughs Sprache und Denken durchdringt.

Deleuze erklärte Burroughs zum ersten Analytiker der Kontrollgesellschaft: „‚Kontrolle' ist der Name, den Burroughs vorschlägt, um das neue Monster zu bezeichnen, in dem Foucault unsere

1] William Gibson: Idoru, London, Viking, 1996; S. 94.

nahe Zukunft erkennt."[2] Im folgenden soll die Geschichte der von Burroughs formulierten Strategien des Cut-up und ihrer Ableger dargestellt und untersucht werden. Erschöpft sich die Technik des Cut-up notwendigerweise in den von Gibson kritisierten Formen? Wie kam man auf die Idee, dass das Unterbrechen von Assoziationsketten politisch wäre? Wie wurde das Konzept des Cut-up weiterentwickelt? Und welche aus der Strategie des Cut-up gewonnenen Erweiterungen könnten weiterhin für eine politische Praxis im Umgang mit den Medien interessant bleiben?

Der Protest gegen die autoritären Nachkriegsgesellschaften, Postfaschismus, Imperialismus, Vietnamkrieg et cetera organisierte sich in den Sechzigerjahren vor allem im Rahmen traditioneller politischer Aktionsformen. Die politische Organisation und Agitation sowie die „kulturelle Revolution" bestimmen das Bild von 1968. Aber auch das, was man in den Neunzigerjahren unter „Technokultur" zusammengefasst hat, begann im sozialen Umfeld der Gegenkultur als Appropriation von Technik. Phreaks und Hacker begriffen die Telekommunikation und den Computer als wichtigen Schauplatz der Auseinandersetzung: Information sollte frei sein, und Hightech nicht dem Establishment (unter anderem für die Fortführung des Kriegs gegen die Vietcong) überlassen werden. Aber auch diese Form der kreativen Aneignung übernimmt die entsprechenden Strukturen als gegeben.

Im Gegensatz zu diesen Strategien der Appropriation, denen der Ansatz Burroughs' durchaus verwandt ist, durchquerten seine Experimente mit Cut-ups das Spannungsverhältnis zwischen Diskurs, Politik und Technologie auf einer fundamentaleren Ebene. Cut-ups sollten die herrschenden Assoziationsketten des Kontrollprozesses durchbrechen und damit „Befreiung" in einem grundsätzlicheren Sinn ermöglichen: „Wir haben die Absicht, alle dogmatischen verbalen Systeme zu zerstören... Die Kontrolle der Massenmedien besteht in der Konstruktion von Assoziationslinien. Wenn diese Linien zerschnitten werden, zerbrechen die assoziativen Verbindungen... Angst und Vorurteile sind immer vom Kontrollsystem diktiert."[3]

Burroughs' Ansatz wandte sich damit auch gegen die in den Sechzigerjahren von Progressiven vertretene Politik der Demokratisierung von Sprache und Medien. Burroughs verstand Sprache nicht als per se neutrales Instrument, sondern als immer schon von den ideologischen Konstrukten und Mechanismen von Herrschaft und Kontrolle durchdrungen. Seine Idee von „Zugang" musste daher mit der Destruktion bestehender sprachlich-assoziativer Strukturen beginnen. Sie richtete sich damit nicht gegen Machtstrukturen, die Ausschlüsse organisieren, sondern an ein durch Sprache konstituiertes Selbst, das der Kontrolle unterliegt. Letztendlich ist es daher Burroughs' Ziel, dieses „überholte Artefakt" zu überwinden und im „Hiatus zwischen den Gedanken" eine neue Form des

Denkens zu finden.

In seinen programmatischen Texten *Invisible Generation* von 1966, *Electronic Revolution* 1970–71 und *Playback From Eden to Watergate* von 1973 steckte Burroughs ein Feld ab, das von sprachphilosophischen Überlegungen über eine Analyse moderner kommunikativer Kontrollmechanismen zu interventionistischen Strategien mit Hilfe von Tonaufnahmegeräten reicht. *Invisible Generation* kombinierte die Erkenntnisse der Wachsuggestion mit der neuen Technologie des portablen Kassettenrekorders. In der Situation der therapeutischen Anwendung der Wachsuggestion liest der Patient laut aus einem Buch vor, während der Arzt ihm vorher vereinbarte Anweisungen gibt, etwa: „Sie werden nicht wieder Alkohol trinken, um ihre Probleme zu vergessen." Da der Patient sich auf sein Buch konzentriert, können solche Anweisungen unmittelbar auf ihn wirken. Der Kassettenrekorder stellt das technische Komplement zu dieser Technik der Suggestion dar, indem er die Aufnahme und Wiedergabe von Gesprächen zum Zweck der Analyse und der Manipulation ermöglicht.

Ziel der Externalisierung des eigenen Sprechens durch technische Apparate ist die Deprogrammierung des Individuums: „Alle Assoziationsreihen sind zwanghaft, verjage sie aus deinem Kopf und füttere mit ihnen die Apparate, hör auf zu sprechen lass die Maschinen streiten, jammern, reden; ein Kassettenrekorder ist ein externalisierter Teil des menschlichen Nervensystems, du kannst mehr über das Nervensystem erfahren und mehr Kontrolle über deine Reaktionen gewinnen, wenn du einen Kassettenrekorder benutzt, statt zwanzig Jahre im Lotussitz herumzusitzen oder deine Zeit auf der Couch eines Analytikers zu verschwenden." Durch aleatorische Schnitte und Neukombinationen von Feldaufnahmen mit eigenen Botschaften eröffnet sich des Weiteren auch die Möglichkeit des Handelns im öffentlichen Raum: „Jeder, der im Besitz eines Kassettenrekorders ist und damit den Soundtrack kontrolliert, kann Ereignisse beeinflussen und hervorrufen."

Am 10. Juni 1982 wurde diese Idee tatsächlich auf die Straße gebracht. Autonome Aktivisten hatten sich ihren eigenen Soundtrack für den Besuch von Ronald Reagan in Berlin ausgedacht. Die Polizei beschlagnahmte 16 Kassetten und 25 Wiedergabegeräte, mit denen die Anti-Reagan-Programme abgespielt worden waren, das Büro der Alternativen Liste wurde wegen der „Kriegscassette" durchsucht. Die Boulevardpresse meldete außerdem: „Während der Schlacht am Nollendorfplatz spielten Chaoten über große Lautsprecher aus einem besetzten Haus das Wagnerlied ‚Ritt der Walküren' aus dem Anti Kriegsfilm ‚Apokalypse Now'."[4]

In *Electronic Revolution* führte Burroughs diese Überlegungen weiter, indem er bestimmte sprachliche Funktionselemente untersucht. Von der Allgemeinen Semantik des polnischen Theoretikers Korzybski inspiriert, stellte er jene Konstruktionen der mo-

2| Gilles Deleuze: Postskriptum über die Kontrollgesellschaften, in Deleuze: Unterhandlungen 1972–1990, Frankfurt am Main, Suhrkamp, 1993; S. 255.
3| Dieses und alle folgenden Burroughszitate (inkl. Invisible Generation, Electronic Revolution und Playback from Eden to Watergate) siehe William S. Burroughs: The Job: interviews with William S. Burroughs/by Daniel Odier, New York, Penguin Books, 1989.
4| Zitiert in Klaus Maeck/Walter Hartmann (Hrsg.): Decoder Handbuch, Duisburg, Trikont Duisburg, 1984.

dernen indo-europäischen Sprachen, wie etwa den bestimmten Artikel oder das aristotelische Konzept des Entweder-Oder in Frage, die die Pluralitäten verschiedener Wahrnehmungsebenen und Erfahrungen totalisierenden Abstraktionen unterwerfen. Die hierfür konkret benutzten Elemente bestanden vorwiegend aus kontrastierenden Kurzaussagen. *Electronic Revolution* widmete sich damit auch der Analyse von Double Binds, die durch die Kombination einander widersprechender Inhalte das Bewusstsein eines beliebigen Empfängers „kurzschließen" und daher als potentielle Technologien der Kontrolle gedacht werden können.

Basis von *Playback from Eden to Watergate* ist die Annahme, dass das geschriebene und gesprochene Wort als Virus zu verstehen ist. Entscheidend ist hier die von Burroughs in Anlehnung an Wilhelm Reich immer wieder betonte Tatsache der Verschränkung von Diskurs und Körper. Mit der Montage verschiedenster Äußerungen, vorzugsweise solcher, die mit Tabus belegt sind und daher auf einer organischen, also muskulären und emotionalen Ebene wirksam werden, könne gezielt in die Realität des sprachlich-organischen Kontinuums eingegriffen werden. *Playback from Eden to Watergate* beschreibt einen solchen Eingriff am Beispiel der Londoner Moka Bar, gegen die Burroughs verschiedene Operationen durchführte, indem er Aufnahmen aus der Bar und ihrer Umgebung mit als unangenehm empfundenen Klängen cuttete und vor Ort wieder abspielte. Angeblich musste die Bar wenige Wochen später schließen.

Burroughs' Analyse des Kontrollprozesses widmete sich somit der Wirkungsweise von Sprache in drei Schritten: Erstens der Wirkung bestimmter erlernter, „aufgenommener" (im Sinne von „recorded") Assoziationen, zweitens bestimmten Elementen der westlichen Sprache und Philosophie und drittens der Einbeziehung einer somatischen Komponente. Die innerhalb dieser Schritte untersuchten Ebenen (die man kurz als semantische, semiotische und somatische bezeichnen könnte) sind in der Argumentation Burroughs vertikal miteinander verknüpft. Sie können durch die Nutzung externer Kommunikationsmedien analysiert und manipuliert werden.

Dieses Instrumentarium wurde Mitte der Siebzigerjahre vor allem von der britischen Popgruppe Throbbing Gristle weiterentwickelt. Throbbing Gristle ging es nicht nur darum, im Sinne Burroughs an der De-Kontrolle des Individuums, und damit ausschließlich an sich selbst zu arbeiten: Die aus der Künstlergruppe COUM hervorgegangene Band wählte das System der Popkultur, um an den Schnittstellen von Kontrolle und Selbst, Technologie und Gesellschaft, Musik und Körper, Image und Subjektivität zu experimentieren. Während das gesellschaftliche Umfeld Burroughs unter anderem noch durch autoritäre, unter anderem polizeistaatliche Formen von Kontrolle gekennzeichnet war, transformierte sich die alte Industriegesellschaft zur neuen postfordistischen Informationsgesellschaft. Der ökonomische Stellenwert „immaterieller Arbeit“ wuchs, Ästhetik, Geschmack und Distinktion wurden zu Parametern, die zunehmend Produktion und Konsumption bestimmten, und weit über die Kulturindustrien hinaus Relevanz beanspruchten.

Vor diesem Hintergrund untersuchten Throbbing Gristle Public-Relations-Strategien, experimentierten mit dem taktischen Einsatz von Images und versuchten durch die Herstellung ambivalenter und widersprüchlicher kommunikativer Situationen die Strukturen medialer Kontrolle offenzulegen. Throbbing Gristle spielten mit repressiven Tabus und manipulierten mehr oder weniger subtil die Erwartungshaltung ihres Publikums und ihrer professionellen Kritiker. Die Band spielte hinter Boxentürmen, blendete ihr Publikum mit Stroboskopen, baute sich ihre Synthesizer und Effektgeräte selbst, gründete ihr eigenes Label *Industrial Records* und nahm krude Platten auf, die von Sex und Verführung, Selbstmord und Massenmördern handelten und in der englischen Musikpresse kontrovers diskutiert wurden. Throbbing Gristle improvisierten auf der Bühne, um damit jede Form von geplanter, professioneller Unterhaltung zu hintertreiben, ihr als „metabolic music“ bezeichneter Noise zielte etwa mit extrem tiefen Bässen auf den Körper, während sich ihre am Skandal orientierte Öffentlichkeitsarbeit die Mechanismen der Massenmedien zunutze machte.

Throbbing Gristle verstanden sich als Kombattanten in einem „Informationskrieg“, in dessen Verlauf etwa linksliberale Musikjournalisten mit faschistischen Ikonographien konfrontiert wurden: Für ihr Label *Industrial Records* wählte die Gruppe einen harmlos industriell aussehenden Fabrikturm als Logo, der tatsächlich aber einen Teil der Vernichtungsmaschinerie von Auschwitz zeigte. Solche Strategien dienten unter anderem der Klärung der Frage, „wie der Zugang zu Information die Wahrnehmung von ‚Realität‘ verändert“, so Throbbing-Gristle-Mitglied Genesis P. Orridge.[5] Was eben noch harmlos aussah, wurde durch eine kurze Information zum Symbol der Massenvernichtung.

In einer Welt der Images wurde auch das Erscheinungsbild der Gruppe zu einem logischen Feld taktischer Eingriffe. Zur Zeit der Aufnahmen zur LP „20 Jazz Funk Greats“ trugen die Bandmitglieder dezidiert banale Kleidung, das Album selbst erschien Kritikern „bar jeder Personality oder Glamour. Sie ist erschreckend gesichtslos“.[6] Throbbing Gristle orientierten sich mit dieser Camouflagetaktik am Konzept der *Invisible Generation,* Cut-ups nicht nur für die De-Kontrolle alter Assoziationssperren zu nutzen, sondern sich mit ihrer Hilfe möglichst perfekt an seine soziale Umgebung zu assimilieren: „die physiologische Befreiung die durch das Schneiden von kontrollierten Assoziationen erreicht wird lässt dich effizienter deine Ziele erreichen nimm deinen Boss und

5] Dieses und alle folgenden Zitate von Throbbing Gristle zitiert in Simon Ford: Wreckers of Civilisation. The Story of COUM Transmissions & Throbbing Gristle, London, Black Dog Publishing, 1999, S. 9.26.

6] Andrew James Paterson: Modern Music of the Chain Gang, Fuse, Mai 1980, zitiert in Ford: Wreckers of Civilisation.

deine Kollegen auf analysiere ihre assoziativen Muster lerne ihre Stimmen zu imitieren ... werde zum atmenden Wort und zum schlagenden Herz dieser Organisation werde zu dieser Organisation die unsichtbaren Brüder dringen in die Gegenwart ein.“ Man darf annehmen, dass diese ideologiefreie subversive Strategie zu den erfolgreichsten Ideen Burroughs zählt. Vermutlich haben sich seit ihrer Formulierung in den späten Sechzigerjahren bereits mehrere unsichtbare Generationen mit Hilfe ähnlicher Psychotechniken der Selbstverbesserung für den Konkurrenzkampf im Office fit gemacht.

Auch Throbbing Gristle bedienten sich dieser Strategie der Assimilation, transferierten sie aber in die audiovisuellen Oberflächen der Popkultur, auf denen ansonsten scharf abgegrenzte Identitäten und Images dominieren, dennoch aber eine „magische Wiederholung der immer gleichen sozialen Fetische“ (Throbbing Gristle) stattfindet. Gleichzeitig verneinte dieses strategische Verhalten zum eigenen Image jede Differenz zwischen Künstler und Publikum, Star und Fan, Kunst und Leben. Eine Nation von Aliens, die von der sie umgebenden Gesellschaft nicht mehr unterschieden werden konnte, sollte eben diese unterwandern: „Was ich mir vorstelle, ist eine *alien culture* mitten in der Gesellschaft, die langsam von innen kommt. Sieh dir die Leute an, die zu unseren Konzerten kommen: Sie sehen unauffällig aus und wohnen in Suburb-Apartments. Aber sie denken und leben in einer Weise, die sich die Herrschenden nicht erklären können.“[7]

Das Verschwinden aus dem Wahrnehmungshorizont systemischer Kontrolle, aus den Medien und der Geschichte machte auch der holländische Flügel der Hausbesetzerbewegung der frühen Achtzigerjahre zu seiner Strategie. In der *Bewegungslehre* der Agentur Bilwet heisst es etwa lapidar über die Krawalle in Nijmegen 1986: „Ein paar Tage nach dem Ausbruch lassen sich keine Spuren von der ‚Nijmegener Besetzerbewegung' mehr auffinden. Der Krawall scheint absolut konsequenzlos zu sein. Nachdem er in weniger als vier Monaten aus einem Vakuum zum Vorschein gekommen war, verschwand er auch wieder in seinem Zeitloch. Er war kein Ausdruck einer aufkommenden oder absterbenden Bewegung, sondern eine reine Erscheinung, pure Unterhaltung, Widerstand in seiner elementarsten Form. Man hatte sich nur ein bißchen ausgelebt.“[8]

Burroughs hatte die Taktiken von Camouflage, Assimilation und Verschwinden bereits vorher zu Ende gedacht: „Für eine Revolution, die eine grundlegende Veränderung der bestehenden Bedingungen erreichen soll, werden drei Taktiken benötigt: 1. Stören. 2. Angreifen. 3. Verschwinden. Wegsehen. Ignorieren. Vergessen.“

In seiner letzten Konsequenz ist Burroughs' Konzept des Cut-up also nicht ohne die Radikalität des fundamentalen Vergessens der

Sprache selbst zu haben, die damit wiederum die Paradoxie einer Vorstellung des Selbst als möglicher „außersprachlicher Realität" einschließt. Das ist weit von der ästhetischen Praxis eines formalen „Widerstands gegen die Medien" entfernt, den William Gibson kritisiert. Trotzdem bleibt zum einen die Frage bestehen, ob die Realität vernetzter Kommunikation nicht eine der wesentlichen Grundannahmen des Burroughs'schen Konzepts obsolet gemacht hat. Hat also die Pluralität der Kanäle nach dem netzspezifischen Prinzip des Many-to-many das Auseinanderschneiden von diskursiven Zusammenhängen nicht längst selbst besorgt? Zwei Argumente sprechen dagegen: Erstens hat die Kanalisierung des Netzes entlang zentraler Kommunikationswege durch alte und neue Medien- und Unterhaltungsindustrien längst eingesetzt. Portale und massiv beworbene Websites binden als „interaktive" Nachfolger der audiovisuellen Medien einen großen Teil des Traffic. Zweitens fördert gerade die Pluralität der Kanäle den Transport zentraler Issues und hegemonialer Diskurse, die es aufgrund der herrschenden Partikularität noch einfacher haben, die entstandenen Leerstellen zu besetzen und sich als Produkt des Common Sense zu präsentieren.

Des Weiteren stellt sich das Problem, dass auch die beschriebenen Ansätze letztendlich niemals auf ihre strategische Komponente beschränkt bleiben, sondern sich konkret und strukturell immer in einem Kontinuum zumindest impliziter inhaltlicher, „politischer" oder „ideologischer" Annahmen, Diskursinhalte oder Zielvorgaben befinden. Dies gilt auch für jeden „Widerstand in seiner elementarsten Form". Auch wer wie Burroughs Politik und Ideologie per se als austauschbare Konstrukte ablehnt, die von den herrschenden Mächten lediglich dazu benutzt werden, um von den realen Verhältnissen abzulenken, verfügt notwendigerweise auch selbst immer über ein Set an inhaltlichen, „ideologischen" Vorgaben. Das politische Programm Burroughs ließe sich etwa als radikal individualistischer Anarchismus zusammenfassen, der bekanntermaßen sowohl nach rechts wie nach links tendieren kann. Techno stellte in den Neunzigerjahren eine im Burroughs'schen Sinne strategisch konstituierte Bewegung mit durchaus ähnlichen Motiven dar, deren solchermaßen offenes Programm von reaktionären ideologischen Inhalten besetzt werden konnte, sobald implizit vorhandene politische Überzeugungen den nachrückenden Generationen nicht mehr selbstverständlich waren.

David Finchers „Fight Club" hat dies auf anschauliche Weise dargestellt. Das diffuse Unbehagen am Status Quo des postfordistischen Hyperkapitalismus wird von den Akteuren des Films mit einem aberwitzigen, aber durchaus realistischen Konglomerat von ideologischen Versatzstücken beantwortet: Machokult und Spaß an handgreiflichen Auseinandersetzungen wird dem Mittelklasse-Hooliganismus entlehnt und mit rechter Paranoia (Una-

7| Genesis P. Orridge zitiert in Diedrich Diederichsen: Der erste und nicht endgültige Bericht, Sounds 1/1981, S. 44.

8| Agentur Bilwet: Bewegungslehre. Botschaften aus einer autonomen Wirklichkeit, Berlin-Amsterdam, Edition ID-Archiv, 1991, S. 129.

bomber Technophobie und antietatistischer Militia-Ideologie) sowie dem linken Versatzstück einer avantgardistischen Stadtguerilla mit angeschlossener Hackermentalität fusioniert. Diese ideologische Mixtur ist gerade deswegen aberwitzig, aber einleuchtend, weil sie sich mit der bis zu Ende gedachten Burroughsianischen Strategie des Vergessens trifft, die hier ins Schizophrene gewendet ist: Der Protagonist des Films muss am Ende feststellen, dass sein radikaler Freund und Genosse, der den Fight Club erfindet und schließlich eine Untergrundarmee anführt, in Wirklichkeit nur seiner Psyche entsprungen ist. Er selbst ist dieser andere, ohne es zu wissen.

Paradoxerweise ist es aber gerade der fundamentale (mit Slavoj Zizek: hysterische) Burroughs'sche Zweifel an der authentischen, natürlichen Verfassung des Selbst, der unter den Bedingungen der „Massenintellektualität" und der „immateriellen Arbeit" (Antonio Negri) produktiv werden könnte. Letztere wird mit Internet und New Economy zum globalen Modell: „Das ‚Rohmaterial' der immateriellen Arbeit ist Subjektivität und das ‚ideologische Milieu', in dem diese Subjektivität existiert und sich reproduziert. Die Produktion von Subjektivität hört auf, in erster Linie ein Instrument sozialer Kontrolle zu sein, Marktsubjekte für Tauschverhältnisse hervorzubringen; sie wird unmittelbar produktiv, zielt unter den Bedingungen des Postfordismus auf die Konstruktion konsumierend-kommunizierender Subjekte, die selbst ‚aktiv' sind. Immaterielle Produzentinnen und Produzenten – eben jene, die in der Werbung, der Mode, im Marketing, beim Fernsehen, als Programmierer et cetera arbeiten – sorgen dafür, dass eine Nachfrage befriedigt wird, und zur gleichen Zeit schaffen sie diese Nachfrage."[9]

Maurizio Lazzarato beschreibt hier nicht nur die aktuelle Form von Arbeit und den mit ihr verbundenen Modus der Subjektivität, sondern auch den endgültig realisierten Burroughs'schen Albtraum einer Mediengesellschaft, deren „konsumierend-kommunizierende Subjekte" kein Außerhalb der Medien mehr zu kennen scheinen. Mit dem britischen Cyberpunk-Kollektiv O[rphan] D[rift>] gesprochen: „Wir sind das Spektakel."[10] Der fehlenden Distanz zum Medium entspricht die perfekte Kontrolle der eigenen Bedürfnisse: 15-jährige Mädchen führen übers Handy professionelle Gespräche mit ihren Castingagenturen, „Popstars" werden nicht nur in den kreativen Departments der Musikindustrie erfunden, sondern der industrielle Prozess von Selektion, Training und Vermarktung des Materials wird selbst zum Produkt eines neuen Genres, das „Echtes Leben" verspricht. Obwohl die Produktions- und Vermarktungsprozesse der Kulturindustrien damit bis ins letzte Detail offengelegt sind, fordert die herrschende Ideologie erfolgreich die Identifikation mit einem als natürlich vorausgesetzten Selbst. In diesem Umfeld erhalten die Strategien des Cut-up tatsächlich eine politische Bedeutung, indem sie der „Guerilla mit sich selbst“ (Deleuze) ein Set von Werkzeugen zur Verfügung stellt. An zu cuttendem Material besteht auch in der New Economy kein Mangel: „Leb so wie du dich fühlst,“ Big Brother, Staffel eins; „Fun ist unsere Pflicht,“ Big Brother, Staffel zwei.

9] Maurizio Lazzarato: Verwertung und Kommunikation, in Toni Negri/Maurizio Lazzarato/Paolo Virno (hrsg. von Thomas Atzert): Umherschweifende Produzenten. Immaterielle Arbeit und Subversion, Berlin, ID-Verlag, 1998; S. 57–58.

10] O[rphan] D[rift>]: Cyberpositive, London, Cabinet Editions, 1995, S. 272.

Diedrich Diederichsen

Ideologiekritik und Diskurs-analyse

Ich habe mich entschlossen, den methodenkritischen Vortrag, den ich halten möchte, von der Metapher ausgehen zu lassen, die dieser Veranstaltung ihren Namen gegeben hat. Wie jeder zweiteilige Ausdruck, so lässt sich auch dieser auf mindestens zwei entgegengesetzte Pointen hin lesen, die ich mit den zwei Methoden, die ich heute diskutieren möchte, in Verbindung bringen werde. Diese, noch erläuterungsbedürftigen, hier aber schon einmal dem Namen nach vorgestellten Methoden nenne ich Diskursanalyse **A** und Ideologiekritik **B**.

Politische Landschaften ist ein Ausdruck, der wie jeder andere exponierte, etwa titelgebende Ausdruck als Enthüllung einer Neuheit gelesen werden will. Neuheiten muss man sich formal immer als eine Aussage vorstellen, die aus einer Konstanten und einer Variablen besteht. Das altbekannte X ist nun aber auch klein y. Oder: das neue Y ist aber auch in einem Sinne ein altbekanntes X. Beziehen wir diese Form auf den Ausdruck „Politische Landschaften", so könnte er entweder heißen: das landschaftlich Natürliche, gewachsen Geplante und vor allem dreidimensional Komplexe der Landschaft ist, anders als verschiedene Eigenschaften landläufiger Vorstellungen von Landschaft nahelegen, durchaus auch politisch. Diese Aussage würde also einerseits einem allgemein verbreiteten Diskurs aus verschiedenen Richtungen Recht geben, der das Politische im Namen von unter Landschaft zusammenfassbaren Vorstellungen zurückweist. Ja, die sozialen Verhältnisse sind – auch mathematisch gesehen – komplexer, mehrdimensionaler geworden; ja, soziale Verhältnisse enthalten durchaus einen unkontrollierbaren oder – normativ gesehen – nicht zu kontrollierenden Anteil von Wildwuchs und Natur-analoger und nicht-linearer Bewegung, ja – all dies zugegeben, aber gerade das muss man poli-

tisch lesen. Oder man müsse gerade in dieser Zurückweisung des traditionell Politischen eine politische Dimension erkennen.
Die andere Lektüre-Möglichkeit richtet sich quasi an die traditionelle Linke. Ihr, die Ihr einen geschichtsphilosophisch geprägten und auf Ziele hin orientierten Begriff des Politischen habt, nehmt doch bitte zur Kenntnis, dass dieser Begriff, will er denn überhaupt überleben, heutzutage die landschaftliche Struktur seines Gegenstands, der sozialen und ökonomischen, auch der klassenmäßigen Beziehung unter den Menschen des 21. Jahrhunderts inkorporieren muss. Gerade die zur Zeit am ehesten von links besetzten Gebiete, neue ökonomische und kommunikative Strukturen unter Netzbedingungen und auch die Politik der Stadt sind doch Beispiele, in denen sich politische Gegenstände, auch für eine Inanspruchnahme von links weniger linear-geschichtlich und über binäre Freund/Feind-Modelle codiert lesen lassen als vielmehr landschaftlich – was immer das heißen soll.
Politische Landschaft diskutiert also an zwei Fronten. Zum einen mit einer von Systemtheorie, einem weitgehend depolitisierten Neo-Situationismus, aber auch diversen Futurismen geprägten Verabschiedung des Politischen zugunsten aller möglichen angeblich realistischeren Zugänge, die sich gerne auf neue Komplexitäten, neue Ökonomien und Technologien berufen. Diese antipolitische Rhetorik spricht gerne im Namen von Landschaft. Zum anderen tritt Politische Landschaft dann aber selbst als Anwalt einer neuen Realitätserhebung auf, wenn sie nämlich mit den altlinken Verwaltern des Politischen diskutiert. Diesem ganzen gewohnheitsmäßig zur Kritik und Verwaltung des Politischen legimierten Feld hält „Politische Landschaften" das Ignorieren neuer Wirklichkeiten vor. Mit anderen Worten: in der ersten Diskussion will man der Landschaft ihr politisches Geheimnis entreissen, in der zweiten der Politik ihr landschaftliches.
Wozu nun der Landschaftsbegriff, der ja sicher der seltenere, daher auch gestaltreichere Anteil des Ausdrucks ist? Nun, Landschaft ist ein relativ unbestimmter Begriff für eine Vielzahl von Konstellationen im dreidimensionalen Raum. Aus der Landschaftsmalerei wissen wir aber, dass es meist eine dominante Konstellation gibt und einige wenige Strukturprinzipien, die auch komplexere Konstellationen regeln: Mitte/Rand, Vordergrund/Hintergrund, beleuchtet/unbeleuchtet. Wenn wir uns diese Strukturprinzipien anschauen, stellen wir fest, dass die Bestandteile der Metapher der politischen Landschaft offensichtlich noch konsistenter, weniger flüssig und aber auch etwas traditioneller sind als wir uns das vielleicht zuerst gedacht haben. Denn genau in den Begriffen von Rand und Zentrum aber auch Vordergund und Hintergrund denkt ja nicht nur schon eine postmarxistische Linke, die den Unterschied von Haupt- und Nebenwiderspruch abschaffen oder neu bestimmen wollte und feministische oder antirassis-

tische oder anderweitig identitätspolitische Kämpfe in eine größere Landschaft des Politischen integrieren wollte. Auch in manchem dezidiert geschichtsphilosphischen Entwurf eines klassischeren Marxismus gibt es das Zusammenwirken verschiedener Ebenen, die nicht nur entlang des Oben und Unten von Grafik und Statistik organisiert sind, sondern Dialektik auch in die virtuelle Dreidimensionalität und Tiefe verlängern, die vor allen anderen visuellen Genres das Landschaftsbild auszeichnet – das ja nun nicht umsonst das stärkste visuelle Zeichen der Gegenwart und jene Aufgabe geworden ist, an der sich noch jedes neue bildgebende Verfahren als erstes ausprobiert.

Doch trotz des dann doch begrenzten strukturellen Spielraums der Landschaftsmetapher und ihrer auch traditionellen Rolle, steht sie doch erkennbar im klaren Gegensatz zu den meisten narrativen und in erster Linie geschichtsphilosophischen Vorstellungen von (linker) Politik und Kritik – auch wenn sich Landschaft natürlich auch auf Gegensatzpaare – wie eben beschrieben – zurückführen lässt. Wir haben es bei Landschaft mit einer visuellen, unbestimmteren Konstellationsmetapher zu tun, die sich gegen zweidimensionale und zu bestimmte, aus der Erzählung, der Diegesis, stammenden Begriffe des politischen Feldes – wie Klassenkampf, Freund/Feind, vor allem aber Utopie – richtet. Wenn ich nun die beiden Methodennamen Diskursanalyse und Ideologiekritik einführe, dann durchaus in Bezugnahme auf diese Metapher und ihre Genealogie. Ich muss allerdings hinzufügen, dass beide Begriffe heftig umkämpft und schon in allen möglichen Zusamenhängen genutzt worden sind. Der unübersichtlichen Geschichte des Gebrauchs dieser Begriffe kann ich hier kaum gerecht werden – ich möchte sie statt dessen folgendermaßen einsetzen:

B Konventionell verbindet man Ideologiekritik vor allem mit verschiedenen marxistisch geprägten Ideologiebegriffen. Die dazugehörigen verschiedenen Ideologiekritiken unterschieden sich vor allem darin, inwieweit sie ein in ihrem Sinne „falsches Bewusstsein“ für unumgänglich hielten. Entweder fanden sie in falschen sozialen Verhältnissen, denen allenfalls per Kunstgriff Gegenwelten gegenüberzustellen wären (wie bei Althusser die „Wissenschaft“), die materialistische Begründung für notwendigerweise falsches Bewusstsein – oder sie glaubten gerade per Ideologiekritik die Subjekte schon vor der Revolution quasi aufklärerisch in die Konstruktion ihres falschen Bewusstseins Einsicht nehmen lassen zu können, um dieses dann aufzugeben oder zu überwinden. Sie unterschieden sich also in der Frage, wenn man es so zuspitzen will, ob ideologiekritische Projekte letzten Endes nur strategische Einsichten oder auch praktische hervorbringen können.

A Der Begriff der Diskursanalyse geht hingegen wohl vor allem auf Foucaults Begriff des Diskurses und der Diskurstatsachen zurück, ist aber ebensooft der Name – manchmal im Gegensatz, manchmal gleichzeitig – für linguistisch geprägte, aber letzten Endes ideologiekritische Untersuchungen im oben genannten Sinne gewesen. Untersuchungen, über rassistische Vorstellungen in der deutschen Bevölkerung etwa, die im gleichen Sinne „falsches Bewusstsein" analysieren und zugänglich machen wollten. (Ohne allerdings den nur noch als blinden Fleck mitgeführten Begriff des falschen Bewusstseins weiter zu benutzen, da er ja eine Verpflichtung beinhaltet, richtiges Bewusstsein zu bestimmen, was sich heute natürlich niemand mehr zutraut. Dabei wäre es natürlich interessant, wenn sich jemand der Aufgabe stellen würde, ‚nichtrassistisch' als normative Kategorie zu bestimmen. Ich denke jedenfalls gerade bei dem zuletzt beschriebenen Beispiel von – sozusagen – ideologiekritischer Diskursanalyse an das verdienstvolle Duisburger DISS-Institut.)
In gewissem Sinne sind also beide Methoden Stränge eines kritischen Projekts, das ideologisches Vokabular, beziehungsweise sprachliche Erscheinungsformen von Denkmustern, auf- und untersucht.

A/B Ich nenne also den einen Strang Diskursanalyse, den anderen Ideologiekritik – obwohl in der echten Geistesgeschichte jeweils VertreterInnen beider Seiten auch unter dem anderen Namen agiert haben – weil ich denke, dass man gerade anhand von nur ansatzweise formulierten methodischen Differenzen in Zusammenhang mit dem Titel dieser Veranstaltung generelle und wenig adressierte Probleme heutiger Politisierung und Depolitisierung benennen kann. In meiner Terminologie wäre also *Diskursanalyse* die Methode, welche Diskurstatsachen sichtet, ihre Anordnung, Häufigkeiten, auffällige Verbindungen, Intertexte et cetera. Diese Methode glaubt ohne unterstellte Zwecke von Ideologien auskommen zu können und interessiert sich vor allem für strukturelle Dimensionen des Diskurses. Durchaus auch, um politisch handlungsfähig zu werden – ohne aber Ziel und Legitimation dieses Handelns an die Methode der Analyse zu knüpfen. Diese Methode bietet sich natürlich gerade im Zusammenhang mit Netzkultur an, weil ein Teil der Netzneuheiten darin besteht, neue diskursive Nachbarschaften zu etablieren und bestehende auseinanderzureißen, was ja generell topisch und topographisch von Interesse ist. *Ideologiekritik* nenne ich demgegenüber eine Kritik und Sichtung von Diskursen, die nicht vor der Examinierung von Letztbegründungen der eigenen wie der anderen Seite zurückschreckt, politische Semantik hochhält und schließlich die Kritik mit der Offenlegung eigener Absichten und Standorte verbindet.

Nun zu den Unterschieden. Zunächst ein historisch-genealogischer: Diskursanalyse als ein Projekt der Analyse von Diskurstatsachen und ihrer Hervorbringung, im Gegensatz zur Ideologiekritik ohne eine Geschichtsphilosophie und damit ein Annehmen von Zweckgerichtetheit aller Diskurstatsachen und -dynamiken; daher kommt die strukturalistische Diskursanalyse in visuell-dreidimensionalen Metaphern ohne die berühmten politischen „Erzählungen" mit ihren Angewiesensein auf Freund/Feind-Dramaturgien aus. Schließlich wäre der Unterschied zwischen den Zielen der beiden Verfahren zu nennen: die Diskursanalyse, wie ich sie hier zuspitze, ist mit dem bloßen Auffinden von Nachbarschaften und deren Beschreibung oft zufrieden, die Ideologiekritik findet ihre Gegenstände in einem immer schon agonal bestimmten Szenario, jedes Fundstück und die Tatsache, es gefunden zu haben stehen für einen potentiellen Schritt in die richtige oder falsche Richtung – und sei dieser auch noch so mikropolitisch. Dafür ist die Ideologiekritik mit der Konstellation nicht zufrieden: sie verlangt ein klare Bestimmung ihres kritischen Ergebnisses.

A Zunächst scheint in dieser nun recht ausgedehnten Darstellung eines methodischen und auch mentalitätstypischen Gegensatzes die landschaftlich-strukturale Methode als der sichere Sieger, allein schon wegen ihrer zeitgemäßen Modernität. Später als die Idelogiekritik zur Welt gekommen, reagiert sie ja schon auf deren Sackgassen und tote Enden. Und haben wir nicht alle in den letzten zwanzig Jahren gelernt, dass die Rechts-links-Topik möglicherweise nur dann zu retten ist, wenn man sie als Landschaft denkt. Eine Organisation, Bewegung oder Projekt kann heutzutage jederzeit linke und rechte Ziele mischen. Der von der alten neuen Linken etwa noch problemlos in den Antiimperialismus integrierbare Befreiungsnationalismus der Dritten Welt auf der einen Seite und die ihm nachfolgenden europäischen Quatschseparatisten der 70er-Jahre bis hin zu deren blutigen Überlebenden im Baskenland auf der anderen, zerfallen heute in eine Fülle völlig unterschiedlich zu bewertender Einzelfälle. Religiöse Befreiungsbewegungen wie die Gegner des Schah stellten dann auch die letzten antiimperialistischen Sympathisanten vor grosse Schwierigkeiten. Man konnte diese und viele andere politische Bewegungen nur noch beschreiben und bewerten, wenn man sie in noch kleinere Einzelteile zerlegt, die man wiederum nicht anders agonal systematisieren und in Kampfsituationen darstellen und beschreiben kann, als sie in eine Karte einzutragen.

Aber auch die weniger deskriptiv von vorhandenen Kämpfen ausgehenden, sondern normativ neue Konstellationen fordernden und Kämpfe entwerfenden Fraktionen linker politischer Phantasie dachten in den letzten 20 Jahren eher in den dreidimensionalstrukturalen Bildern der Landschaft – oder der Landkarte. Man denke an Ausdrücke wie „Patchwork der Minderheiten", „Rainbow Coalition" oder „Triple Oppression" – aber auch das allgegenwärtige „Mapping": Alle suchen Bilder für ein Zusammenwirken von Kräften, das sich weder als Addition noch als Vereinigung, als Unterwerfung unter ein grosses primäres Ziel beschreiben lässt. In allen Modellen müsste, wollte man sie aufzeichnen, die Hilfslinie der perspektivischen Zeichnung zum Einsatz kommen. Das Patchwork der Minderheiten soll ja gerade nicht die Einheitsfront oder Koalition der auf verschiedenen Kampfgründen tätigen AktivistInnen benennen, sondern bildhaft der Unterschiedlichkeit der Interessen und Kampfgründe Rechnung tragen. Ein Patchwork-Feld grenzt an das nächste, das wiederum mit einem anderen benachbart ist. Feld eins und drei müssen keine gemeinsame Grenze und damit auch keine Interessensüberschneidung haben. Dennoch bilden sie einen Zusammenhang, der dann nur im dreidimensionalen Bild vorstellbar ist.

Schließlich kann das Ergebnis eines diskursanalytischen Projekts noch aus einem anderen entscheidenden Grund zu Recht nur zu merkwürdigen, am besten dreidimensionalen, Resultaten führen und nur dreidimensionale Karten als Arbeitshypothesen akzeptieren. Die politische Dynamik der Gegenwart zielt auf Vereinzelung und Isolierung von Projekten, sie tendiert mehr und mehr dazu, in private Leidenschaften zu übersetzen und als solche auch zu gestatten und zu ermutigen, was politisch nur im Zusammenhang denkbar ist. Dieser Zusammenhang wäre in der Tat neu zu stiften und dies ist überhaupt erst möglich, wenn neue Nachbarschaften erkannt werden, wenn es nicht um die Bestimmung einer Entwicklung, einer Beziehung zu Traditionslinien geht, nicht um Übersetzung und Eintragung neuer Prozesse in alte und bekannte, sondern, wenn so viele Dinge wie möglich in Zusammenhänge gebracht werden, die noch nie in Zusammenhang gebracht worden sind. Dies geht nur, wenn man mit einer möglichst leeren, aber vielgestalten, komplexen Metapher arbeitet: wie Landschaft und Landkarte.

Nun geschieht dies, zumindest im theoretischen Bereich ja schon eine ganze Weile. Die tausend Plateaus sind ja nur die bekannte Hochebene des Eisberges einer ganzen Flut von Versuchen, die neuen oppositionellen Verhältnisse auf der postsozialistischen und global neoliberalen Welt in den Griff zu bekommen. Strukturalistische und poststrukturalistische Phantasie hat gerade außerhalb der akademischen Kultur eine Menge Diskurse geboren und Metaphern produktiv gemacht, die in diesem Sinne funktionieren. Ich finde, man kann nach nun auch schon zwanzig Jahren, in denen die Ideologiekritik im alten Sinne nicht viel mehr getan hat, als unter dem Namen Diskursanalyse Rassismus zu untersuchen, bilanzieren, was währenddessen die andere Seite getan hat;

die Seite, die Plateaus vermessen, Landkarten gezeichnet und Landschaftsbilder an die Wand projiziert hat – sind dort Ergebnisse?

A'1 Nun, zum einen kennen wir seit vielen Jahren eine strukturalistische Poesie der Konstellationen. Eine von sich selbst begeisterte Ekstase der mikrophysikalischen, architektonischen und landschaftsbezogenen Metaphern für die Beschreibung von Machtverhältnissen, Wirkmechanismen, Innen- und Außenseiten, die an der Lektüre von Strukturalisten und Poststrukturalisten einerseits geschult, von Kunsterlebnissen mit sogenannten abstrakten und – zumindest vordergründig – asemantischen Kunstformen andererseits inspiriert ist. Eine Schreibweise, die sich in der elaborierten und meist auch sehr abgehoben-abstrakten Beschreibung von Verbindungen, Materialeigenschaften und Räumen ergeht, wobei der Unterschied zwischen ästhetischen und sozialen Räumen und Substanzen oft verschwimmt. Eine Schreibweise, die ihr Fleisch aus dem Erleben virtueller Texturen und Klänge bezieht. Diese poetische Prosa hat ihren Ort natürlich eher in der Kunstkritik oder -Förderung; tatsächlich ist sie aber aus diskursanalytischen Darstellungen von Machtkonstellationen hervorgegangen und nimmt sie sich auch heute immer wieder vor. Was heute wie die Lobpreisung von Landschaft ihrer blossen Gestalt – und damit einer abstrakten Konstellation – wegen klingt, entstammt durchaus einer Darstellung und Kritik der Macht.
Von der ursprünglich kritischen Position der Diskursanalyse ist eine ästhetisch/politische Denkform ausgegangen und hervorgebracht worden, deren nivellierende Angleichung ästhetischer und politischer Darstellungen – so meine These – unmittelbar durch die Unparteilichkeit der Methode begünstigt worden ist – entsprechend ihrer Ausgangsüberlegung unparteiisch den Zusammenhang unbewerteter Gegenstände zu verzeichnen oder gar zu stiften. Der Austausch und Übergang von der Darstellung sozialer Tatsachen und Diskurstatsachen als Funktionsstellen in einem nicht Partei ergreifenden Diskurs zur Kunstkritik und zurück, hat zu dieser Nivellierung beigetragen. Die allenthalben fleißig betriebene Verabschiedung von Kategorien, die diesen Unterschied bestimmt und gepflegt haben, tat ihr Übriges.

A'2 Das zweite Ergebnis „diskursanalytischen" Schreibens ist eine Methode, die man nach ihrem alltagssprachlichen Namen „Zusammendenken" nennen könnte: Die Verknüpfung verschiedener Phänomene nicht durch die Herstellung argumentativer Verbindungen, sondern durch bloße Betonung ihrer Nachbarschaft. Implizites Prinzip dieser Praxis ist die Idee, dass man durch das bloße Zusammenstellen von Phänomenen, das bloße Kombinieren von diskursivem Material, mehr über die aktuelle Landschaft aussagt, als wenn man versuchen würde, den Typus der Verbindung stärker zu machen oder in den Mittelpunkt der Beschreibung zu rücken. Was dann hieße: den Sinn in den Verbindungen zwischen den einzelnen Ereignissen aufzusuchen und nicht in der provozierend festgestellten Nachbarschaft. Doch das bleibt weitgehend ausgeschlossen; nicht zuletzt, weil es ein umfangreicheres Arbeiten voraussetzt, das für die Sorte zeitdiagnostischer journalistischer Texte, von denen ich hier spreche, ohnehin kaum möglich ist.

Die Diskursanalyse in dem Sinne, in dem ich den Begriff hier eingeführt habe, hat also zwei Sorten von Texten hervorgebracht: den barocken Bewunderungstext **A'1** über Strukturen und Architekturen der Kunst und des sozialen Raums an sich und den eher als analytisch und kritisch geplanten, letztendlich aber auch verharrenden Text **A'2**, der Diskurstatsachen – topologisch/topographisch – in eine Landschaft oder Landkarte einträgt, ohne sie miteinander verbinden zu können oder zu wollen. Um konkreter zu sein: in jenem Bereich der halbakademischen, halbjournalistischen Gegenwartsbeobachtungen könnte man als Beispiel für die zweite Form das sogenannte außermusikalische Feuilleton der „Spex“ in den letzten fünf bis zehn Jahren nennen; für die erste Form hingegen Musikbeschreibungen oder Musik-inspirierte Beschreibungen anderer Phänomene, ebenfalls in „Spex“, aber gerade auch in den Organen, die vor allem von elektronischer Musik inspiriert sind. Vor allem also „de-bug“ und das weitgehend so gebaute elektronische Feuilleton.

Ich könnte noch weiter bis in die frühen 80er zurückgehen und dabei versuchen, den Eindruck zu verwischen, ich würde hier anderen Vorwürfe machen, wo ich doch von einer intellektuell-sozialen Formation rede, die mich nicht nur durchaus miteinschließt, sondern in der ich auch meine Kategorien entwickelt habe. Nicht zuletzt diejenigen, die mir die hier vorgetragenen Unterscheidungen ermöglichen. Es gab schon in den frühen 80ern Texte beider Typen und ich habe mich selbst sehr lange in beiden Formen bewegt und tue es noch heute. Ein Beispiel für einen der mit viel Konstellationspoesie und Strukturalismus geschriebenen Betrachtungen wäre ein Beitrag für „Sounds“ aus dem Januar 1981 über die Band Throbbing Gristle, dem ein Interview mit Throbbing Gristle-Leader Genesis P. Orridge, das ich im Oktober 1980 in Berlin geführt hatte, sowie dessen Beiträge aus dem Reader „Amok Koma“ zugrunde lagen. Hier ging es darum, aus reiner Burroughs- und McLaren-beförderter Begeisterung für formale Rafinessen der Opposition, eine „Alien Culture“ auszurufen, deren wesentliches Kriterium war, sich eben nicht von den zu Bekämpfenden zu unterscheiden. Sozusagen als Endpunkt aller Subversismen die Unterwanderung bis zur Identifikation treiben, um dann das Identifizierte wie ein Infiziertes von Innen aufzufressen wie Aliens und Viren aus dem Weltall. Dieser Text fällt mir als Prototyp für unzählige andere ein, die in diesem formal-strukturell begeisterten Blick auf die Konstellationen des Politischen **A'1** schließlich auf Dauer nichts als reine Strategie produzierten. Das, denke ich, ist ein entschiedendes Signum dieses Typus von Text und Unternehmung: die Produktion reiner Strategie.

Ein anderes Beispiel betrifft die sogenannten Saison-Texte, die wir damals in „Sounds" schrieben und die für die andere Form **A'2** stehen, für den vermeintlichen Skandal der erzwungenen Nachbarschaft. Ein solcher Text hieß „Fussball – Falkland – Fassbinder", was drei Ereignisse des Sommers 1982 „zusammendachte": die Fussball-WM in Spanien, den Falkland-Krieg und den Tod Rainer Werner Fassbinders. Später wurden noch mehr scheinbar fernliegende Elemente zusammengestellt und durch die bloße Zusammenstellung eine ironisch-kritische Gesamtschau erzielt, der in etwa die implizite Idee zugrunde lag, dass was immer medial vermittelt in unser Leben tritt, sich nicht nur „als medial" miteinander vergleichen und in Zusammenhang bringen lässt, sondern auch inhaltlich. – Diese Schreibweise lebt bis heute vor allem von der Suggestion eines unausgesprochenen Zusammenhangs.

Doch schon damals war erkennbar, dass der erste Typus **A'1** besonders beliebt war in einem Bereich, der Vorläuferstatus für heutige elektronische Verhältnisse beanspruchte, der Industrial-Kultur, unter den Burroughs- und Science-Fiction-Fans und den Anhängern der künstlerischen wie gesellschaftlichen Potentiale neuer Technologien. Hier entwickelte sich ein besonderes – und in jener Zeit auch verständliches Gefühl – für die bloße Schönheit der Konstellation und deren Inhaltlichkeit des Formalen; und damit der Prototyp so manchen späteren Subversionsparadigmas. Insbesondere derjenigen Subversionsszenarien, wo ein Oben oder Zentrum zu bekämpfen schon für sich genommen gut und vielversprechend ist oder wo eine wie auch immer gefasste Minderheit immer schon gut ist. Solcher Formalismus der Subversion hat viel mit Texten der ersten Sorte zu tun – mit dem landschaftlichen Blick. Und bedürfte heute dringend inhaltlicher Qualifizierungen. Es ist auch kein Wunder, dass auf dem Wege der reinen Strategie dann irgendwann der reine Stratege von der anderen Seite seinen Auftritt hat. Ich rede von den Carl-Schmitt-Revivals der 90er. Schmitts strategisch-formale Reduktion des Staatlichen und Politischen schmeichelte dem strategisch-strukturalen Formalismus von „unserer" Seite und spielte ihm doch eigentlich in dieser Verwechselbarkeit die Kakophonie seiner Fehler vor: einen Strategiebegriff entwickelt zu haben, der nur Funktionsträger, Schachfiguren berücksichtigte – leider leicht übertragbar auf Szenarios mit „Usern".

Aber auch die andere Position **A'2**, die mit der Suggestivität der Nachbarschaft arbeitet, ist ergänzungsbedürftig. Die Verbindung zwischen den benachbarten Diskurstatsachen genauer zu benennen und nicht der suggestiven Gegenüberstellung allein zu überlassen, wäre der erste Schritt zu einer entsprechenden inhaltlichen Qualifizierung. Was steckt in Simultaneität und Nachbarschaft an politischer Interpretation, was bringt es – hermeneutisch, strategisch, politisch –, die möglichen Verbindungen offen zu lassen, zu suggerieren?

A'' Bevor ich dazu komme, was in dieser Situation vielleicht eine geläuterte Ideologiekritik helfen könnte, möchte ich der Frage nachgehen, warum sich eigentlich überhaupt diese beiden Formen des „landschaftlichen“ oder „strukturalistischen“ Schreibens so ergeben oder entwickelt haben: denn man könnte ja meinen, man müsste sie nur übereinanderblenden, um ihre jeweiligen Defizite auszugleichen. Wenn es dem einen an Verknüpfungen fehlt, dem anderen aber an inhaltlicher Festlegung, an Referentialität und Semantik, dann wäre ja zu fragen, ob nicht beide Seiten additiv oder eben überblendet ein sinnvolles Ganzes ergeben: reine Strategie plus topologische Bestimmung von Nachbarschaft und Simultaneität ergäbe so in der Summe eine gefüllte Strategie.
Dies übersieht allerdings, dass sich diese beiden Denk- und Schreibweisen gerade deswegen so unvollständig entwickelt haben, weil gerade in ihrer Unvollständigkeit ihre Chancen lagen: man darf ja nicht vergessen, dass sich ja beide jeweils gegen die alte Ideologiekritik entwickelt haben und ihr besonderer Spaß, aber auch ihre potentiellen Erkenntnisgewinne eben genau darin lagen: zum einen Struktur als Inhalt anzuschauen, zum anderen gegen die thematischen Vereinzelungen und Segregationen Inhalte, Ereignisse und Topoi nebeneinanderzusetzen – wie etwa das Erfolgsmodell der letzten zwanzig Jahre, Pop und Politik –, die die immer schon fertigen Entwicklungsmodelle und Gut/Böse-Unterscheidungen der Ideolgiekritik nicht kennen wollten. Die Defizite der beiden Modelle sind also noch daraus zu erklären, dass sie immer noch kompensatorisch und negativ fixiert auf Ideologiekritik entstanden sind. Dazu besteht nun nach deren Verschwinden aus dem öffentlichen Leben[1] heute absolut kein Anlass mehr. Statt dessen stellt sich die Frage, ob nicht Elemente der Ideologiekritik heute helfen können, so ein Übereinanderblenden produktiv zu machen.
Es ist, hoffe ich, klar geworden, dass ich anhand akademischer und theoretischer Diskursmodelle und Kritikmodelle versucht habe, etwas zu beschreiben, das sich nicht oder nicht nur in akdemischen Kreisen und Milieus entwickelt hat, sondern eben gerade auch in den vor einiger Zeit noch Subkultur geheißenen intellektuellen Randgebieten und den Zonen künstlerischer Produktivität. Paradigmenwechsel und neue Schreibweisen ergeben sich dort

1] Als ein Beispiel für die Form von Ideologiekritik, die im öffentlichen Leben der 70er und 80er eine Rolle spielte, seien etwa Artikel des Typus „Was will Hollywood genannt?“. Die vielen sich von Saison zu Saison wiederholenden Feuilletons, in den ein oder zwei Filme Anlass nicht dafür waren, etwas auszumachen, was man heutzutage einen Trend oder eine Mode nennen würde, sondern eine zentrale Absicht der Instanz Hollywood aufzudecken, eine neue Strategie des bewußtseinsindustriellen Kartells.

nicht unbedingt aus rationalen Diskussionen und „wissenschaftlichen" Auseinandersetzungen, sondern in hohem Maße auch aus Attraktivität; Sex und Charme eines Denkstils – wobei ich weder der Überbewertung oder Zentralität der einen noch der anderen Zone hier das Wort reden möchte, lediglich einen sachlichen Unterschied markieren. Wichtig ist nämlich, dass Veränderungen wie eine Re-Semantisierung mithilfe geläuterter ideologiekritischer Modelle oder eine Restrukturalisierung der suggestiven Nachbarschaftstexte nur funktionieren, wenn es auch äußere Anlässe und Ermutigungen gibt.

B' Dies als Einschränkung, dennoch aber die Frage: Was könnte denn die Ideologiekritik rein technisch gesehen beitragen und was hieße in diesem Zusammenhang Läuterung?
Zunächst zur ersten Frage: eine der wesentlichen politischen Erfahrungen der linken und subkulturell orientierten Politik der letzten zehn Jahre ist, dass das, was strukturell wie ein Freund aussieht nicht unbedingt ein Freund sein muss; nicht nur, dass, wer strukturell ein Kid ist, auf einer anderen Ebene, der inhaltlichen nämlich, ein Faschist sein kann, ist ein Problem. Alle möglichen Minoritären oder anderweitig strukturell die Definition der Verbündeten erfüllenden Bewegungen und Gruppen haben sich als potentiell reaktionär erwiesen – und das auf einer Ebene, die man inhaltlich nennen muss. Eine Ebene, für die nur noch restbeständig ein Vokabular und eine verbindliche Position zur Verfügung stand: der Versuch, diese Position während der 90er zu rekonstruieren und ein Vokabular einzuführen, das linke Position nicht mehr an der Ordnung von Haupt- und Nebenwidersprüchen anknüpfen lassen wollte und andererseits keinen Essentialismus begründen oder sich von ihm begründen lassen und schließlich elektronischen (Kommunikations- und Kunst-)Verhältnissen Rechnung tragen wollte, ein solcher Versuch ist wiederholt Re-Politisierung genannt worden.
Im Zuge dieser Re-Politisierung ist der Versuch durchaus schon unternommen worden, mit Mitteln der Ideologiekritik, also Freund/Feind-Bestimmung, Festlegung von antirassistischen und feministischen Minima, Rekonstruktion von Inhaltlichkeit und Versuchen, die Semantik der Opposition und ihre Bezugnahmen neu zu fassen, auf unterschiedliche Weise hat man also versucht, den strukturalistisch-strategischen Bestimmungen entgegengesetzten oder sie durchkreuzenden inhaltlichen Konstellationen Rechnung zu tragen. Feminismus und Antirassismus konnte im Zeitalter von Neorassismus sich nicht mehr in erster Linie mit Subversions- und Subkulturmodellen verbünden.
Dies geschah jedoch in erster Linie defensiv. Auf der anderen Seite, der Produktion neuer Themen sind aber, etwa in der Netz-

kritik oder in ökonomischen Diskussionen erneute Diskurse hinzugekommen, die ebenfalls sehr stark formal und strategisch ausgerichtet waren. Es war immer sehr viel attraktiver, agonale Szenarien zu entwickeln, als zu sagen, wer eigentlich warum und um welchen Inhalt mit wem kämpft – Hauptsache irgendwer kämpft, irgendetwas steht sich antagonistisch gegenüber, und es ist politisch. Es wäre also – in diesem Modus – durchaus auch denkbar, dass sich der strukturalistisch-strategische Typ der Beschreibung und der suggestiv Nachbarschaften heraustellende miteinander zu einer oppositionellen Sprache tatsächlich verknüpfen – ohne dass irgendeine inhaltliche Festlegung stattgefunden hätte. Schließlich kann es immer noch rein formal strategisch zugehen, wenn zwar konkrete Subjekte kämpfen und Schauplätze benannt sind, solange sich aus diesen Kämpfen keine Konsequenzen für andere ergeben, ja nicht einmal die Sprache vorhanden ist, in der Konsequenzen benannt werden könnten.

Neue Ideologiekritik **B"** könnte nicht mehr von einer Fülle ausgehen, einem emanzipatorischen Programm etwa, sondern müsste sich an einer Lücke orientieren, einer Abwesenheit – dem weitgehenden Verzicht aller nämlich, ihre Ziele zu benennen, ein Programm zu formulieren. Dem müsste nicht etwa direkt ein Programm entgegengesetzt werden, sondern in der Analyse des Schweigens, Verschweigens und Ausweichens vor jeder Programmatik und jeder Inhaltlichkeit müsste Inhaltlichkeit rekonstruiert werden – immer in der nicht geschichtsvergessenen und darin ein bisschen ideologiekritischen Gewissheit, dass alle hier besprochenen Diskurstypen ihre historische Berechtigung hatten. Der andere wesentliche Punkt, den man sich von der alten Ideologiekritik borgen müsste, ist die Erinnerung daran, dass es nicht darum gehen kann, der Macht an sich zu misstrauen – wie es Strategen und Strukturalisten gerne tun – sondern ihren konkreten Projekten und deren Begründungsdiskursen. Nur dann kann auch die Opposition ihrerseits produktiv werden. Das muss nicht auf den alten monokausalen Verdächtigungsdiskurs hinauslaufen, der sozusagen, zu schnell zum Konkreten wollte, zur bösen Absicht, zum kurzfristigen Interesse oder zur Absprache von langer Hand. Aber ohne eine Analyse der konkreten Absichten geht es eben auch nicht, sonst hat man nur ganz allgemein und linkspopulistisch die Macht angeprangert.

Die Analyse der Abwesenheit und Leere könnte aber auch versuchen, die Schätze zu heben, die in den suggestiven und den strukturalistischen Beschreibungen vergraben sind. Sie könnte versuchen, deren Gestalt-als-Inhalt-Programm und deren Suggestion von Zusammenhängen nachzugehen und die diesen Programmen zugrunde liegenden Implikationen auszusprechen – also nicht die in den letzten Jahrzehnten neu entwickelten oppositionellen Sprechweisen verwerfen, sondern sie vollenden.

Martin Conrads

"... between promise and delivery"

Medientheorie und Netzkritik: Diskurs-, Revolutions-, und Parallelpolitiken in der BRD der 90er vor und nach dem Netz.

"my punctuality is well known, when the revolution takes places i'll be late and i'll be shot as a traitor"

The Sugarcubes

"it's a brand new era, it feels great/it's a brand new era, but it came too late"

Pavement

„Das Internet reißt mühelos soziale und bürokratische Schranken ein. Ein ideales Medium für freiheitliche Menschen."

Dr. Wolfgang Gerhardt

„Das Jahrzehnt von 1789 bis 1799 wurde von den Handelnden als Aufbruch in eine nie dagewesene Zukunft erfahren. Und selbst die Betroffenen, die sich auf ihr Wissen von der Vergangenheit beriefen, kamen nicht umhin, die Unvergleichbarkeit der Revolution zu konstatieren", schrieb Reinhart Koselleck über die Französische Revolution.[1]
Das Jahrzehnt von 1989 bis 1999 wurde von den Handelnden als Aufbruch in eine nie dagewesene Zukunft erfahren. Und selbst die Betroffenen, die sich auf ihr Wissen von der Vergangenheit beriefen, kamen nicht umhin, die Unvergleichbarkeit der „digitalen Revolution" zu konstatieren. Die Befunde über die Implikationen dieser Revolution fielen allerdings in der BRD unterschiedlich aus:

Auf der einen Seite standen die Texte einer akademischen „Neuen Medientheorie“: Aus einer an Posthistoire-Vorstellungen ankoppelbaren Perspektive wurde ein medientechnologischer Determinismus behauptet, der sich auf Fragen über die ästhetische Unterscheidbarkeit von Sein und Schein gründete. Die so geführte Debatte blendete politische oder soziale Motive weitgehend aus.
Auf der anderen Seite standen Texte einer an Technokultur orientierten Netzkritik, die sich den soziokulturellen und -politischen Implikationen einer gravierenden differenzkapitalistischen Ausdehnung durch Praxiswissen stellten.
Die hier vorgeschlagene Unterscheidung – „Neue Medientheorie“ versus Netzkritik – weiß um die Ungleichzeitigkeiten der Diskurse und wird nicht behaupten, dass das spätere Wissen das bessere ist. Sie führt aber *einen* möglichen Thread ein, um zu verfolgen, wie aus dem in Büchern geführten Diskurs über die Theorie Neuer Medien eine auf Bildschirmen entstehende Textstrecke aus der und über die Praxis intimer Medien wurde. Unzulässige Generalisierungen sind dabei notwendig, um Polaritäten sichtbar zu machen, die es so nie gab, die aber die folgende Diskursanalyse erst ermöglichen.

Wahrnehmung gestern

Zu Beginn der 90er Jahre erreichte in der BRD die Popularität der „Neuen Medientheorie“ ihren Höhepunkt: In Erinnerung blieben etwa Norbert Bolz' *Theorie der neuen Medien* (1990), der Merve/Reclam-Reader *Aisthesis – Wahrnehmung heute oder Perspektiven einer anderen Ästhetik* (1990), aber auch das 1991 von Florian Rötzer herausgegebene *Digitaler Schein. Ästhetik der elektronischen Medien,* in dem dieser in einem programmatischen Vorwort den Stand der Diskussion zusammenfasste und einschlägige Texte von Peter Weibel, Vilém Flusser, Fred Forest, Peter Zec, Gene Youngblood oder Jean Baudrillard abdruckte.
In gleichem zeitlichen und thematischen Zusammenhang tauchten damals eine ganze Reihe weiterer Texte auf (Merve, Bollmann, Boer, Fink, Benteli et cetera), die die Neue Medientheorie bald als eigenständige Theoriegattung mit vielfältigen Ausprägungen und Genealogien verkaufen wollten. Ebenfalls in diese Zeit fiel die Zusammenarbeit des dekonstruktivi-/pynchonistisch inspirierten *Kasseler Kreises*[2] um Jochen Hörisch, Michael Wetzel, Norbert Bolz, Christoph Tholen und Friedrich Kittler als Projekt, Neue Medien in die Buchwelt der Literatur an- und zurückzubinden sowie zahlreiche Kunstforum-Bände, die unter der redaktionellen Federführung von Rötzer selbst editiert wurden. Kurz: Die seit den achtziger Jahren umfangreich publizierten Texte zur „Neuen Medientheorie“ wollten als medientechnologisch begründeter Postmodernediskurs ein stilistisches Exempel statuieren, in dem die

1] Reinhart Koselleck: Vergangene Zukunft. Zur Semantik geschichtlicher Zeiten. Frankfurt/Main, 2000, S. 88.
2] „Metadisziplinäre Literaturanalyse – Spurensicherungen der Wechselbeziehung von literarischen und technischen Medien“

ästhetischen Aprioris dementsprechender Kunstrezeption (Video, Computeranimationen, synthetische Musik et cetera) und Computermetaphorik (Viren, Ergonomie, Interface et cetera) technikphilosophisch nachweisbar werden sollten. Technologie, Kunst, historische Anthropologie, Populärkultur und industrielle Vermarktbarkeit schneiderten neue Kulturtheorien in den Zeichen einer medientechnischen und medienästhetischen Aufrüstung – ähnlich jedenfalls hätte man das damals formuliert. In diesem Sinn ließ sich bei aller Maßgabe, zwischen den einzelnen Autoren, theoretischen Positionen und philosophischen Quellen zu differenzieren, „in der Tat ein Set von Texten, Positionen und habitualisierten Sprecherrollen ausmachen, die bei aller Unterschiedlichkeit im einzelnen doch erkennbare Gemeinsamkeiten haben. In der Sache sind sie um die These zentriert, dass die Technik, und hier vor allem die Medientechnik, der eigentlich ausschlaggebende Faktor für die Form einer Kultur, ja sogar für den Zustand einer ganzen Weltgesellschaft sei".[3]
Dank einer neuen Variante der Soziokybernetik wollte die Neue Medientheorie somit Kultur als Software oder technisch ablaufendes *Programm* beschreiben, das vom Konzept *Inhalt* absehen muß: „Während das Wirklichkeitsmodell einer Gesellschaft bestimmt ist durch die strukturelle Architektur der grundlegenden Dichotomien, lässt sich in allen Gesellschaften so etwas wie ein Programm zur Thematisierung, Bewertung und normativen Einschätzung dieses Modells beobachten: Und dieses Programm nenne ich Kultur. (...) Kultur lässt sich im Duktus dieser Überlegungen beschreiben als ein selbstlernendes, dynamisches Programm zur sozialen Produktion kollektiven Wissens im Individuum."[4] Den Werkzeugen der Ideologiekritik sollte mit diesem Duktus der Boden entzogen werden und *Politik* kam in derlei Überlegungen schon nicht mehr vor oder wurde, wie bei Norbert Bolz, im Rundumschlag durch *Design* ersetzt. Ein Außerhalb der Medien wurde dabei negiert und, geblendet von der neuen Ästhetik der Theorie, wurden die mikro- und makropolitischen Implikationen der „digitalen Revolution" falsch eingeschätzt, verschlafen oder wegdiskutiert.
So entstand unter der Losung, dass neue (Medien-)Realitäten neuer Stile bedürfen, ein Milieu, das seine Texte zu einer eigenen systemischen Realität werden ließ – und aus der Medienanalyse eine technologisch geprägte Kulturtheorie mit globaler Wirksamkeit zu basteln suchte. Was dann mit der Kritik an der Neuen Medientheorie sichtbar wurde, war deren techno-ästhetischer Determinismus, der sich aus Neu-Neu-Linker Kritik oder mit techno-politischen Aprioris bewappneter Medien*praxis* keinen Reim machen wollte. Bei der Kritik der Neuen Medientheorie handelte es sich dementsprechend zumeist um den, mal treffsicheren, mal nahsichtigen Versuch, Medientheorie als postmodern verfaßte,

neoliberale Kulturtheorie zu entlarven, zumal dann, wenn man dabei – die Rede vom *Info-Highway* machte gerade die Runde – Fredric Jamesons Analyse der Postmoderne als kultureller Logik des Spätkapitalismus folgen wollte.

Kritiker der „Neuen Medientheorie", unter anderen Martin Seel, Diedrich Diederichsen, Mark Terkessidis, Sabeth Buchmann und Günter Mayer, hatten sich spätestens in den 90er-Jahren zu Wort gemeldet und brachten so gegen die Inflation virtueller Ästhetik die Logik der Praxis, die Kritik am Kapital und das Fehlen der Politik in Anschlag. Sabeth Buchmann etwa vermutete „dass das Wissen um die Konstruiertheit von Raum, Zeit, Körper et cetera in bezug auf die ‚neuen Kommunikations- und Informationstechnologien' in einem metaphorischen Sinn umgesetzt wird, dessen Grundlage und Perspektive das unhintergehbare Schicksal technologisch determinierter ‚Subjekte' ist",[5] Diederichsen beanstandete „das Sammeln von historischen Daten und die Theoriebildung unter Auslassung der sozial und politisch kanalisierten Anwendungen"[6] und Günter Mayer stellte fest: „Die ... Visionen für das 21. Jahrhundert, der Defaitismus der apokalyptischen Katastrophenszenarien wie auch der – freilich sympathische – Illusionismus der ästhetik- und kunstzentrierten Medieneuphorie haben gleichermaßen etwas Lähmendes, Dissoziierendes. Die Abstraktheit der Theorie, die intendierte Unschärfe des ästhetischen Denkens suspendieren und paralysieren die Anstrengungen des Begriffs, die dringend erforderliche Rekonstruktion präzisen, analytischen Denkens und kontrollierbarer theoretischer Verallgemeinerungen ebenso wie die Entwicklung einer sozial-kritisch engagierten ästhetischen, künstlerischen Kreativität."[7]

ZK Internet

Mit der Erfindung des World Wide Web Anfang der 90er und seiner ersten Sichtbarkeit auf der Ebene kultureller und mikropolitischer Reflexion um 94/95/96 änderten sich die Themen relativ schlagartig. Während die Autoren der Neuen Medientheorie alte Themen mit Cyber- und Virtualitätsunsinn aufpäppelten, wurde auf der anderen Seite die *Netzkritik* aus der Taufe gehoben – aus Verdruß an der phänomenologisch/germanistisch/akademischen Medientheorie, vor allem aber in Gegnerschaft zur beginnenden Kapitalisierung der Netze.

Vorarbeit für eine an Netzkritik ankoppelbare Position hatten die Agenturen Bilwet oder Hakim Bey mit ihrer *Temporären Autonomen Zone* geleistet. Was aber hier in einer *Bewegungslehre* der 80er-Jahre verankert war, wurde bei den nun entstehenden Debatten in eine Auseinandersetzung verwandelt, die von Politik und Ideologie unter den Bedingungen des real existierenden World Wide Web zu sprechen wußte und dabei neue Fronten ausmachte.

3] Werner Köster: Ein Nomade zwischen Kunst und Wissenschaft. Über Peter Weibel als Vertreter des Techno-Diskurses. In: Bohrer, Karl Heinz; Scheel, Kurt: Medien. Neu? Über Macht, Ästhetik, Fernsehen. Sonderheft Merkur 9/10 1993, S. 795.

4] Siegfried J. Schmidt: Medien = Kultur?, Bern, 1994, S. 28f. Mittlerweile kommt diese Betrachtung umgekehrt vor, dass nämlich Software als Kultur angesehen wird. So gab es beim Berliner Medienkunstfestival transmediale 2001 zum ersten Mal einen Wettbewerb zu Künstlerischer Software. Armin Medosch brachte diese Entwicklung kürzlich auf den Punkt: „In den letzten Jahren war für den harten Kern der Medien- und Netzkunstszene Software für ‚kollaborative Environments' im Netz ein heiß diskutiertes Thema. Wer an der vordersten Front der Entwicklung mitmischen wollte, durfte sich nicht mehr dabei erwischen lassen, an der Gestaltung sogenannter Inhalte herumzudoktern. Statt dessen ging es darum, den Rahmen selbst zu programmieren, in dem Inhalte entweder präsentiert werden oder, noch besser, Systeme, die es ermöglichen, dass Inhalt aus kollaborativen, prozesshaften und interdisziplinären Praktiken entsteht." Vom Radio Internationale Stadt zum Open Meta Archive, Telepolis, 23.11.2000, (http://www.heise.de/tp/deutsch/inhalt/sa/3590/1.html).

5] Sabeth Buchmann: Nur soviel: Das Medium ist nicht die Botschaft. Kritik der Medientheorie. In: Marius Babias (Hg.): Im Zentrum der Peripherie. Kunstvermittlung und Vermittlungskunst in den 90er Jahren. Dresden, Basel, 1995, S. 80ff.

Auf der *ars electronica* 1996 trafen zum ersten Mal in unmißverständlicher Weise die Medientheoretiker der Weibel-Ära auf neue Kontrahenten: Die Briten Richard Barbrook und Andy Cameron hatten in dem Londoner Magazin *mute* eine Polemik veröffentlicht, in der sie die Positionen der (damaligen) kalifornischen Netzkultur (The Well, WIRED, Mondo 2000, BOING BOING et cetera, aber auch: John Perry Barlow und seine *Cyberspace Independence Declaration*) als ideologische Versatzstücke eines US-amerikanischen Neoliberalismus bloßstellten. „Californian Ideology", so der Titel, konstatierte das produktive Zusammentreffen eines Medien-Establishments, das seine Wurzeln in der Gegenkultur der 60er-Jahre hat, mit einer neokonservativen und marktliberalen Politik: "With McLuhan as its patron saint, the Californian ideology has emerged from this unexpected collision of right-wing neoliberalism, counter-culture radicalism and technological determinism – a hybrid ideology with all its ambiguities and contradictions intact."[8]
Dazu sollte man noch einmal erwähnen, dass ein Magazin wie das San Franciscoer WIRED gerade alles daransetzte, „aus politischer Perspektive ... wie keine andere Zeitschrift den hippieesken Feudalismus der Westküste" präsentieren zu dürfen, „der ökonomisch auf der Multimediaindustrie Siliwoods und ideologisch auf der Vorstellung von Technologie als Schlüssel zur Zukunft basiert".[9] Die Einführung etwa neuer (kalifornischer) Softwareprodukte auf dem Weltmarkt wurde und wird bei WIRED von einem affirmativen Kulturessayismus begleitet, der das Internet und seine Extensionen als heilsbringenden Fetisch verkaufen will.
Systemstabilisierend ging es dabei tatsächlich in erster Linie darum, die Multimedia-Industrie Kaliforniens als Motor für einen Third-Wave-Kapitalismus zu „implementieren". Die dazu benötigten Standards sahen von Politik als gesellschaftlichem Medium ab und versuchten dabei, Gesellschaft als sich ausschließlich über den Markt selbst steuerndes System zu definieren: "The prophets of the Californian Ideology argue that only the cybernetic flows and chaotic eddies of free market and global communication will determine the future. Political debate, therefore, is a waste of breath. (...) The Californian Ideology rejects notions of community and of social progress and seeks to chain humanity to the rocks of economic and technological fatalism. Once upon a time, west coast hippies played a key role in creating our contemporaryvision of social liberation. As a consequence, feminism, drug culture, gay liberation and ethnic identity have, since the 1960s, ceased to be marginal issues. Ironically, it is now California which has become the centre of the ideology which denies the relevance of these new social subjects."[10]
Die daraufhin folgende Debatte um die *Californian Ideology* verstand sich als grundlegender Schlagabtausch zwischen kaliforni-

scher und europäischer Netzkultur. Und sie war der erste netzkulturelle Thread, über den Leser etwa der *Spex* oder der *taz* per Print erfuhren. Sie hatte zur Folge, dass man sich nicht mehr nur mit den Texten der deutschen Medientheorie auseinandersetzte, sondern den Blick nun auch Texten aus Nordamerika, Großbritannien, Australien, Indien oder Rußland zuwandte, die über die einschlägigen Mailinglisten gepostet wurden. Mit dieser entstehenden Netzkultur und der *Netzkritik* als damals avanciertester Form des diskursiven digitalen Austauschs wurde in den deutschsprachigen Ländern der Weg frei für Theoriezusammenhänge, die jenseits von Konstruktivismus, Politik-ist-Design-Verständnis und Hannoveraner Ästhetikkonferenzen lagen.

Zusätzlich wurde damit bewußt, dass der „Kulturraum Internet“ gleichzeitig ein politischer Handlungsraum war, auf dem, mindestens diskursiv, Kritik an Zuständen und Entwicklungen geübt werden mußte, gegenüber welchen sich die Themen der Medientheorie als kurzatmig, lokal und realitätsfern erwiesen. Plötzlich galt für diese Texte, die über Jahre als prophetische Nutznießer der angekündigten digitalen Revolution existierten, dass das System seine Beobachter fraß.[11]

Was nun aber mit den neu entstandenen Debatten um Netzkultur, Netzkritik und Netzaktivismus entscheidend wurde, war nicht mehr die technoästhetische Differenz von Sein und Schein (bestimmte Teile aktivistischer Netzkunst ausgenommen), sondern der politische und/oder kulturelle Interessenkonflikt zwischen der (neuen Kultur-) Industrie (als New Economy oder digitale Ausdehung der Old Economy) und einem manifestierten Interesse an XS4all, Free Speech, Community, Open Source, Open Content et cetera.

Verschiedene Manifeste (und die darauf folgenden Debatten) verankerten diesen Interessenkonflikt ab Mitte der 90er: „Californian Ideology”, „Grundrisse einer Netzkritik“, „Der Anti-Barlow“, „The Digital Artisans Manifesto” auf Seiten der Netzkritik, „A Declaration of Cyberspace” oder „The Rise of Dot-communism” auf Seiten einer euphorischen Internetaffirmation. Beim Rückblick auf einige der großen Internetthemen des Jahres 2000 kann man sehen, inwieweit dieser diskursive Konflikt seine realpolitischen Entsprechungen gefunden hat: Copyright, Napster und Gnutella, Softwarepatente, Dot-Com-Pleiten, ICANN-Wahlen...

Netzkritik war zu ihrer Hochzeit ein vorbeugender Reflex auf die gravierenden kommerzialisierenden Veränderungen, die das World Wide Web in den späten 90ern durchlebte – und sie war der diskursive Ausdruck einer Zeit, in der die Postings zu netzpolitischen und netzkulturellen Themen ein Moment von Öffentlichkeit ermöglichten, das durch Bücher und einschlägige Zeitschriften nicht erfasst werden kann und konnte.

6] Diedrich Diederichsen: Medien? Theorie? In: Agentur Bilwet: Medien-Archiv. Bensheim und Düsseldorf, 1993, Vorwort, S. 7ff.

7] Günter Mayer: Visionen für das 21. Jahrhundert? In: Das Argument 6, 1994, S. 925f.

8] Richard Barbrook & Andy Cameron: The Californian Ideology. In: mute 3, 1995, S. IX.

9] Ulrich Gutmair: Hippieesker Feudalismus. In: die tageszeitung 6./7.7.1996, S. 16.

10] The Californian Ideology.

11] „1797 entwarf Chateaubriand ... eine Parallele der alten und der neuen Revolutionen, um in übereinkommender Weise von der Vergangenheit auf die Zukunft zu schließen. Aber bald mußte er feststellen, daß, was er am Tage geschrieben des Nachts schon von den Ereignissen überholt worden sei.“ Ulrich Raulff: Der Unsichtbare Augenblick. Zeitkonzepte in der Geschichte, Göttingen, 2000, S. 63f.

Verschollen im Deltaquadranten

Netzkritik wurde lange getragen von der Auseinandersetzung mit der Idee des Internets als Paralleluniversum, in dem man Strategien für und gegen das Netz entwerfen kann. Inspiriert durch Modelle wie der T.A.Z. (Temporäre Autonome Zone), der Virtuellen Realität (1992), des Cyberspace (Gibson) oder des Metaverse (Stephenson) tauchte irgendwann die aus der Science Fiction entlehnte Behauptung des Parallelraumes auf. Wollte man der Behauptung vom Internet als einer „virtuellen Realität" folgen, könnte man schließen, es bilde eine Simulation des Realen, bei der, je nach Standpunkt, Pläne für eine Usurpation dieses Realen vorbereitet werden (das zuvor keine, bereits verabschiedete oder verschobene Handlungsmöglichkeiten für solche Strategien lieferte), oder aber die im Realen sowieso genutzten Handlungsfelder einfach verfielfacht, also multioptionalisiert. Tatsächlich treffen beide Momente mittlerweile auf die New Economy zu.

Fünf Vorstellungen vom Internet als Parallelwelt sollen an dieser Stelle exemplarisch zitiert werden:

1. Die vom parallelen Raum.

Die Idee des Internets als Paralleluniversum im Sinne von Foucaults heterotopischem Raum: „Der letzte Zug der Heterotopien besteht schließlich darin, dass sie gegenüber dem verbleibenden Raum eine Funktion haben. (...) Entweder haben sie einen Illusionsraum zu schaffen, der den gesamten Realraum, alle Plazierungen, in die das menschliche Leben gesperrt ist, als noch illusorischer denunziert. (...) Oder man schafft einen anderen Raum, einen wirklichen Raum, der so vollkommen, so sorgfältig, so geordnet ist wie der unsrige ungeordnet, missraten und wirr ist." [12] Die erste Möglichkeit hieße, frei nach Adorno und Debord, das Falsche im Netz noch falscher darzustellen (Illusionierung durch New Economy) oder das Falsche als das noch Falschere bewußt zu machen (Netzkritik); die zweite Möglichkeit wird derzeit von den Portalen des E-Commerce angestrebt und von Konzeptern und Webdesignern erfüllt: "Innovative and creative web design has lost its hegemony over the overall look of the web. It is therefore time to rethink and redefine its position. Either it declares an overall war to mainstream US-American tech and news portals, which is unlikely. Or it could become truly obscure and develop its own parallel universe of beauty." [13]

2. Die von der parallelen Privatheit.

Die Idee des Internets als feindliche Parallelwelt, aus der man, einmal eingedippt, schnell wieder ausbüxst, um eskapistisch und umso „realer" einfach so weiterleben zu wollen. Ein von der Jungen Freiheit als „Rechtsintellektueller" hochgejubelter Isolationist wie Botho Strauss schafft es so in einem Text, sich Zitaten von Erik

Davis zu bedienen, sich wenig später in harmlosen Wortspielchen an der Tastatur zu Hause zu fühlen: „Ich kann mir nicht verbergen, dass die Kommunikationsströme des Computers oder Internet sich nie mit dem heißen Untergrund, dem unruhigen Magma des Gewesenen, vereinigen werden. Auch wenn ich noch so oft damit umgehe und spiele, das Zeug gewinnt keine Macht über mich. Ich käme ohne es aus.“[14]

3. Die von der parallelen Öffentlichkeit und vom parallelen Recht. Das Internet als Parallelwelt mit der Möglicheit der Öffnung von Diskursen, politischen Aktivismen, alternativer (Gift-) Economy et cetera: „Die Juristen hatten das Internet entdeckt und es nervte. Gewaltig. Diese penetrante Habgier, versteckt hinter Gesetzen. Eigentlich hätte die Regierung jetzt einschreiten sollen. Man hätte ja auch sagen können: warum denn kein extra Namensraum in dem Markenrecht gilt. Aber die Regierung, ICANN, hat das nicht gewollt, weil sie selbst aus Juristen bestand. Und, sie trugen Krawatten, die ja bekanntlich die Sauerstoffzufuhr zum Gehirn einschränken. Und deswegen hatten Sie keine Phantasie und haben das auch gar nicht verstanden, wozu man so einen öffentlichen Raum braucht, oder was ein Paralleluniversum ist.“[15]

4. Die vom parallelen Markt.
Das Internet als Parallelwelt, die die vollen Kanäle alter Medien und „Indust-realitäten“ hinter sich läßt und auf eine neoliberale Kolonialisierung auf dem Weg zur Newest Frontier setzt;[16] das Internet als Parallelwelt, die durch ihren Parallelcharakter zur Verschleierung des Zustandes benutzt wird, dass sich die politischen Kämpfe darin nicht erübrigen, auflösen oder irrelevant werden, sondern lediglich verändert darstellen und verschärfen; das Internet als Parallelwelt zur Parallelwelt der Börsenmärkte: „Während das betriebswirtschaftliche Management höchst prosaisch reales Kapital durch die Vernutzung von Arbeitskraft zu verwerten hat, wird an der Börse eine imaginäre Zukunft kapitalisiert. Wie in der Science fiction mit ihren Zeitspielen kann diese Zukunft beliebig viele Verlaufsformen nehmen; der Zeitpfeil erscheint im noch nicht realisierten Bereich als ein verzweigtes System von möglichen Parallelwelten.“[17]

5. Die von der Negation der Parallele.
Die Analyse, wonach das Netz „seine Zeit hatte“ und die Behauptung alternativer Praktiken weitgehend ausgeschöpft, affirmatisiert, kommerzialisiert, depragmatisiert oder unwahrscheinlich ist: „Das Internet ist keine Parallelwelt mehr. Wahrscheinlich war es das, wenn überhaupt, nur für kurze Zeit, als die Freaks noch unter sich waren. Das Internet ist eine Art Spiegel dessen, was sich außerhalb abspielt. Netz und reale Welt sind schon jetzt mitein-

12] Michel Foucault: Andere Räume. In: Botschaften der Macht. Der Foucault-Reader. Diskurs und Medien. Herausgegeben von Jan Engelmann, Stuttgart, 1999, S. 155.
13] Geert Lovink: Disassociate Webdesign from Usability. In: http://www.nettime.org/nettime.w3archive/200101/msg00026.html
14] Botho Strauß: Wollt ihr das totale Engineering? In: Die Zeit 52, 2000.
15] Andy Müller-Maguhn: Regierungserklärung. In: http://www.datenreisen.de/Aktuell/Regierungserklaerung.html, 16.10.2000.
16] Vgl. Jamie King: The Cultural Construction of Cyberspace: http://www.jamie.com/thesis/thesis.pdf
17] Robert Kurz: Krieg im Paralleluniversum. In: Konkret 6, 1999, (http://www.infolinks.de/konkret/1999/06/kurz.htm).

ander verwoben, wie auch ein Leben ohne TV in unserer Gesellschaft nicht mehr vorstellbar ist."[18]

Dynamik auf der Metaebene

Die Negation der Parallele bedeutet nicht nur, angesichts der Realität einer aggressiv durch das Internet arbeitenden Ökonomie, Kritik auf ein pragmatisches Level zurückbringen. Das Netz lebt unter uns. Es ist nicht mehr irgendwo „da draußen", sondern hat sich gesellschaftlich internalisiert. Derzeit verwandelt es sich von einem Modell zu einer Großen Erzählung: „Den Stecker aus dem Netz zu ziehen bedeutet Selbstmord. Es gibt keine Zukunft ohne das Netz; es zirkulieren keine alternativen Szenarien mehr. (...) Die Zeit der Verzweiflung liegt definitiv hinter uns. Get serious."[19] Das Internet hat sich mittlerweile von einem Projektionsraum für „Virtual Reality"-Thesen auf der einen, einem politutopischen Möglichkeitsfeld auf der anderen Seite, zum Werkzeug gesellschaftlicher, ökonomischer, kultureller und politischer Praxis entwickelt. Gerade dadurch aber verfestigte sich jene Metapher, die die Rede vom Netz(werk) als rhetorisches Instrument gesellschaftlicher Wirklichkeit nutzte. Zum Ende der 90er wurden die Vorstellungen von „Netz" und „Netzwerk" zu einem Neuen Markt gesellschaftlicher Verfaßtheit, wie es sich am Beispiel Berlins zeigen läßt: „Vernetzung innerhalb der jungen Berliner Kulturszene meint die Schaffung von Kooperations- und Projektgemeinschaften, um durch gegenseitige Unterstützung die Bandbreite von Handlungsmöglichkeiten zu erweitern und Synergieeffekte zu erzielen", wußte 1999 der Promoreader *Berlin.Now.* zu berichten.[20] Mit einer der Werbung und Public Relations entliehenen Sprache aus „Flexibilität" und „Dynamik" wurde hier eine Hausse des gerebooteten Berlin ausgelobt, in der auf die Generation XS4all die Generation Berlin, die Generation Z und die Generation Golf folgten. Eine „Generation Netzwerk" hatte ihren Sourcecode offengelegt: „Der Internet- und New Economybereich ist in seiner Sprache und Logik vor allem ein Kult der Jugend und der Erneuerung. Mit der Absicht einer ‚permanenten Revolution' angetreten, soll die Zukunft der Welt durch die unter 35-Jährigen gestaltet werden."[21] Das Entstehen der Netzwerke des Neuen Berlin verlief neben dem vermuteten Aufstieg von Neuer Ökonomie und kurzem Weg nach Neuer Mitte zeitgleich mit dem lange vermuteten Niedergang der Offline-Subkultur. Das erschien soweit folgerichtig, denn Netzwerke als horizontale Strukturen brauchten keinen Widerpart wie die Subkultur, die vom Gegensatz zehrte. Möglicherweise war also gar nicht *Pop* schuld am „Ende der Subkultur", sondern das Netzwerk, das produktiv die Differenzen vereitelte und die Widersprüche nicht zu verstärken suchte, sondern optionistisch die Themen nur so lange umherschieben mußte, bis das Netzwerk explodierte oder dank Content Providing an den entscheidenden Stellen vergessen wurde: „Der Trend zum Networking manifestiert sich ferner in der Etablierung von Plattformen, die Entwicklungstendenzen in den unterschiedlichen Bereichen bündeln. Hier werden auf einer Meta-Ebene zeitgemäße künstlerische Ansätze versammelt und so Möglichkeiten zur Erörterung beziehungsweise Lösung virulenter Problemstellungen geboten. Plattformen haben in der Kulturlandschaft der 90er zunehmend an Bedeutung gewonnen." *(Berlin.Now.)*

Der gedankliche Zusammenschluß aus den sozio-logistischen Konsequenzen des Internet und einem durch Thesen aus dem strategischen Management, der Neurobiologie- und französischer Theorierezeption vorbereiteten Hang zum Konnektionismus ließ das parallele Aufkommen von Netzwerkmetaphern und den elektronischen Netzwerken auch im Zusammenhang plausibel werden. Das „Netzwerk" als Leitmedium schien so alles abgelöst zu haben, was zuvor „Zusammenhang", „Zusammenschluß", „Bündnis", „Kontext" genannt wurde. „Netzwerk" wurde ein Alias für das Medienverbundsystem aus Struktur und Content, die gleichwertig einander bis zur Unkenntlichkeit abglichen. Das Netzwerk als Konstrukt alternativer Lebensentwürfe wurde in den Bereich kulturökonomischer Effizienz verlagert. Autonomie, eines der großen Themen der 80er, war schließlich nur noch als „Insel im Netz" (Hakim Bey) denkbar; auch diese Strategie wurde aber vom informellen und temporären Charakter des Netzes schnell und pragmatisch ihrer Essenz beraubt: „Was wir im Moment erleben, ist nur der kurze Sommer des Internet. Es werden Lektorate kommen und die Industrie wird das Ganze übernehmen. Die Zeit des naiven Utopismus ist vorbei. Jetzt dringt die Realpolitik ein"[22], wußte Geert Lovink 1996 zu berichten.

Fünf Jahre später, die Industrie hatte (fast) das Ganze übernommen, ist jedoch auch der kurze Sommer der New Economy vorbei; Dot-Com-Analysten wie Charles Leadbeater sprechen mittlerweile – bezogen auf die beginnende Historisierung der New Economy – von einem „Ersten Internet" (1996–2000) und einem zweiten, das erst in ein paar Jahren entstanden sein wird: "The components of the the next internet will not come together for perhaps three years. Until then, we will be living with the interim internet, and we shall find the shortcomings of the steam-powered internet increasingly irksome. The leaders of the next wave may well plunge, like techno-lemmings, into the gap between promise and delivery."[23] Das *Interim Internet,* sollte es je erscheinen, ist die nächste Handlungsoption für Netzkritik.[24] Findet sie nicht statt, kennt das Netz keine Jahreszeiten mehr, sondern nur noch Dauerklima am Markt – ein ideales Medium für freiheitliche Menschen.

18] Blank & Jeron: Information.Recycling. In: Institut für moderne Kunst: netz.kunst, Nürnberg, 1999, S. 92.19] Agentur Bilwet: Elektronische Einsamkeit. Was kommt, wenn der Spaß aufhört? Köln, 1997, S. 18.

19] Agentur Bilwet: Elektronische Einsamkeit. Was kommt, wenn der Spaß aufhört? Köln, 1997, S. 18.

20] Almut Benkert, Elisabeth Breitkopf, Anke Michaelis: Berlin.Now. 50 Projekte junger Kultur. Berlin, 1999.

21] Alexander Meschnig: Gesellschaft von Siegern. Schöne Neue Arbeitswelt. Die Kultur der New Economy (http://www.freitag.de/2001/02/01021301.htm).

22] Der kurze Sommer des Internet. Ein Gespräch mit Geert Lovink. Von David Link und Leander Scholz, März 1996 (http://www.thing.at/texte/loovink.html).

23] Charles Leadbeater: Dotcoms will rise again. In: New Statesman, 15.01.2001, S. 14.

24] Die Amsterdamer Tulipomania-Konferenz vom August 2000 setzte genau dort an (http://www.balie.nl/tulipomania).

Mercedes Bunz

Ally McBeal versus Liebling, Kreuzberg

Ein Plädoyer für einen pragmatischen Idealismus zwischen Selbstverwirklichung und Professionalisierungswahn anhand der Anwaltsserien Ally McBeal und Liebling, Kreuzberg

Man ist im Allgemeinen der Meinung, das Politische würde aus unserer Gesellschaft verschwinden. Man beobachtet deshalb sorgfältig die Ergebnisse jeder Wahl. Man beklagt Demokratiemüdigkeit und junge Menschen, die – zur allgemeinen Überraschung – ebenso „unpolitisch" sind wie der Rest der Gesellschaft. Videogames und Skateboards seien das Einzige, was sie noch interessiert, nur vereinzelt nehme man noch an gesellschaftlichen Belangen wie Umweltschutz oder Ökologie teil, so der allgemeine Tenor.

Nun vermute ich, das Verschwinden des Politischen liegt ganz einfach darin begründet, dass man das Falsche an der falschen Stelle sucht. Denn es sind nicht die politischen Äußerungen, die aus der Öffentlichkeit verschwunden sind. Das Politische gröhlt jedes Wochenende lautstark aus Plattenbausiedlungen in Ost und West und hallt wider in den Kameras der Journalisten. Es ist also nicht so, dass das Politische verschwunden wäre. Doch während es sich auf der rechten Seite lauthals artikuliert, scheint es auf der linken Seite still geworden – zumindest auf den ersten Blick.

Man muss seine Aufmerksamkeit jedoch einen Moment dem Verhältnis von „politisch" und „kritisch" zuwenden. Man muss betrachten, wie die Begriffe „bestehende Verhältnisse", „Kritik" und wiederum „Politik" und „politisch" zueinander angeordnet sind und wie sich die Diskurse, die sie abdecken, zueinander verschieben.

Anwalt John Cage (Peter MacNicol) mit seiner Angestellten Ally McBeal (Calista Flockhart), © VOX.

Das Verhältnis zur Kritik

Wie verhalten sich also die Begriffe zueinander? „Politisch" bezieht sich auf das Substantiv „Politik". Es verhält sich aber nicht als gehorsames, abgeleitetes Adjektiv, wie es Begriffe ansonsten zu tun pflegen. Die Begriffe sind aufeinander bezogen, aber sie sind nicht austauschbar. Der Sinn des Satzes „Das Private ist politisch" ist ein anderer, als der Sinn des Satzes „Das Private ist Politik". Zwischen Politik und politisch, analysierte deshalb der Weimarer Kulturtheoretiker Joseph Vogl anlässlich des 1993 verschärften Asylrechts, herrscht eine Antinomie, eine Unvereinbarkeit: „...eine Unterscheidung, die das Politische an Prozesse der Entortung und Ortsverschiebung knüpft, die Politik aber als Herstellung und Repräsentation der gemeinen Plätze und Orte der Gemeinsamkeit begreifen lässt". Es ist die Politik, die – mit Michel de Certeau gesprochen – als Staatsführung „strategisch" von der Basis des Staates aus operiert, von dem aus sie ihre Beziehungen organisiert. Das Politische dagegen operiert „taktisch", seine Tradition ist es, sich gegen die Macht zu wenden, nicht, sie auszuüben. In dieser Funktion findet man es automatisch in der Nähe eines anderen Begriffes, dem der „Kritik". Verfolgt man den Begriff etymologisch zurück zum alten Griechischen, das unser Bildungskanon mittlerweile in den Aufenthaltsraum neben der irrelevanten Steinzeit und dem Neandertaler abgestellt hat, bedeutet „Kritik" „die Kunst der Beurteilung". Lange beanspruchte Kritik als diese Kunst einen Platz des Überblicks, von dem aus die freiere und bessere Meinung entspränge, als die von Interessen geleitete. Solange, bis die Kritik über ihre eigenen Beine stolperte und feststellte, dass es kein Außerhalb von Interessen geben kann. Obwohl wir alle dies wissen, glauben wir immer noch gerne daran, dass eine kritische Meinung etwas ist, das der Norm entgegensteht: „Kritisches Handeln" wird in dieser Tradition als Auseinandersetzung mit dem Staat verstanden, Kritik mit dem Gestus des „Gegen-die-Macht-sein" gleichgesetzt, wodurch sie dem Begriff des Politischen zum Verwechseln ähnlich geworden scheint.

Das „Gegen-die-Macht-sein" ist jedoch nicht verstummt; es hat sich verschoben. Diese Verschiebung möchte ich im folgenden an den Anwaltsserien „Liebling, Kreuzberg" und „Ally McBeal" aufzeigen. Und, damit es noch ein bisschen komplizierter wird, dazu einen zweiten Faden aufnehmen: Die „Neue Mitte". Jenes politische Grenzschutzgebiet, das in den letzten Jahren mit relativ viel Getöse die Erdkrustenverschiebung der politischen Landschaften generell markiert hat.

Die neue Mitte

Die elementarste Eigenschaft eines Neuen Mittlers ist, dass er einen Job hat. Ein Arbeitsloser ist in der neuen Mitte schlecht

denkbar. Der Neue Mittler ist vor allem deshalb zum derzeitigen Trendsetter unserer Gesellschaft geworden, weil er – anders als Millionen von Arbeitslosen – eine Arbeit hat. Im Rahmen der klassischen linken Fragen: „Wer ist drinnen?-Wer ist draußen?-Wer ist ganz oben?" zeigt der Neue Mittler damit im wesentlichen eine Verschiebung von Identitätsbildung: Eine Veschiebung des Verständnisses von Arbeit als Teil des Lebens, hin zu der heutigen Wirklichkeit, in der das Leben ein Teil der Arbeit geworden ist.
Allgemein wird diese Entwicklung, die sich offiziell durch die immer wiederkehrende, bange Frage artikuliert, ob Arbeit und Freizeit noch zu trennen sind, mit Sorgen beobachtet. Diese Sorgen, so bleibt zu zeigen, sind nicht ganz unbegründet, aber im Endeffekt unnötig. Denn der Professionalisierungswahn muss nicht automatisch dazu führen, selbstverwirklicht, asozial, egozentrisch und erfolgreich zu sein. Es ist durchaus möglich, in ihm genug Lücken zu finden um Kritik anzupflanzen, gerne auch unfreiwillige Kritik – etwa selbstverwirklicht, asozial, egozentrisch und gnadenlos gescheitert zu sein.

Kultur versus Unterhaltung

Doch zurück zu den Serien. Beginnen wir mit ein wenig Hintergrundinformation und erstellen eine Ordnung der Dinge. Man ist gewohnt, mediale Formate erst mal durch das klassische Raster „Unterhaltung versus Kultur" zu betrachten. Die Subjekte, zu denen man die Serien gerne in den Medien zurückverfolgt, sind bei beiden die Drehbuchautoren, und beide treten sich hervorragend im Rahmen dieses Rasters gegenüber. David E. Kelley, der Autor von „Ally McBeal" wurde in der amerikanischen Provinz, in Maine, geboren und ist heute mit Michelle Pfeiffer verheiratet, also in Hollywood zu Hause. Zuvor studierte er Jura und arbeitete als Anwalt in Boston. Er gilt als Verkörperung des American Dream, der ja immer schon wenig mit Kultur, dafür aber um so mehr mit Karriere, Erfolg und Geld zu tun hatte.
Jurek Becker kennt man dagegen vor allem durch „Jakob, der Lügner" aus den aufregenden und glanzvollen Tagen der deutschen Nachkriegsliteratur. Bei einer Zusammenfassung von Beckers Biografie stolpert man dann auch über das Chaos der deutschen Geschichte: In Lodz geboren und vom Rassismus zum Juden gemacht, wurde er als Kind in Konzentrationslager verschleppt und verbrachte dort – wie er selber einmal sagte – eine langweilige, weil monotone Kindheit. Nach dem Krieg ließ er sich mit seinem Vater in Ost-Berlin nieder. Wegen „Umtrieben" musste er sein Studium der Philosophie an der dortigen Humboldt-Universität aufgeben und arbeitete von da an vor allem als Drehbuchautor für Fernsehproduktionen. Erst als das Drehbuch für „Jakob, der Lügner" abgelehnt wurde, mutierte Becker zum Literaten und veröffentlichte

es als Roman. Nachdem er im Kielwasser des Barden Wolf Biermann Ärger mit der DDR bekommen hatte, lebte er seit 1977 im Westen mit einem Visum, das kurioser Weise bis zum Ende der DDR immer wieder verlängert wurde. Selbstredend lernte er aber den späteren Protagonisten seiner Serie schon in Ost-Berlin kennen: Manfred Krug, mit dem er „sofort", wie er sagte, in eine gemeinsame WG zog. Was man der Serie anmerkt.
Doch zurück zu Becker versus Kelley, zurück zu Hochkultur versus Unterhaltung: Ganz so ordentlich, wie man es vielleicht gerne hätte, trennen sich die beiden Biographien nicht. Denn es ist ausgerechnet „Liebling, Kreuzberg", das als harmlose Serie begann und erst nachdem die Einschaltquoten in Ordnung waren – sie lagen bei 45 % – wurde auf Betreiben Beckers das Drehbuch verschärft und ein anspruchsvollerer Regisseur, Werner Masten, eingesetzt. Ulrich Plenzdorf löste schließlich Becker als Autor ab.

Der Anwalt Liebling

Durch die Jahre hindurch, solange, bis er selbst zum Klischee geworden ist, bleibt Liebling (Manfred Krug) der Anwalt der kleinen Leute. Immer wieder geht es der Serie darum, wie die taz es 1988 ausgedrückt hat, „die Verhältnisse kapitalistischer Klassenjustiz etwas zum Tanzen zu bringen" (die tageszeitung, 29.2.1988). Die klaren Grenzen zwischen Kriminellem und gutem Bürger werden Folge für Folge über die Rolle des naiven, aber freundlichen Kleinkriminellen aufgeweicht. Das Gesetz wird nicht als eindeutiger, gerechter Schiedsrichter ins Spiel gebracht, sondern wird von Menschen vollzogen, die durch Interessen oder Vorurteile beeinflusst sind. „Liebling, Kreuzberg" ist institutionskritisch und braucht gerade deshalb die Figur des rettenden Helden Liebling: Der Maschine Gericht, die die hilflosen minderbemittelten Bürger in ihren Bann zieht, wird das Individuum Liebling zur Seite gestellt. Er macht seine Non-Konformität durch eine poppig rote Brille, unmögliche Krawatten und einem Hang zum Wackelpudding sichtbar, um so bewaffnet dem Gesetz gegenüberzutreten und ihm gemütlich mitzuteilen: „Jetzt warten Sie mal ab."
Passend dazu liegt Lieblings Kanzlei in einem alten, nicht zu frisch sanierten, aber auch nicht völlig heruntergekommenen Mietshaus. Kein repräsentatives Büro, sondern ein Zusammenschluss aus zwei Anwälten plus zwei Schreibkräften – weiblich, natürlich. Während er also bei der Arbeit der gemütlich bestimmte Patriarch ist, der mit „Tach, Chef" begrüßt wird und nach dessen Pfeife, sei sie noch so bunt, getanzt wird, darf ihm dafür sein Privatleben flöten gehen. Er entstammt einer aufgelösten Kernfamilie mit politisch radikaler Tochter, deren Meinung jedoch durch quietschiges Unvermögen sofort sozialdemokratisch revidiert wird – leider. Seine Beziehungen zu Frauen, immerhin

Anwalt Liebling (Manfred Krug, links) mit seinem Juniorpartner Bruno Pelzer (Stefan Reck, rechts), © ARD/Thomas Landgraeber.

gleichaltrig, scheitern regelmässig. Grund ist das „typisch männliche" Unvermögen zu interner sozialer Verantwortung (Beispiel: vor lauter Arbeit vergessen anzurufen et cetera), wie man sie dieser Männergeneration gerne oder vor allem bequemerweise andichtet.
Gleichzeitig jedoch ist es den Machern von „Liebling, Kreuzberg" gelungen, durch die Akzeptanz des Damenbartes der jungen Anwaltsgehilfin Senta deutlich gegen das herrschende Klischee Frau zu verstoßen: heutzutage müsste sich die Darstellerin Anja Franke definitiv rasieren. Überhaupt besticht die Serie insgesamt durch ein dokumentarisch geprägtes Verhältnis zu ihrer sozialen Kulisse, deren liebevoll ausgearbeitete Details sie zu einem überzeugenden Zeitdokument der 80er-Jahre machen.

Die Anwältin McBeal

In den Neunzigern gilt dies in ähnlicher Weise für die Serie „Ally McBeal", auch wenn sich die Serie entlang einer eigenen, medialen Logik immer wieder in surreale Momente steigert. Im Gegensatz zum männlichen Chef hat man sich bei Ally McBeal für die Konstellation „angestellte Frau" entschieden, um die herum der Plot der Serie aufgebaut wird. Die Kanzlei, in der Ally McBeal arbeitet, ist deutlich größer als die von Liebling, verfügt über eine agenturmässige, modern-professionelle Büro-Einrichtung und ist in einem alten charmanten, aber betucht sanierten Niedrig-Hochhaus untergebracht (es hätte vielleicht auch von Kollhoff in Berlin gebaut werden können). Gegenüber den Achtzigern, in denen Liebling von seinen Sekretärinnen und Anwaltsgehilfinnen noch „Chef" genannt wird, haben sich im Büroalltag McBeals die Hierarchien verflacht, wie es so schön heißt. Im Internet ist denn auch zu erfahren, dass die Sekretärinnen der McBealschen Anwaltspraxis „Fish & Cage" ein Gehalt beziehen, das an die sogenannten „Führungsposten" deutlich angeglichener ist als üblich. Außerdem fällt auf: Die Trennung zwischen Arbeit und Freizeit, die noch bei „Liebling, Kreuzberg" praktiziert werden konnte, fällt bei McBeal flach. Single Ally McBeals Freunde sind ihre Arbeitskollegen; mit ihnen trifft sie sich Abends zum schrecklichen Gesang der Vonda Shepard, die man unter Garantie nur aus Verkaufsgründen in jeder Folge ihr Liedlein säuseln lässt. Deutlich wird damit: Das Leben ist bei „Ally McBeal" Teil der Arbeit geworden. Außerdem: Während Liebling eindeutig die Chefposition in Anspruch nimmt, spielt im alltäglichen Verhältnis zwischen McBeal und John Cage oder Richard Fish deren „Chef-Sein" keine Rolle. Im Gegenteil – neben Mitbewohnerin und Staatsanwältin Renee ist Cage Allys bester Freund. Soziale Unterschiede beschränken sich auf Konflikte McBeals mit ihrer Sekretärin Ellain, die in einer Folge deutlich macht, auch in ihrem „minderwertigen" Job ohne Collegeausbildung Respekt zu verdienen.

Prinzipiell werden jedoch soziale Unterschiede zwischen den Klassen so gut wie gar nicht thematisiert, zwar übernimmt McBeal Fälle von Habenichtsen bis hin zu gutbetuchten Klienten, dabei steht jedoch nicht ihr Einkommen im Vordergrund, sondern vor allem ihre Identitäten. Im Gegensatz zur Diskussion der Gerichtsgewalt bei „Liebling, Kreuzberg" übernimmt die Kanzlei Fish & Cage nur selten strafrechtlichen Fälle; man ist vor allem auf das Zivilrecht spezialisiert. Meist werden persönliche Probleme McBeals mit den Fällen gekreuzt, um die diskutierten Problematiken jeder Folge eindringlicher zu machen. Vielfach kommen dabei feministische Sichtweisen zur Sprache. Sei es die ältere Nachrichtensprecherin, der gekündigt wird, während ihr älterer männlicher Kollege die Stelle behält. Oder die Anwältin, der die Partnerschaft in ihrer Kanzlei verweigert wird, weil sie nicht gleichzeitig den Job als gute Mutter und gute Anwältin erledigen könne. Daneben sind es aber auch immer wieder männliche Identitäten, die verschoben werden. In der fortschreitenden Entwicklung der Serie kann man beobachten, dass der unsichere Anwalt John Cage – der sich den Rennfrosch Stefan als Haustier hält und, wenn ihn etwas aufregt, zur Beruhigung immer „Pokibsi" sagt, – mehr und mehr als männlicher Gegenpart zu Ally aufgebaut wird.

Die Verschiebung der Kritik

Beide Serien äußern ihrer Zeit entsprechend Kritik an den bestehenden Verhältnissen – „Liebling, Kreuzberg" legt dabei ein deutlich politischeres Vokabular an den Tag. Die strafrechtlichen Fälle thematisieren vor allem den Staat in seiner Funktion als Normierungsmacht. Doch so erfrischend die Serie Mitte der 80er gewesen ist: Ich glaube, man kann bemerken, dass die „Linke" in den letzten Jahren häufig den Fehler gemacht hat, bei „Liebling, Kreuzberg" stehen zu bleiben.

Anstatt zu begreifen, dass der Modus der Kritik wie jeder andere Diskurs wandert und sich verschiebt, hat man weiterhin versucht an alten Formen festzuhalten. Man hat weiterhin Kritik als ‚traditionell' gegen den Staat gerichtet festgeklopft und in einem völlig schematischen Vokabular gesucht. Gleichzeitig ist dieser Entwurf der Kritik möglichst nah bei all den 68ern plaziert worden, die sich vom Gestus der Opposition auf ihrem Marsch durch die Institutionen begleitet sehen wollten. Wenn Ally McBeal nicht den Modus der staatlichen Politik diskutiert, heißt dies jedoch nicht, dass Ally McBeal nicht ‚kritisch' wäre. Und es heißt ebensowenig, dass die Serie nicht eine andere Normierungsmacht thematisieren würde: Die einer Identität, deren Rahmen nicht staatlich, sondern zwischenmenschlich produziert worden ist. „Wir Frauen", sagt Ally zu ihrer Freundin, der Staatsanwältin Renee, „beherrschen zu 50% die Erde. Diesmal werden wir es schaffen, wir werden kämpfen." und dann, etwas leiser: „Aber vorher will ich noch einen Mann."

„Ally McBeal" bildet Frauen und Männer ab, die damit ringen, gemäß politisch korrekter Richtlinien in einer Welt zu funktionieren, deren Mechanismen jedoch noch nicht politisch korrekt sind. Damit hat sich also nicht nur der Ort der Kritik verändert, sondern auch das Verhältnis ihrer Vermittlung. „Liebling, Kreuzberg" verfolgt einen didaktischen Anspruch, der von einem Anwalt Liebling artikuliert wird. Seine Rolle ist es, im Dienste der Gerechtigkeit über den Dingen zu stehen. Bei McBeal ist das Konzept der Kritik als einer Kunst der Beurteilung dagegen vom Jägerstand, der die Welt überblickt, hinuntergestiegen. Probleme werden nicht exemplarisch gelöst, sondern thematisiert. Die Kritik ist nicht mehr klüger als der Rest der Welt. Ihr gilt es nicht, besserwisserisch anzuklagen, sondern auf ein Problem zu verweisen.

Der Professionalisierungswahn

Um abschließend zur Neuen Mitte zu kommen: Auch das Verhältnis zur Arbeit hat sich geändert. Das Leben von „Liebling, Kreuzberg" besteht immer aus zwei Teilen, aus Arbeit und Privatleben. Sein Arbeitsleben, in dem sich Liebling der Institution Gericht entgegenstellt, lässt dabei deutlich das Modell der entfremdeten Arbeit spüren, wogegen man in der Freizeit mit sich eins ist – beispielsweise wenn Liebling im Tiergarten herumliegt oder in einer Kneipe mit Freunden abhängt.

Ally McBeal ist dagegen eher von ihrem Privatleben entfremdet und nicht zuletzt, weil sich die Normierungsmacht dorthin verschoben hat: während die Karriere einer Frau zu etwas Normalem geworden ist – für Amerika womöglich zutreffender als für Europa – ist ihr Privatleben immer noch von dem Anspruch durchquert, den Status einer Kleinfamilie einzunehmen.

Das Problem ist eben dieses: das Leben hat heutzutage außer Arbeit wenig andere identitätsstiftende Kategorien zu bieten. Diese Entwicklung ist paradoxerweise vor allem deshalb eingetreten, weil sich der linke Diskurs, wonach entfremdete Arbeit negativ ist, durchgesetzt hat. Denn die zentralen Begriffe, die der linke Diskurs dagegen gesetzt hat „deren Spiel zu spielen", waren lange „Selbstbestimmung" und „Selbstverwirklichung". Eben jene Begriffe sind es jedoch, die – angeführt von kreativen Leitberufen wie dem des Künstlers, des Webdesignerns oder des Architekten – einem Wahn der Professionalisierung den Weg geebnet haben, in der der Mensch gerne arbeitet und mit seinem Job eins ist.

Drei Modelle wären denkbar, die man dieser paradoxen Wendung nun entgegensetzen könnte:

Entweder man entschließt sich, wieder radikal herumzugammeln und das unter Einstürzenden Neubauten begrabene Wort „Dilettanten“ hervorzubuddeln wie Schorsch Kamerun es beispielsweise mit seinem letzten Theaterstück getan hat. Und zwar noch vor den Models von „Vogue“, „Elle“ und „The Face“. Zweitens könnte man auch abwartend die Hände in den Schoß legen und darauf vertrauen, dass mit dem schlechten Stand des Neuen Marktes den meisten das Venturekapital ausgehen wird. Man könnte also darauf hoffen, dass die Start-Up Menschen, die ihre Glatze im Gesicht tragen, ganz von selber wieder verschwinden – im Sinne einer ausgleichenden Gerechtigkeit. Und drittens könnte man versuchen, sich nicht unterkriegen zu lassen und den Wahn der Professionalisierung dadurch zu untergraben, indem man sich herausnimmt, professionell zu sein und trotzdem nicht nach den Regeln der Ökonomie zu funktionieren. In diesem Sinne: Lang lebe der pragmatische Idealismus.

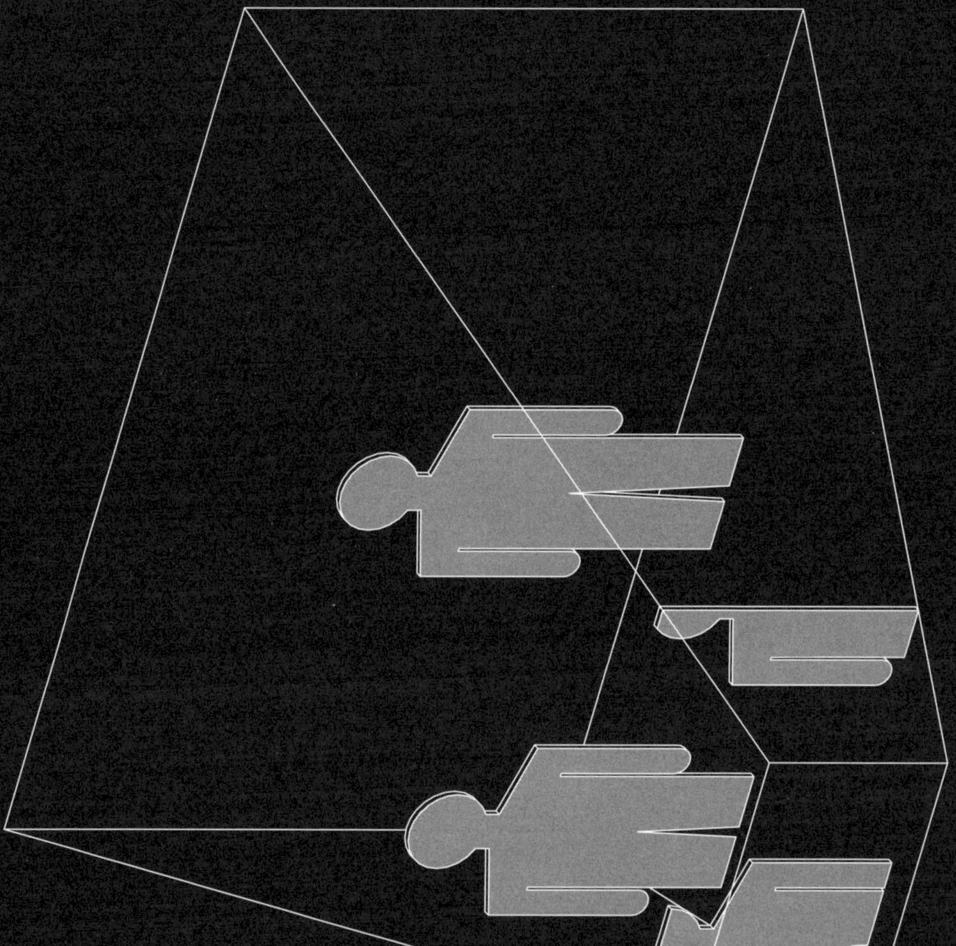

Kartografie des Sichtbaren

Elizabeth Felicella

Idlewild

Ein Atlas der Peripherie des Kennedy International Airport

Idlewild ist eine Serie von SW-Fotografien, die während der letzten zweieinhalb Jahre im Umfeld des Kennedy Airports entstanden sind.
„Idlewild“ bezeichnete Anfang der zwanziger Jahre einen Landstrich in der Umgebung eines Ferien-Hotels an der Jamaica Bay. Wörtlich übersetzt bedeutet „idle“ soviel wie leer oder wertlos; „wild“ meint unkultiviert oder unbesiedelt. In den Anfängen der Luftfahrt erwies sich die flache, von Wasser umgebene Moränenlandschaft mit ihrem unfruchtbaren Sandboden bald als ein ideales Versuchsgelände. Der sich in der Folge entwickelnde Flughafen profitierte ebenso von der direkten Ausrichtung auf den Ozean beziehungsweise Europa, wie von den in New York City verfügbaren Arbeitskräften und Märkten. Der Flughafen übernahm auch noch in der späteren Namensgebung „Idlewild-New York International“ die ursprüngliche Bezeichnung des Landstrichs. Er war nach der Landschaft selbst benannt.
1963, 33 Tage nach der Ermordung des Präsidenten, wurde der Flughafen in John F. Kennedy International Airport umbenannt. Während „Idlewild“ seine Umgebung noch buchstäblich beschreibt, vollzieht sich mit der Umbennung ein Akt der Abstraktion, der den Wandel zu einer Ent-Örtlichung des Flughafens markiert. Der heute bestehende Gegensatz von Flughafen und Umland, in dem sich der Flughafen als ein quasi eigengesetzlicher Ort einer eigenen Zeit formuliert, war nicht immer selbstverständlich. Das 1954 eröffnete Empfangsgebäude wurde nicht nur in der New York Times als funktionale und elegante Architektur gepriesen, es war auch für Nicht-Reisende eine Attraktion. Neben renommierten Restaurants war die offene Startbahn ein beliebtes Ausflugsziel nicht unähnlich einem Drive-In-Kino.
Auf dem Flughafen befanden sich seinerzeit jeweils Kapellen katholischen, jüdischen und protestantischen Glaubens, die von benachbarten Gemeinden errichtet worden waren, während die kleinen Geschäfte des Flughafens von Einzelhändlern der Umge-

bung betrieben wurden. Ruft man sich zudem in Erinnerung, dass die Sicherheitsvorkehrungen mit heutigen Standards nicht zu vergleichen waren, ergibt sich insgesamt das Bild eines Gemeinwesens, das weitaus stärker als heute in die Umgebung eingebunden war.

Viele Ortschaften in der Umgebung des Flughafens bestanden ursprünglich aus Sommerhäusern, die mit wachsendem Luftverkehr und verändertem Freizeitverhalten ihren Niedergang fanden. Stattdessen verbringt die Familie nun ihre Urlaubswoche per Flugzeug (!) in – beispielsweise – Miami in einer isolierten Hoteleinheit und tauscht das sommerliche Gemeinschaftsleben eines Badeortes gegen eine Pauschalreise ein, bei der Landschaft als stimulierendes Verkaufsargument gehandelt wird. Die Entstehung von Kennedy Airport macht somit in zweifacher Weise deutlich, wie soziale Praktiken die Wahrnehmung von Zeit und Raum bestimmen.

Fotografie ist immer ein Herauslösen des fotografierten Subjektes aus seinem zeitlichen und räumlichen Kontext. Dieser Aspekt der Fotografie verzahnt sich für mich häufig mit einer Welt der Science Fiction, die mittels beiläufiger Erscheinungen aus der Landschaft hervortritt. Science Fiction meint dabei weniger ein bestimmtes Genre als eine Stimmung, die ich mit einem bestimmten Ort oder Phänomen verbinde. Eine Stimmung, in der sich ein intuitives Verständnis von den Dingen als Konstruktion und Vergänglichkeit übereinanderschichtet und unendlich verknüpft. Es sind in der Regel sehr kurze Momente, in denen sich die Welt als ein Arsenal von entkoppelten Zeitebenen darbietet, die sich nicht ereignet haben oder konnten, deren fragmentierter Ausschuß jedoch – ähnlich wie in Träumen – simultan in den Zwischenräumen der Alltagsroutine arbeitet. Passenderweise sind die Landebahnen des Kennedy Airports durch Landgewinnung, „land-fill", entstanden und beinhalten in Anlehnung an den von William S. Burroughs geprägten Begriff des „time-fill" damit auch die zeitliche Ebene der verfüllten Objekte. Wie die stillgelegte Concord, die nunmehr als Verkörperung der einstigen Erwartungen an die Luftfahrt unter denselben ruht, sind es diese von der Zeit abgetrennten Dinge, sowie die Stellen an denen sie aufeinandertreffen, die mich am meisten interessieren.

Beim Fotografien bewege ich mich auf einer im Grunde immer gleichen Schleife um den Flughafen. In dem eine Schleife an jedem ihrer Punkte gleichzeitig Ursprung und Ziel beinhaltet, führt sie innerhalb ihrer selbst eine jede Vorstellung von Abfahrt und Ankunft ad absurdum. Während ich den Flughafen umrunde, überlege ich oft, wohin ich in der gleichen Zeit hätte fliegen können. Ironischerweise zeichne ich in der wiederholten Umrundung des Flughafens eben jenes Muster nach, das die meisten Reisenden so sehr fürchten. In meinem Falle bezeichnet diese Wiederholung je-

doch keinen Raum des Wartens, sondern eine Umlaufbahn vielfältiger Möglichkeiten des Handeln und Denkens, auf der ein jeder Ansatz zum Zwecke seiner Korrektur zu sich selbst zurückkehrt.
„Idlewild“[1] ist im wesentlichen ein Projekt des Auflesens und Sammelns. Das Umland des Flughafens mag von denen, die dort nicht leben, pauschal als Leerraum abgetan werden. Für mich, um die Worte von Henri Michaux zu gebrauchen, enthält es die Art von „Leere, die man dadurch beendet, dass man Gefallen an ihr findet“.

Aus dem Englischen von Silvan Linden.

1] Das Projekt „Idlewild“ wurde gefördert von: New York State Council on the Arts, Architecture and Planning and Design Program; Design Trust for Public Space.

CONTRACTORS

Volker Albus

Gebaute Tatsachen/Meine Heimat

Ich fotografiere seit Anfang der Achtziger Jahre.
Ich fotografiere Hotelzimmer, das Grün in der Stadt und um uns herum; ich fotografiere meine Umgebung: Stadt- und Straßenansichten, Gewerbeanlagen, Werbung in der Stadt, die Möblierung der Stadt, kurz all das, was das konkrete Bild unserer, meiner gebauten Umgebung ausmacht.
Ich verfolge mit diesen Fotografien keine künstlerischen Absichten, vielmehr geht es mir dabei um eine Art Positionsbestimmung: Wo lebe ich, welche gestalterischen Parameter charakterisieren, und, daraus folgend, welches Denken bestimmt dieses Umfeld?
Mir geht es darum, all das zu erfassen, was mich beeinflusst, was mich ästhetisch mitprägt.
Mir geht es um die Erfahrung dessen, was man Heimat nennt.

A3 bei Siegburg

An der Mosel

Essen

Schlemmer-
Mobil

Hofheim am Taunus

Bad Homburg v. d. Höhe

Düsseldorf

WEILAND
Lebensmittel

Duisburg

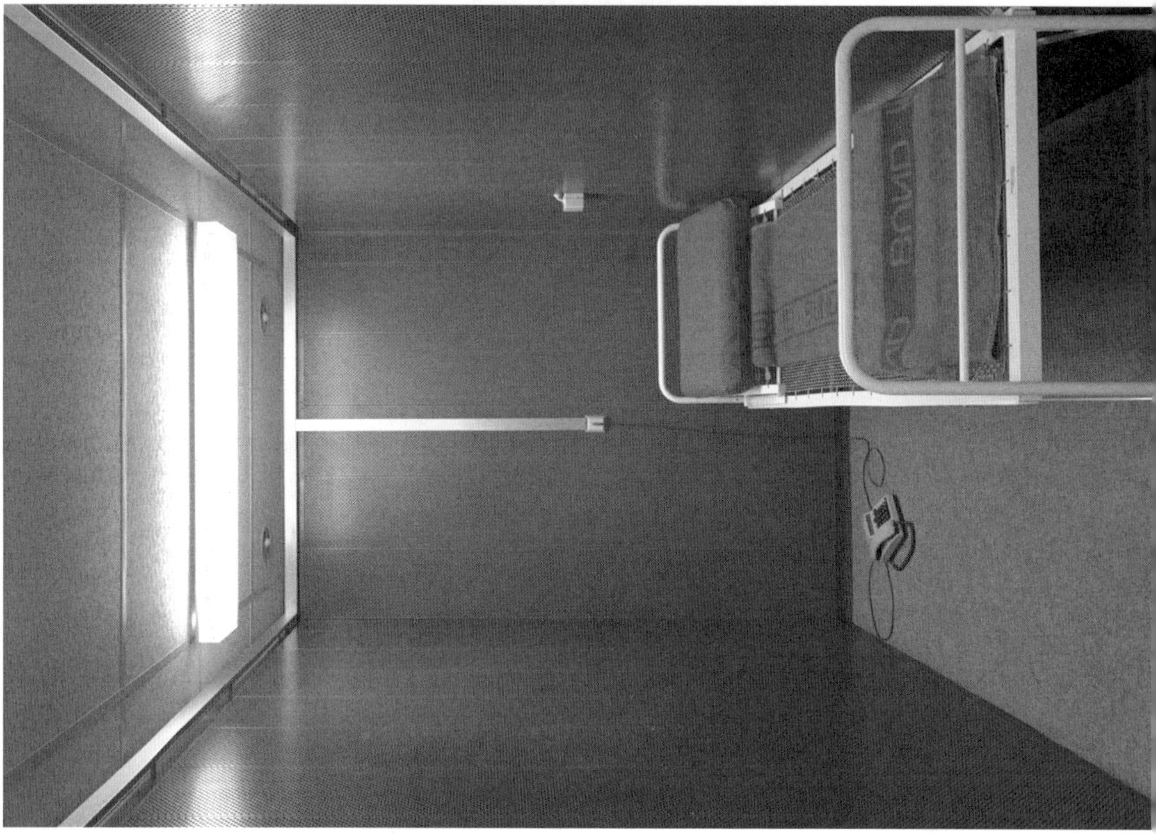

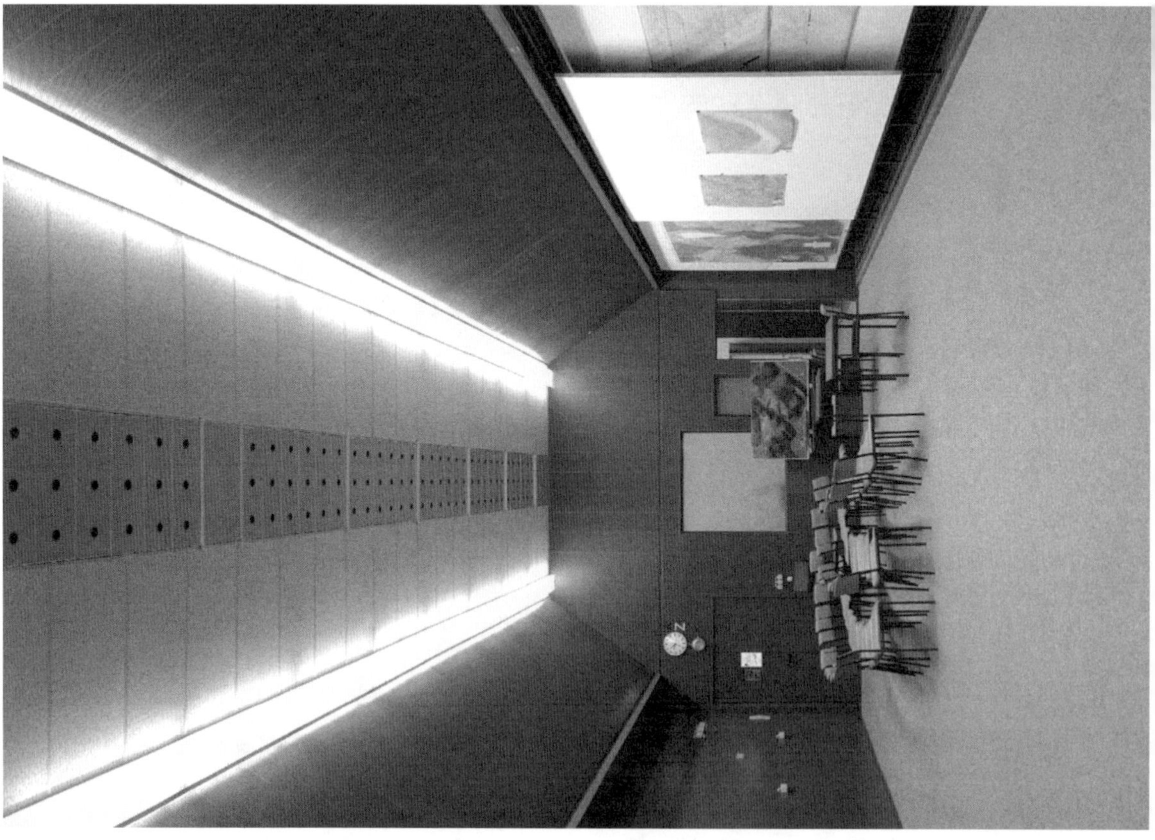

Andreas Magdanz

Dienststelle Marienthal

„Dienststelle Marienthal“ ist die amtliche Bezeichnung des ehemaligen Regierungsbunkers der Bundesrepublik Deutschland.
Die 25 km südlich von Bonn gelegene Anlage umfasst eine Nutzfläche von 83 000 m^2 und befindet sich derzeit im „Rückbau“.
Links: Plenarsaal, angeschlossen an das Bundeskanzleramt, Anlagenteil Ost/West, Bauwerk 6.
Rechts: Kanzlerbett, Bundeskanzleramt, Anlagenteil Ost/West, Bauwerk 6.

Boris Sieverts,
Stefan Hostettler

Banlieue Parisienne

Zum Zusammenhang zwischen politischer Landschaft und schöner Landschaft

Die zur Betrachtung der Pariser Banlieue anwendbaren ästhetischen Kategorien sind ebensogut politische Kategorien. Es handelt sich hierbei um genau jene Schnittmenge, die sowohl direkt (also ohne aufwendige Interpretation) auf die Ästhetik wie auf die Politik anwendbar ist. Deshalb ist Paris in einem Sinne politische Landschaft wie es direkter nicht sein kann. Das macht auch die Frische dieser Stadtlandschaft aus. Weil das politische in allem so offen zu Tage tritt (natürlich ist auch andernorts alles politisch, aber es liegt eben nicht so offen), sieht man eigentlich keine Bilder, sondern nur Situationen.[1]

1] Boris Sieverts: Früher stand Paris für mich für Musealisierung und die Reproduktion von Postkartenklischees. Ein Unwirklicher Ort. Bild eines Bildes. Sekundärort. Während unseres fünfwöchigen Umherschweifens in der Banlieue war es mir allerdings ein Vergnügen, gelegentlich einen Kaffee im Zentrum der Macht und Repräsentation zu trinken, da die Übersicht über den gesamten Organismus die politische Funktion dieses Bildes des Bildes so deutlich werden lässt. (Trotzdem wird das Bild des Bildes schnell langweilig. Detailreichtum, Abwechslung und Informationsdichte muß man hier Indoors suchen; in Museen, Konzertsälen, Nationalbibliotheken etc.).

PROJET

VILLE
2000

FETAF

CECI!

Der rote Ring

Die systematische Verdrängung des Proletariats aus der Stadt Paris, die unter dem Präfekten Haussmann einsetzte und bis heute andauert, hat zu einer Situation geführt, die die Pariser Agglomeration zu einer höchst eigenwilligen politischen Landschaft macht: Das größtenteils bürgerliche Paris innerhalb des Boulevard Périphérique ist umgeben von einem fast geschlossenen Ring von Gemeinden, in denen die kommunistische Partei traditionell eine Mehrheit findet. Diese sogenannte „première couronne“ (erste Krone), die auch roter Ring genannt wird, war in den 50er-Jahren eine solche Bedrohung für das bürgerliche Establishment in den inneren Arrondissements, dass die Regierung Maßnahmen ergriff, das Wachstum dieser Gemeinden einzudämmen.[2] So wurden zum Beispiel Unternehmern Prämien gezahlt, wenn sie Arbeitsplätze vor den Toren der Stadt abbauten. Den Gemeinden der première couronne wurde der Anschluss an das Metronetz verweigert; von wenigen Ausnahmen abgesehen, wurde es nur bis zur Stadtgrenze ausgebaut. Diese Politik ging einher mit dem generellen Bemühen, das Wachstum des Ballungsraumes Paris einzudämmen. In den 60er-Jahren änderte sich unter Pompidou die Pariser Raumordnungspolitik grundlegend, allerdings nicht, was die Behandlung der première couronne betrifft. Pompidou sah den globalen Metropolenwettbewerb kommen. Er wollte Paris für diesen Wettbewerb rüsten. Hierfür brauchte er qualifizierte Arbeitskräfte aus der Mittelschicht. Zur Ansiedlung dieser Ritter im globalen Metropolenkampf erfand er die sogenannten „villes nouvelles“ weit vor den Toren der Stadt. Diese wurden mit einem neuen Verkehrsmittel, der RER, einer Art S-Bahn, an die Metropole angeschlossen. Dabei wurden die Gemeinden der première couronne weiterhin übergangen. Viele dieser relativ zentral gelegenen kommunistischen Gemeinden haben, mit öffentlichen Verkehrsmitteln, bis heute längere Anfahrtswege nach Paris als die Mittelstandsghettos in den Wäldern weiter draussen.

(Dies ist nur ein Beispiel für die unmittelbaren und augenfälligen Erscheinungsformen politisch motivierter Administration in der Pariser Banlieue.) Mit Blick auf diese vom Klassenkonflikt der alten Industriegesellschaft bestimmten Aufladung erscheint die Pariser Banlieue teilweise geradezu historisch. Dies tritt besonders deutlich in Design und Zustand der öffentlichen Bauten der kommunistischen Gemeinden zutage, die durch den Wandel von der Produktions- zur Informations- und Dienstleistungsgesellschaft von hoher Arbeitslosigkeit und der Auflösung ihrer Identität als die eigentlichen Wertschöpfer und Garanten der internationalen Konkurrenzfähigkeit Frankreichs betroffen sind.[3]

Andere Dinosaurier aus einer gerade historisch gewordenen Epoche der französischen Gesellschaft sind die Cités – Hochhaussiedlungen –, die in den 60er- und 70er-Jahren die Bidonvilles (franzö-

Links oben: Musikhochschule in Montreuil: In jeder Röhre befindet sich ein Übungsraum.
Links unten: La Courneuve, 1971: Bidonvilles weichen sozialem Wohnungsbau.
Mitte: Centre commercial et syndicat d'initiative (Gemeindezentrum) in Montreuil (wird abgerissen).
Rechts: Syndicat d'initiative in Pantin (wird demnächst als Tanzzentrum genutzt).

2] Die kommunistische Partei Frankreichs war bis in die 70er-Jahre eine so starke Kraft, dass De Gaulle den Amerikanern als letztes Druckmittel zur Aushandlung besonderer Privilegien innerhalb des westlichen Staatenbündnisses (z. B. eigene Atomstreitmacht) stets mit dem Anheimfallen Frankreichs an den Ostblock drohte.

3] „Schon in den 60er-Jahren zeigte das homogene Arbeitermilieu erste Risse, und spätestens in den 70ern löste es sich auf. Es gab keine Gemeinsamkeiten mehr, auf welche die Bevölkerung der Banlieue für ihr eigenes Selbstverständnis zurückgreifen könnte. Der gleichzeitig im Zentrum der Gesellschaft einsetzende Wertewandel machte die Identität von der Produktion unabhängig: Identität wurde nun durch individuellen Konsum erworben. So sind heute die Bewohner der Banlieues in erster Linie als Individuen auf das Leben und die Werte im Zentrum bezogen“ (Mark Terkessedis).

sisch für Slum) ersetzten. Die Cités sind das bekannteste „image“ der Pariser Banlieue. Tatsächlich ist dieses Element in jeder Himmelsrichtung häufig anzutreffen. Die wenigsten Cités sind bauliche Monostrukturen. Meistens sind sie vielfach unterbrochen von Clustern älterer Einfamilienhaussiedlungen (Pavillons), alteingesessenem mittelständischem Gewerbe, Kleinindustrie, und Brachflächen wie beispielsweise ausgedienten Kreidesteinbrüchen. Die Cités zeichnen sich durch eine enorme Dichte aus, aus der man ebenso unvermittelt heraustritt, wie man hineingetreten ist. An manchen Stellen tritt man sogar in völlige Leere. Zum Beispiel wenn im Zuge eines Sanierungsprogrammes für die heißesten sozialen Brennpunkte Frankreichs, einzelne bis zu 300 Meter lange und 16 Geschosse hohe Blocks mit bis zu 4000 Einwohnern aus den Ensembles weggesprengt und die zurückbleibenden Flächen mit jungfräulichem Rasen eingesät wurden. Nur die wenigsten Cités sind soziale Brennpunkte. Da sie sich aber äußerlich für Außenstehende nur im Detail unterscheiden (tatsächlich gibt es sehr große gestalterische Unterschiede), werden sie mit sozialem Verfall gleichgesetzt. Seit das kommunistische Selbstbewusstsein der Kommunen nicht mehr trägt, übernehmen viele der jüngeren Bewohner diese hegemoniale Sicht auf ihre Umgebung.

Auf Regierungsseite wertet man sie als so stigmatisiert, dass Sanierungen der oftmals dürftigen Bausubstanz an dem eigentlichen Problem vorbeizielen würden. Die Gebäude in ihrer jetzigen Kubatur seien sozusagen kontaminiert mit sozialer Stigmatisierung und ließen sich nicht austauschen wie eine asbesthaltige Dämmung. Die Sprengung kaum 30 Jahre alter Gebäude ist ein ungeheurer Vorgang. Die Räume, die diese Sprengungen hinterlassen, zählen zum Melodramatischsten weit und breit.

Andere Orte, an denen einen die Leere der Negativräume überrascht, sind die Brachen der ausgedienten Kreidesteinbrüche, verwilderte Obstwiesen zwischen Universität, Hochhaussiedlung und Pavillons, ein riesiges Verkehrsgrün in St. Denis, das wie ein Park benutzt wird: Alle diese Orte vermitteln eine Ruhe, die bei jedem Betreten aufs neue überrascht. Es ist eine Ruhe, die nicht trotz des umgebenden Gebrauses eintritt, sondern wegen desselben. Nicht aufgrund eines erhöhten Kontrastes zu diesem, sondern weil – ähnlich wie im Mittelpunkt eines Tornados – sich Felder zu bilden scheinen, um die herum sich die Dynamik organisiert.

Oben: In der Rue de l'Association in Gennevilliers stehen einige geradezu prototypische „Pavillons“ in einer Schlucht von 11- bis 16-geschossigen Hochhausscheiben, von denen die längste fast 400 m misst. Zwischen ihnen klaffen teils rasenbestandene, teils sandige Lücken, über die die Abkürzungspfade der Hochhausbewohner führen. Die Hochhäuser wurden für „Pieds Noirs“ (Schwarzfüße) gebaut. So nennt man jene in Algerien ansässigen Franzosen, die im Zuge des Unabhängigkeitskampfes von dort fliehen mußten. Allein im Großraum Paris waren dies mehrere Hunderttausend! Unklar ist, warum der eine Straßenzug bestehen blieb. Womöglich war auch dieser Planungsabbruch finanzierungsbedingt.

Unten links: La Courneuve, „Cité des 4000“. Anstelle der weggesprengten Häuser wird bis auf Weiteres Rasen eingesäht. Es bleibt nichts zurück, und doch spürt man, dass hier etwas ungeheuerliches passiert ist. In der „Cité des 4000“ sind diese Ufolandeplätze wie Perlen aufgereiht.

Unten rechts: „Warum sind Löcher in diesem Haus?“- „Damit es schöner aussieht, aber wenn Sie mich fragen: so ist es noch schlimmer!“ – „Das Haus war zu schwer. Die Betonstützen bogen sich durch. Oben können Sie sehen, wie das Dach durchhängt. Damit es nicht einstürzt, wurden an vier Stellen jeweils acht Wohnungen herausgebrochen.“

Neue Typologien

Die Pariser Banlieue unterliegt einem äußerst dichten Geflecht wechselnder Einflüsse und Bewegungen: nutzungsgeschichtlich durch die Auslagerung der großen Industrien vor die Tore der Stadt, durch extrem fruchtbare Böden auf einer hügelreichen Topografie mit differenzierten Lagen an Nord- und Südhängen, politisch und ethnisch durch die klassenkämpferische Tradition der Vorstadtkommunen, die Unterbringung hunderttausender „pieds noirs" (die ehemaligen französischen Besatzer in Algerien) sowie der Flüchtlings- und Wirtschaftsimmigranten aus allen ehemaligen Kolonien.

Dieses äußerst widersprüchliche historische „Potential" führt überall, wo neues entsteht, zu krassen Überlagerungen und Nebeneinanderstellungen. Die ungewöhnlich engmaschige Durchwachsenheit von verschiedensten Maßstäben, Baustilen, räumlichen Nutzungen und ihrer Abwesenheit (Bebauung, Brache, Bebauung, Autobahnen), Ethnien und gesellschaftlichen Milieus hat mancherorts neue Raum- und Gesellschaftstypologien entstehen lassen.

Konstituierend für die Faszination, die stets von Paris ausging, ist der traditionsreiche Prozess einer Synthese von Nord- und Südfrankreich (immerhin zweier Kulturkreise) und ihre Verschmelzung zu dem, was man pariserisch nennt (wobei seit den 50er-Jahren durch die Anwesenheit des gesamten Mittelmeerraumes einschließlich Afrikas die Verschiedenheit des Südens noch deutlicher hervortritt). Begleitet von dem ständigen Bestreben nach sozialer Homogenisierung bildet eine über Bodenpreise und Mietspiegel ‚regulierte' Ab- oder Zuwanderung in diesem heterogenen Ganzen immer wieder lokale Identitäten heraus, die sich in der Regel durch ähnliche ökonomische Möglichkeiten auszeichnen. So können in der Wechselwirkung verschiedener Entwicklungen auch durchaus wachsende Wohlstandsinseln neben sozialen Brennpunkten entstehen. Während sich die Identität der Migranten als naturgemäss fragil und brüchig erweist, versuchen sich besser Verdienende durch territoriale Abgrenzung und erbitterten Widerstand vor den sozialen und ökologischen Folgelasten der Metropole zu schützen, um so ihre Lebensqualität und Identität zu bewahren. Dadurch werden die Ungleichgewichte zwischen den verschiedenen lokalen Räumen oft verstärkt und führen zu komplizierten Verschachtelungen vieler verschiedener Identitäten. Die enge räumliche Verflechtung aller Elemente einer komplizierten politischen[4], militärischen[5] und wirtschaftlichen Geschichte lässt die Stadt, wenn man sie umherschweifend wahrnimmt, bei aller Heterogenität, bei aller Härte der Brüche und Konfrontationen jederzeit als ästhetische (niemals als formale) Einheit vorhanden sein; was sich darin ausdrückt, dass man sich stets bewusst ist in Paris zu sein, oder in der Erinnerung mühelos

Unten links: In Montreuil wurden bis in die 20er Jahre Pfirsiche angebaut. Mauern aus Gips speicherten die Wärme der Südhänge und gaben sie nachts an die Bäume ab. Die ca. 100 x 100 m messenden Parzellen bestimmen bis heute die bauliche Struktur Montreuils.
Unten rechts: Pfirsichmauern

4] „Französische Verhältnisse" charakterisiert eine Mischung aus traditionellen staatlichen Interventionen und allmählicher Dezentralisierung, sowie einen Wust an intervenierenden Maßnahmenkatalogen und Therapieversuchen wie z. B. „Pakt zur Rettung der Städte", oder „Pakt über die Rückkehr des Staates in die Banlieue". Nach der Terminologie dieser Programme bewegt man sich in „sensiblen Zonen" oder „points chauds". Es gibt Départements, in denen zwei Drittel der Bevölkerung in diesem Sinne „positiv diskriminiert" werden (Gunnar Ulbrich).

5] In einem vor zwei Jahren geräumten und jetzt von Schrotthändlern genutzten Fort aus dem 19. Jh. stoßen wir auf einen seltsamen Aufbau aus weißen Zelten, Absperrband und einer Pumpe, die an gelbe Schläuche angeschlossen ist. In den Zelten weiße Papieroveralls und Gummihandschuhe, Reagenzgläser mit Erdproben. Über eine Leiter gelangt man in den Fortgraben. Später erfahren wir, dass in dem Fortgraben Proben radioaktiv verseuchten Sandes aus der algerischen Sahara lagern und das Grundwasser untersucht wird. Französische Atomtestgelände in der algerischen Wüste waren eine der geheimen Vertragsbedingungen, die Frankreich an die Unabhängigkeit Algeriens knüpfte.

jeden Eindruck mit dem Begriff Paris verknüpft, auch wenn man vor Ort oft das Gefühl hatte, den Kulturkreis zu wechseln. Dieses Zappen führt (im Kopf) nicht zu einem Auseinanderfallen in mehrere Körper, sondern stets zu einem Wachstum dieses Körpers namens ‚Paris'. Auch die ausgeprägte soziale Ab- und Ausgrenzung von Vierteln voneinander ändert nichts an der Tatsache, dass der Topos Paris alle hier gemachten Erfahrungen spürbar umschließt; und zwar bei allen: seien sie nun Citébewohner, Touristen, Einfamilienhausbauer oder Regierungsbeamte im Stadtzentrum. So ist Pariser Banlieue vielerorts weder Stadt noch Land, weder Industriedorf noch modernes Dienstleistungszentrum, weder Algerien noch Mitteleuropa, sondern eine Vielzahl neuer Gesellschafts- und Raumtypologien.

Oben links: Die „Blumenkohlhäuser“ sind das Wahrzeichen von Créteil, südlich von Paris.
Oben rechts: An den Abraxas-Palast von Ricardo Bofill grenzt im Westen eine riesige Brachfläche mit Kellern abgerissener Pavillons, in denen sich z. T. Obdachlose einquartiert haben und die alten Hausgärten weiter bewirtschaften.
Unten links: Park in Vitry.
Unten rechts: Ehemaliger Gipssteinbruch „Les Beaumonts“ in Montreuil.

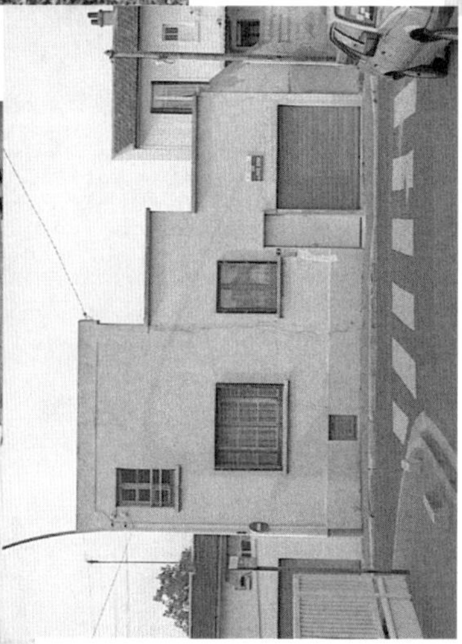

Zerfall und Wachstum – Le Royaume du Bric et Brac

Was ist politisch am „royaume du bric et brac“? Konfliktorientiert betrachtet die kleinbürgerliche Dimension – das klassenpolitische. Affirmativ betrachtet die Freiheit und Komplexität der Gestaltung. Es ist eine Art der Gestaltung, die kaum ordnet und vom Zerfall häufig kaum zu unterscheiden ist, da sie Geometrien, wenn überhaupt, nur sehr unvollständig herstellt, dort wo sie Oberflächen glättet, häufig jäh abbricht oder wechselt – das alles scheinbar unmotiviert. Der Aspekt einer zerfallsähnlichen Gestaltung ist in einer Umgebung, die vielerorts von tatsächlichem Zerfall geprägt ist, hochinteressant. Das Bric et Brac der Pavillons, das bis heute andauert, bekommt auf diese Weise fast etwas mimetisches. Als ob die weniger zerfallenen Gegenden den Zerfall anzögen, um sich der zerfallenden Nachbarschaft anzugleichen.

Aufgrund der großen Fruchtbarkeit ist der Zerfall gleichzeitig von üppigem Pflanzenwachstum begleitet (fruchtbare Böden, sonnige Lagen, mildes Seeklima); wodurch der materielle Zerfall an den besten Stellen von einer Anmutung des Üppigen begleitet wird; von einer Unzahl an Anfängen, Abbrüchen, Oberflächen, Materialien, zu vermutenden Absichten et cetera. Sie verleiht vielerorts einem Zerfall, der durchaus sozial oder politisch motiviert sein kann, ein ästhetisches Potential, mit dem nicht nur künstlerisch agierende Flaneure wie unsereins, sondern längst auch die Betroffenen vor Ort agieren. So gesehen, mündet ein Gutteil des Dramas von Vertreibung, Entwurzelung, Zersplitterung sozialer Zusammenhänge, Überformung von einstmals ländlichen Idyllen und in letzter Konsequenz auch das Drama der Musealisierung und Inszenierung der Stadt innerhalb des Boulevard Périphérique vielerorts in eine Üppigkeit und Vielfalt der Raum- und Gesellschaftstypologien, die um ein vielfaches wahrhaftiger, schöner und reisenswerter sind als die gängigen Abziehbilder von Paris.[6]

Unter diesem Aspekt werden die meisten urbanistischen Projekte für die Banlieue und auch für die sogenannten „points chauds“ (soziale Brennpunkte) nicht zuletzt unter dem Aspekt der fehlenden Mitsprache fragwürdig: Sie gehen selbstverständlich davon aus, dass ein Abbau von sozialen Ungerechtigkeiten mit einer Nivellierung von (sozialen und räumlichen) Strukturen einhergeht; die Verringerung der Ungleichheit also auch die Verringerung der Vielfalt in den urbanen Erscheinungen zur Folge haben muß.[7]

Negationen der Planungskomponenten, durch die Entwürfe vollkommen selbstverständlich wirken sollen. Sei es durch billige Materialien, bewusst formlose Objekte oder das Streben nach dem absoluten Nullpunkt der Architektur, etwa in Form „nichtssagender“ rechteckiger Gebäude (Hans Ibelings).

8] Mehrtägige Wander- und Radtouren durch die Pariser Banlieue organisiert das Büro für Städtereisen, Boris Sieverts, Frankfurter Str. 16, 51065 Köln, Tel. 0221-294 48 94, email: borissieverts@gmx.de, www.neueraeume.de

9] Dem dahinter stehenden Ideal der sogenannten Gesellschaft der Mitte, kommen die Niederlande mit einem funktionierenden Sozialstaat, einer relativ konfliktarmen Gesellschaft und relativer Armut in den urbanen Strukturen wahrscheinlich am nächsten. Neuerdings versuchen die Niederlande, die ästhetische Gleichförmigkeit durch eine Dekonstruktion der eigenen Planungsparameter zu umgehen. So gibt es bereits Pläne für mehr Individualität durch „Wildes Wohnen“ an eigens dafür anzulegenden unbefestigten Straßen, „Do-it-yourself“-Anteile beim Häuserbau oder doppeldeutige

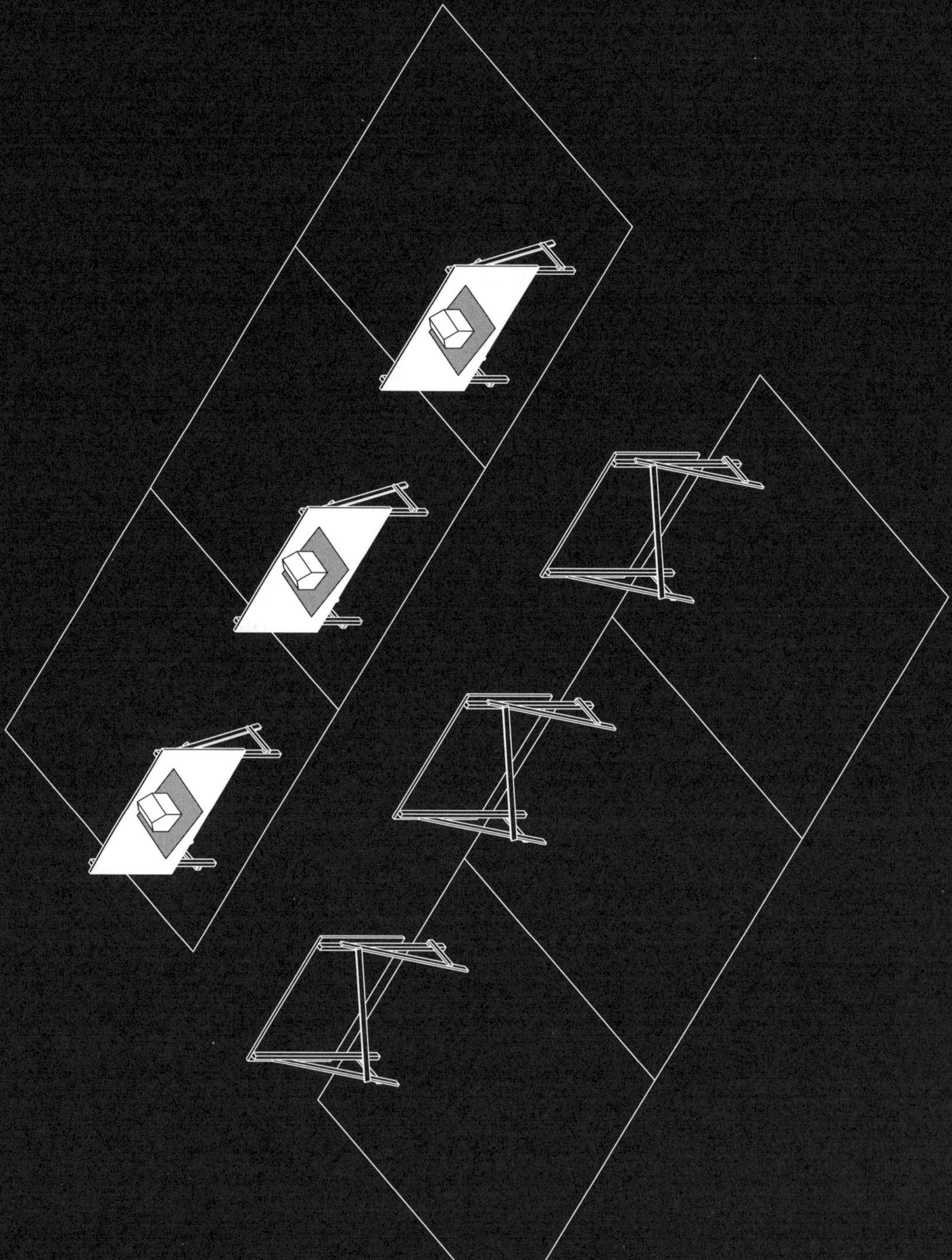

Grenzen des Öffentlichen

Angelika Schnell

Der moderne Blick

Landschaft ist in. Die wuchernden „scape"-Begriffe wie urban scapes, datascapes, scan scapes, soundscapes, brandscapes et cetera verweisen auf die Vorstellung einer sich in der Horizontalen ausdehnenden und mit der Umgebung verflechtenden kulturellen Praxis, die klassische vertikale Hierarchien und Oppositionen verzerrt und auflöst. Weil jedoch diese als rhizomartig verstandene Struktur zumeist mit dem Eindringen der New Economy und den neuen Technologien, vornehmlich der Computertechnologie, in unseren Alltag, unser Leben, Wohnen und Arbeiten identifiziert wird, bleiben Fragen offen: die nach der politischen Bedeutung und nach den neuen (oder alten) Machtverhältnissen. Die Architektur scheint wenig geeignet, Antworten auf solche Fragen zu geben, hat sie doch schließlich selber genug damit zu tun, dieser Entwicklung hinterher zu rennen.

Orientierungshilfe in den sich neu bildenden „Landschaften" und „Netzwerken" zu geben, könnte ein Anliegen und Auftrag der Architektur sein. Doch wird diese Rolle bereits von den Medien wirksamer und umfassender ausgefüllt. Die technisch hergestellten Bilder – sei es mit der Kamera oder im Computer – sind schneller, direkter und wandelbarer, nicht nur als die Architektur, sondern auch als die Schriftsprache. Dem „pictorial turn" des begonnenen 21. Jahrhunderts wird daher mindestens genauso viel umwälzendes Potential nachgesagt wie dem Buchdruck oder der Industriellen Revolution. So ist es nicht alleine die technologische und ökonomische Entwicklung im globalen Maßstab, die beunruhigt, sondern die zeitgleiche Verknüpfung mit den Bildmedien. Deren zunehmende Dominanz setzt die sprach- und repräsentationsgebundenen, herkömmlichen politischen Theorien außer Kraft, welche nicht genügend auf eine Entwicklung vorbereitet sind, die dem technisch hergestellten Bild nicht nur zunehmend Vorrang vor dem Wort einräumt, sondern ihm geradezu magischen Status verleiht. Die Kamera als unbestechliches Auge, vor dem alle gleich sind, und die ihrem Benutzer gottgleiche Macht verschafft: trotz vieler Bemühungen, den konstruierten Charakter technischer Bilder zu entlarven, bleibt unausrottbar die Auffassung, die Kamera lüge nicht. Zu einem nicht unwesentlichen Teil verdankt sich diese Auffassung der gängigen Interpretation von technischen Geräten als Werkzeugen, das heißt als unabhängige Mittler für einen bestimmten Zweck, diesem jedoch immer äußerlich bleibend und daher unbeeinflußbar durch Situationen und Personen. Auch in der Architekturdebatte bevorzugt man eine ähnliche Haltung zu technischer Entwicklung, und zwar unabhängig davon, ob in dieser Gefahr oder Aufschwung zu neuen Ideen gesehen wird. Beide Positionen, sowohl die ablehnende als auch die erwartungsvolle, setzen in der Regel ein unabhängiges Fortschreiten der Technologien voraus, mit der Tendenz, den gesamten Lebensraum umgestalten zu wollen. Doch ist das Verhältnis von Architektur zu Technologie komplizierter als ein simples Täter-Opfer-Schema. Wie eng beide historisch miteinander verknüpft sind, soll hier in einigen Ausschnitten skizziert werden.

Wohnmaschine

Zunächst ist klar, dass die moderne Architektur des 20. Jahrhunderts technischem Fortschritt gegenüber nicht nur aufgeschlossen war, sondern ihn als wesentlichen Impulsgeber für die Lösung gesellschaftlicher Fragen in der Architektur begrüßte. Der Begriff Wohnmaschine, den Le Corbusier programmatisch benutzte und ihn damit als Synonym für modernen Wohnungsbau popularisierte (tatsächlich existierte er bereits seit der zweiten Hälfte des 19. Jahrhunderts), wird für das ganze 20. Jahrhundert zum gleichermaßen verehrten wie verhaßten Leitbild. 1933 konzeptualisierte Le Corbusier diese Idee in einer Skizze zu seiner Studie „La ville radieuse“ (Abbildung 1). Die umfassende und effizient organisierte Versorgung sämtlicher Haushalte in einer Stadt mit Gas, Wasser, Strom und Telefonleitungen führt zu einer Neupositionierung der Bel Etage: nicht mehr das erste, sondern das oberste Stockwerk ist das bevorzugte; befreit von der Mühsal des Kohle- und Wasserschleppens lässt sich endlich der weite Ausblick über Stadt und Landschaft genießen. Dass zu diesem Zweck der Schmutz und die Enge der alten Stadt durch eine völlig neue Stadtplanung ersetzt werden muss, versteht sich von selbst. Die Architektur des Hauses hat dabei nur noch für den reibungslosen Ablauf der technischen Vorgänge zu sorgen, ist in Le Corbusiers Skizze einfach nur ein rechteckiger Kasten auf Pilotis mit mehreren Ebenen, der im besten Sinne zur „Wohnmaschine“ geworden ist, um im Innern jede Freiheit zu ermöglichen. Die technische Infrastruktur, die jedes einzelne Haus mit der ganzen Stadt verknüpft, ist zweifellos als grundlegend unterstützend gedacht und so auch gebaut worden. Sie ist der unsichtbare, gleichwohl unverzichtbare Bestandteil des komfortablen Wohnens des 20. Jahrhun-

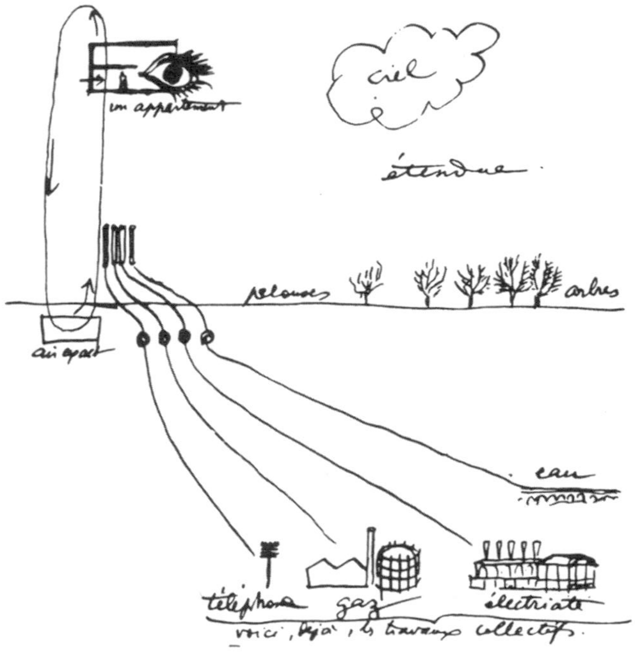
un appartement
ciel
étendue
pelouses
arbres
air espace
eau
téléphone
gaz
électricité
voici, déjà, les travaux collectifs.

derts. Selbst diejenigen Kritiker der Moderne, die ihr vor allem naive Technikgläubigkeit vorwarfen und immer noch vorwerfen, meinen letztlich immer nur deren Architektur, jedoch nicht die technische Grundausstattung, die ja keineswegs als bedrohlich wahrgenommen wird. Das ändert sich mit der zunehmenden Dominanz der visuellen Medien in den einzelnen Haushalten.

In Le Corbusiers Skizze verdeutlicht das riesenhaft vergrößerte Auge als Symbol des thronenden Sehens seine Vorstellung von modernem Wohnen als einem von aller körperlichen Qual befreitem. Reines Sehen, über alle Hindernisse und kleinlichen Alltagssorgen hinweg, ist für ihn mit Wohnen identisch. Konfrontiert man diese Skizze mit einem beliebigen Foto aus der Nachkriegszeit, das hier zum Beispiel ein paar Fußballfreunde um den häuslichen Fernsehapparat versammelt zeigt (Abbildung 2), merkt man zweierlei. Zum einen hat sich der Status von unsichtbarer technischer Ausstattung zum Zwecke des bequemeren Wohnens verändert. Der Fernseher ist keine Basisausstattung, sondern fungiert wie ein weiteres Familienmitglied. Zum anderen hat dessen „Einzug“ unmittelbarere Auswirkungen auf die räumlichen und sozialen Dispositionen im Innern der Wohnung als die haustechnische Versorgung. Gar kein so heimliches Zentrum geworden, konterkariert er Le Corbusiers Vorstellung vom müßigen, aller Alltagssorgen entledigten Blick auf und in die Welt aus der obersten Etage. Als technisches Substitut des Sehens, vermittelt durch die Kamera, tritt der Fernseher – anders als die rein unterstützende Haustechnik – sogar in zweifache Konkurrenz zur Architektur. Zum einen ist die Kamera nichts anderes als ein technisch verfeinertes, miniaturisiertes architektonisches Modell, hervorgegangen aus der *camera obscura,* zum anderen scheint man der technisch vermittelten Art des Sehens – umfassender, detailreicher, unbestechlicher – eher zu trauen als der mit bloßem Auge. Angekommen in jedem Haushalt, ist der Fernsehapparat ein Raum im Raum, der, statt die Weite und Freiheit des Corbusierschen Wohnens zu bekräftigen, wie ein Abflußloch in die Tiefe des Raums hineinzuziehen scheint, aber dort nicht den unendlich fernen Punkt erreicht, sondern gerade diesen *horror vacui* durch tausendfache Ablenkung und Bewegung des Bildes zerstreut. Le Corbusiers Auge, durch sein favorisiertes Panoramafenster schauend, richtet sich genau nicht im müßiggängerischen Schweifen auf die kontinuierliche Landschaft draußen, sondern konzentriert sich absichtsvoll auf die vielen kleinen und großen Ereignisse in Nah und Fern, die ausschnitthaft präsentiert werden.

Vor dem „Eindringen“ der digitalen Elektronik hat also der „Einzug“ des Fernsehers bereits Erschütterungen ausgelöst, die zu diesem Zeitpunkt noch gar nicht richtig wahrgenommen wurden. Es scheint, als ob die Architektur von ihrem eigenen Abkömmling überholt worden wäre, und das Verhältnis zueinander ist keines-

Abbildung 1: Le Corbusier, Skizze aus „Die Strahlende Stadt“, 1935.
Abbildung 2: In den 50er-Jahren wird der Fernseher Mittelpunkt der Wohnungen.

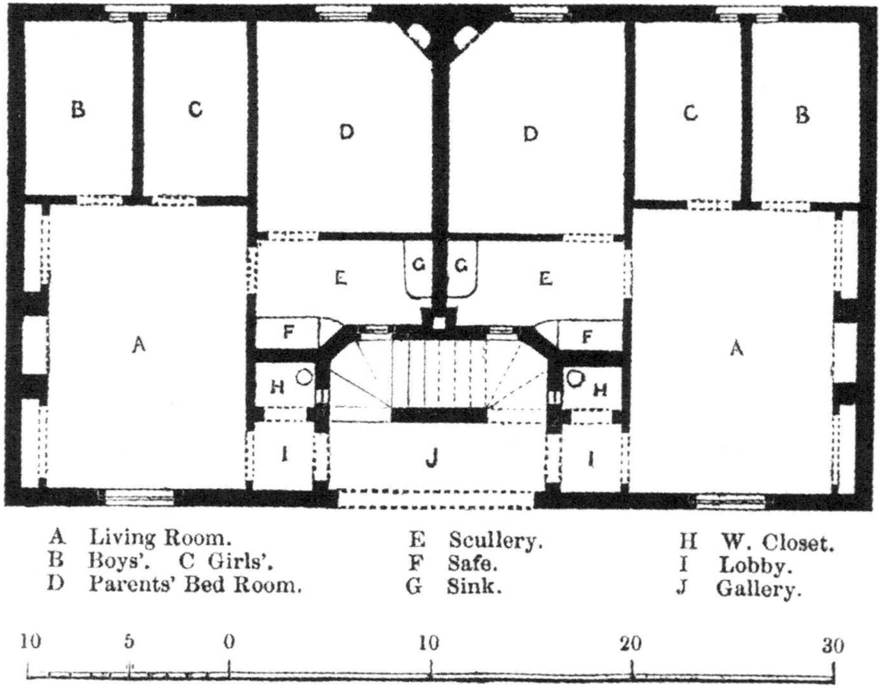

B
C
D
D
C
B
G G
E
E
A
F
F
A
H
H
I
J
I
A Living Room.
B Boys'. C Girls'.
D Parents' Bed Room.
E Scullery.
F Safe.
G Sink.
H W. Closet.
I Lobby.
J Gallery.
10 5 0 10 20 30

wegs geklärt. Insbesondere der Status der Kamera als „unbestechlich“ dürfte nicht ausreichend durch deren Werkzeugrolle erklärt sein. Einen Teil ihrer Legitimation erfährt sie eben durch die Architekturgeschichte, ist mit dieser sogar eng verknüpft. Wenn zum Beispiel der italienische Filmemacher Roberto Rosselini als Vertreter des Neo-Realismus der fünfziger Jahre, eines sich vornehmlich dokumentarischen Aufnahmen bedienenden Stils, insbesondere gegen die Kunstfilmer und ihre Montage-Kompositionen wendet, „mit ihren elenden kleinen ästhetischen Erschütterungen, denn nichts ist gefährlicher als die Ästhetik, als die toten Wahrheiten der Kunst, die ihre Zeit gehabt haben, aber die nichts mehr mit der Wirklichkeit zu tun haben... Der Filmemacher muß die größtmögliche Zahl von Fakten sammeln, um ein vollständiges Bild zu schaffen, er muß ganz kaltblütig filmen, um die Zuschauer vor dem Bild gleichberechtigt zu machen“,[1] so hätte Le Corbusier diese Aussage sicherlich von Herzen bekräftigt, hat er doch selber den Blick der Kamera (Fotoapparat oder Filmkamera) dezidiert als Entwurfsmittel benutzt.[2] Denn dieser unbestechlich angenommene Blick der Kamera, ihre vorbehaltlos unterstellte Wahrhaftigkeit, ist ein Ergebnis der Moderne, und darüber hinaus fester Bestandteil der Architektur- und Stadtgeschichte. Kurz gesagt: Die moderne Stadtplanung und der moderne Wohnungsbau ist Ergebnis des modernen Blicks, der ohne die Kaltblütigkeit, wie sie Rosselini fordert, nicht auskommt.

Aufnahmen

Etwa Mitte des 19. Jahrhunderts, als in England die Industrialisierung schon bedeutend weiter fortgeschritten war als anderswo, bildet sich eine eher informell zu nennende, reformistische Gruppe von gebildeten und aufgeklärten Engländern verschiedener Berufsstände heraus (Juristen, Politiker, Ärzte, Architekten, Wissenschaftler, Ingenieure), die sich „Philanthropists“, also Menschenliebhaber nennen, und die es sich zur Pflicht gemacht haben, die Mißstände in den Elendsvierteln von London anzuprangern und Lösungsvorschläge zur Reform zu unterbreiten. Zu diesem Zweck ziehen die Philanthropen in die dunklen und unbekannten Slums von London und protokollieren minutiös, nicht das geringste Detail auslassend, die Lebens- und Wohnumstände der völlig verarmten Arbeiterklasse Londons. Ihre Aufzeichnungen sind zunächst für sie selbst schockierend. Das überfüllte Durcheinander von Menschen aller Altersgruppen, beider Geschlechter, schmutzig, krank, kriminell, ohne Kenntnis von Moral und Sittlichkeit, grenzt an Unverständlichkeit (Abbildung 3). „Es war“, wie eine damalige Publikation über den Londoner Bezirk St. Giles verlauten ließ, „als ob die Heimstätten ein einziger riesiger Steinblock wären, von Würmern in unzählige kleine Kammern

1] Roberto Rosselini, Fragments d'une autobiographique, Paris, 1987; zitiert nach: Paul Virilio, Die Sehmaschine, Berlin, 1989, S. 120f.

2] Vgl. : Beatriz Colomina, Privacy and Publicity. Modern Architecture as Mass Media, MIT Press, 1994, Kapitel „Windows“.

Abbildung 3: Schnitt durch ein gewöhnliches Mietshaus in einem Londoner Elendsviertel (1847).

Abbildung 4: Grundriß eines Reform-Musterhauses für vier Familien von Henry Roberts, 1851, gezeigt auf der Weltausstellung in London.

und Durchgänge zerfressen."[3]
Bereits hier wird klar, dass die rein quantifizierenden Aufzeichnungen nicht nur Lebensweisen, sondern auch die Behausungen selber meinen, die kurzerhand miteinander identifiziert werden. Das für die von außen kommenden, zur gebildeten Schicht gehörigen Philanthropen undurchdringlich erscheinende Steinlabyrinth wird bereits hier implizit als Mitverursacher elender Verhältnisse gesehen, ja sogar als dessen unmittelbarer Ausdruck. Die Umkehrung dieser Interpretation – klar gegliederte und aufgeräumte Wohnungen und Häuser statt undurchdringlicher Steinmassen – muß folgerichtig zur Verbesserung der Lebenssituation führen. In diesem Moment wird zum ersten Mal mit bewusster politischer und ideologischer Absicht ein rationales Funktionsdiagramm (und nicht irgendeine Stilfrage) als Grundlage von Wohnungsbau- und Stadtplanung propagiert. Die daraus resultierenden Entwürfe, wie zum Beispiel die Modellhäuser für Arbeiterfamilien, die auf der Weltausstellung 1851 der Öffentlichkeit präsentiert wurden (Abbildung 4), identifizieren bewusst eine Bauform mit einer Lebensform (die von da an immer die Kleinfamilie sein wird), eine bestechende Idee, von der wir uns heute so mühsam wieder zu befreien suchen. Die Grundlage für diesen Kunstgriff, der das Wohnen nicht nur standardisiert, sondern gewissermaßen auch automatisiert, sind die Vermessungen und „Aufnahmen" der ablesbaren Lebensbedingungen in den Elendsvierteln. Unerschrocken dringen die Philanthropen auch noch in die dunkelsten Ecken vor und sind dabei um einen sachlichen, korrekten, geradezu wissenschaftlichen Stil bemüht, dem man seine ideologischen Ziele nicht anmerken soll. Wie bei den dokumentarischen Kameras, ja bei der Kamera überhaupt, ist die Nicht-Emotionalität, die Sachlichkeit, die Nüchternheit und die Unbestechlichkeit (legitimiert durch Genauigkeit), der Beweis für ihre Vorurteilsfreiheit und damit für ihre Humanität. Ihr „Kamera"-Blick nimmt ebenso wie die sich zeitgleich entwickelnde Kriminologie ausschließlich vom „Tatort" auf, was quantifizierbar und daher überprüfbar ist: „Im vordersten Raum im ersten Stock sind die Bewohner folgendermaßen arrangiert: ein Mann, seine Frau und 6 Kinder in der linken Ecke; – 2 Kinder am Kopf- und 4 am Fußende des Bettes: es muß erklärt werden, dass alle künftig beschriebenen Parteien nicht in Bettgestellen schlafen. Zu ihren Füßen war ein einzelner Mann, daneben ein Mann, seine Frau und 4 Kinder, darunter ein 15-jähriges Mädchen. Neben ihnen eine Witwe; und eine Mutter mit 4 Kindern, einem Kleinkind, einem 18-jährigen Mädchen und 2 Jungen im Alter von 16 und 14 Jahren. – Und zu ihren Füßen lag ein Mann, seine Frau und 3 Kinder – alles in allem 26 Personen! – Der Raum ist 4 m lang, 3,50 m breit und 2,13 m hoch. Die Miete beträgt 2 Shilling und 6 Pence pro Woche."[4]

Die Resultate dieses „diskriminierenden" Blicks sind bekannt: die Herausbildung der modernen „Wohnmaschine", sauber aufgeräumte Wohnbebauungen für die Arbeiterklasse, getrennt nach Geschlechtern, nach Altersgruppen, nach Familien, nach Adressen, nach Straßen et cetera, gleichermaßen zur Erleichterung der Moral- und Ordnungshüter. Die Funktionstrennung als Paradigma der Moderne (vom Teelöffel bis zum Städtebau), die einzelne Wohnzelle als kleinster Grundbaustein und umkämpfte Resultante sämtlicher relevanter gesellschaftlicher Entwicklungen, diese Geschichte muß an dieser Stelle nicht erzählt werden. Der Begriff Wohnmaschine, zumeist nur metaphorisch verstanden, hat jedoch seine Legitimation bereits in dem Moment erfahren, als auf der Grundlage systematisch erhobener Daten und Messungen ein Wohnschema entwickelt worden ist, das sich fortwährend – durch immer mehr mobilisiertes Wissen um das Wohnen – seine Bewohner selber schafft. Die moderne Wohnmaschine ist eben auch eine Gesellschaftsmaschine; sie analysiert (sie löst) zunächst die Kleinfamilie als von fremden Einflüssen geschützten Privatraum, als ideologische Keimzelle gesellschaftlicher Ordnung, hält bereits aber sämtliche Gerätschaften bereit, auch diesen bis ins Letzte zu durchleuchten, wofür das folgende Beispiel Zeugnis gibt.

Sehmaschine

Der Zusammenhang zwischen der Produktion von Individuen, die der Gesellschaft nützlich sind, und Kontrollieren durch Beobachten ist als architektonisches Modell von Michel Foucault in Überwachen und Strafen anhand des 1787 entworfenen Panopticons von Jeremy Bentham analysiert worden (Abbildung 5).[5] Auch hier fällt die Kongruenz zwischen dem baulichen Arrangement (symmetrische Anlage mit einem Wachturm in der Mitte und kreisförmig darum angelegten Gefängniszellen) mit dem gesellschaftlichen Auftrag (Disziplinieren durch Sehen ohne Gesehen-Werden) auf. Das Panopticon ist nach Foucault ein „wissenschaftliches Gefängnis", das seine Insassen bewußt zu „Objekten von Information" macht. Eine Geometrie von Sichtverbindungen sorgt dafür, dass der kontrollierende Blick aus dem nicht einsehbaren Wachturm vom Insassen in seiner transparenten Zelle internalisiert wird. Die Machtausübung wird daher völlig automatisiert. Durch das so gesammelte und klassifizierte Wissen werden Individuen identifiziert und produziert, um hernach an eine definierte Norm angepaßt zu werden. Das Panopticon ist für Foucault eine Seh- und Gesellschaftsmaschine und nicht einfach nur ein historisches Ereignis, sondern ein „verallgemeinerbares Funktionsmodell", das über die inhärente Ambivalenz von Aufklärung Auskunft erteilt. Aus dem Dunkeln ans Licht gebrachtes Wissen verschafft seinem

3| W. Weir, „St. Giles Past and Present", in: Knight's London, vol. iii, 1841–44, S. 267; zitiert nach: Robin Evans, „Rookeries and Model Dwellings", in: Translations from Drawing to Building and Other Essays, AA Documents 2, London, 1997, S. 102.

4| Rowland Dobie, A History of St. Giles; zitiert nach: ebd., S. 105.

5| Michel Foucault, Überwachen und Strafen. Die Geburt des Gefängnisses, Kapitel „Panoptismus", Frankfurt am Main, 1977.

A General Idea of a **PENITENTIARY PANOPTICON** *in an Improved, but as yet, (Jany 23^d 1791) Unfinished State*

See Postscript References to Plan, Elevation & Section (being Plate referred to as N° 2.)

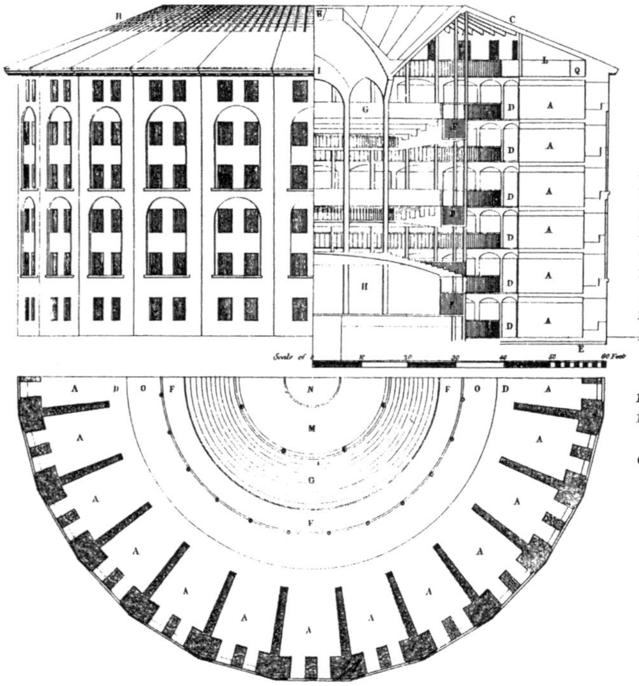

EXPLANATION

A — Cells
B to C — Great Annular Sky Light
D — Cell Galleries
E — Entrance
F — Inspection Galleries
G — Chapel Galleries
H — Inspector's Lodge
I — Dome of the Chapel
K — Sky Light to D°
L — Store Rooms &c with their Galleries, immediately within the outer wall all round place for an annular Cistern Q
M — Floor of the Chapel
N — Circular Opening in d° (open except at Church times) to light the Inspector's Lodge
O — Annular Wall from top to bottom, for light air and separation

FAZ 8.3.2000

9 Kandidaten, 28 Kameras und 60 Mikrofone

100 Tage eingeschlossen auf 153 Quadratmetern Wohnfläche und 284 Quadratmetern sichtverblendetem Garten

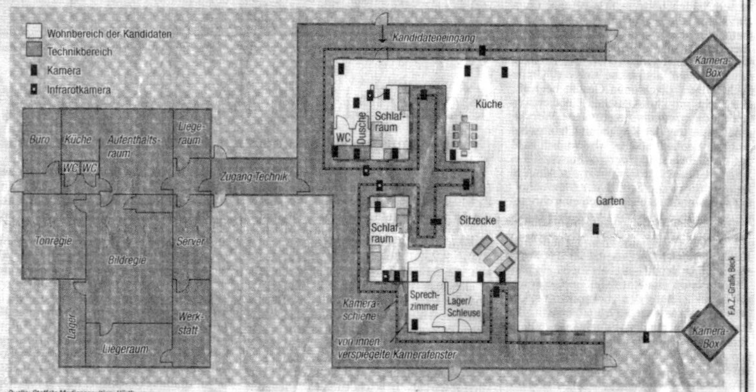

Quelle: Stoffels Mediaconsulting, Hürth

Wo ist der Rückzugsraum? Einen solchen hat RTL 2 den Kandidaten von „Big Brother" versprochen und ist so in letzter Sekunde dem Verdikt entronnen, das die hessische Landesmedienanstalt nach der ersten Folge der hunderttägigen Peep-Show verkündet hatte und das da lautete, hier würden Menschen zum bloßen Objekt der Betrachtung gemacht. Jetzt also werden die inzwischen nur noch neun Objekte unseren Blicken für eine Stunde täglich entzogen und wir hoffen, dass sie diese nicht in der Duschkabine verbringen müssen, sondern die Regie (die sich übrigens selbst mehr Platz gönnt als den menschlichen Hamstern) ihnen etwas Auslauf gibt. Mit der Voyeur-Pause ist RTL 2 auf einen Vorschlag eingegangen, den die hessische Landesmedienanstalt bereits zuvor entwickelt hatte, um den Eindruck der „totalen Überwachung" abzumildern. Wenn sich die Chefs der Landesmedienanstalten in einer Woche abermals treffen, wollen sie sehen, ob sich RTL 2 an die Zusage gehalten hat. Doch können sie das überhaupt? Dass sie in Wirklichkeit nichts sehen, respektive kaum entscheiden können, stört den Vorsitzenden der Direktorenkonferenz der Landesmedienanstalten, Norbert Schneider, ungemein. Die Medienaufsicht soll nur beurteilen, was gesendet wird, im Fall von „Big Brother" also die abendliche Vesper, nicht aber, was insgesamt passiert, und dem Treiben im Internet sieht sie hilflos zu. In einem Fernsehsegment, „wo sich Quotenlust und Programmgeschmack Gute Nacht sagen", das sich gleichwohl anmaße, eine Wertedebatte heraufzubeschwören, komme man mit einer derart engen, juristischen Medienaufsicht auf die Dauer nicht weiter, meint Schneider. Die Zuschauer greifen derweil zur wirksamsten Waffe gegen „Big Brother": Sie ignorieren den kalkulierten Skandal und schalten ab. miha.

Besitzer zugleich Aufklärung und Kontrolle. Dieser Mechanismus wird im 18. Jahrhundert noch durch eine „Lichtarchitektur“ bewerkstelligt, die aber nach Foucault beileibe nicht durch irgendeine architektonische Theorie der Vergangenheit oder Gegenwart erfasst werden kann, da es sich bereits um ein technisches System handelt, um eine „konzertierte Anordnung von Körpern, Oberflächen, Lichtern und Blicken“, die heute selbstverständlich einfacher und beweglicher mit Kameras realisiert werden kann.
Auf den ersten Blick scheint die räumlich-dispositive Anordnung des Benthamschen Panopticon mit dem Container der umstrittenen Fernsehsendung Big Brother von RTL II ähnlich (Abbildung 6). Wohl auch daher erklärt sich die massive Kritik, die bereits im Vorfeld der Sendung laut wurde. Menschenzoo, Fernsehgefängnis: offenkundig ist ebenso die Struktur, nämlich völlige Transparenz auch und gerade in den alltäglichsten Vorrichtungen, eine ähnliche wie im Panopticon. Doch was ist das Ziel von Big Brother? Machtausübung wie im Panopticon? Was geschieht, wenn Instrumente der politischen Kontrolle oder des politischen Terrors in den Unterhaltungsbereich wandern? Verlieren sie dann ihre alte Bedeutung? Und welche Rolle spielt die Architektur denn noch, wenn Kameras deren Rolle übernommen haben, wenn der kontrollierende Blick durch sie vervielfältigt wird? Es scheint, als ob in den vielen Fragen, die diese Sendung aufwirft, eine Akzentverschiebung stattfindet, die an dieser Stelle in ihrer ganzen Bedeutung gar nicht erfasst werden kann.
Bleiben wir also zunächst bei den Gemeinsamkeiten. Die allgegenwärtigen Kameras, die um den Container herum und in ihn hineingreifen, sind augenscheinlich das Pendant zum Überwachungsturm im Panopticon. Wie er sind sie beziehungsweise deren Nutzer nicht einsehbar. Somit ist die so wichtige Asymmetrie „Sehen ohne Gesehen-Werden“ und „Gesehen-Werden ohne zu Sehen“ hergestellt. Wie im Panopticon ist der Vorgang automatisiert, die Rolle des Sehenden/Überwachenden kann von jedermann ausgeübt werden. Das Prinzip bleibt in jedem Fall erhalten. Foucault weist in seiner Analyse bereits deutlich darauf hin, dass potentiell eine „Demokratisierung“ der Überwachung im Panopticon bereits angelegt ist, die aus der „Sehmaschine“ einen „Glaspalast“ machen würde. So gesehen, wäre der Big Brother-Container dessen Realisierung: jeder kann jeden überwachen. Die Kamera ist dabei der Garant für Objektivität, Wahrhaftigkeit, Unbestechlichkeit und Gleichberechtigung. Doch ist es tatsächlich so?
Zunächst ist das Panopticon eine Gesellschaftsmaschine; genauso wie die aufgeräumten Arbeiterwohnungen der englischen Reformer produziert es Individuen, die der Gesellschaft nützlich sind. Lebensumgebungen werden geschaffen, die nicht durch anschauliches Vorbild, sondern durch ein bestimmtes bauliches Arrangement den Zugriff und die Kontrolle erleichtern. Ist Big Brother da-

Abbildung 5: Jeremy Bentham, Entwurf für das Panopticon von 1791.
Abbildung 6: Grundriß des „Big Brother“-Containers in Köln. Der technische und redaktionelle Stab, der das „Fernsehgefängnis“ regelrecht umklammert, benötigt fast doppelt so viel Platz wie dessen Bewohner.

heart rate: 145 | minute
calories: 256 | 280
blood pressure: 90 | 120
exercise speed: 1:60

gegen eine Gesellschaftsmaschine, mit dem Vorhaben, nützliche Individuen zu erziehen? Immerhin: anders als beim Panopticon, das zwar vornehmlich für die sozial kritischen Fälle der Gesellschaft entwickelt worden ist, potentiell aber jeden aufnehmen kann, ist der Fernsehcontainer nur für eine exklusive, zuvor genau ausgewählte Gruppe offen. Es versteht sich von selbst, dass keine Alten, keine Kranken, keine Kinder, keine Mütter mit Babies, keine Drogensüchtigen, keine Klaustrophoben, keine sozial unverträglichen Menschen, keine Behinderten, keine Intellektuellen, keine Workaholics, keine politisch Engagierten Zugang zum Container fänden. Übrig bleiben adoleszente Durchschnittsmenschen mit ihren alltäglichen und libidinösen Befindlichkeiten, die gerade deshalb eine Erziehung zum Durchschnittsmenschen nicht mehr nötig haben. Und auch deren Zuschauer, anscheinend mit der Macht des Kontrolleurs ausgestattet, sind zudem eher ihr Spiegelbild, lechzend nach Wiedererkennung. Somit ist der Big Brother-Container kein Glaspalast, sondern ein Spiegelkabinett, das auch gar kein Privatleben in der Öffentlichkeit vorführt, sondern im Sinne der Selbstbespiegelung einen Austausch von privat zu privat (von Wohnzimmer zu Wohnzimmer). Es handelt sich also um ein Privatgefängnis, offen nur für Mitglieder.

Wahrheitsmaschine

Also alles ganz harmlos? Keineswegs. Denn das Spiel von Wahrheit und Lüge, das in der Sendung gespielt wird, ist vor allem ein Spiel vor und mit der Kamera, die als einzige unhinterfragt bleibt. Ohne Einfluß auf Bildauswahl, -abfolge und -positionierung, also auf die Inszenierung, müssen die Zuschauer die Macht an den Sender beziehungsweise die Produktionsfirma abgeben, die sich seinerseits darin gefallen können, den Automatismus von Überwachung durch visuelle Kontrolle in Gang zu halten, ohne dabei selbst allzu sehr in Erscheinung zu treten. Denn der architektonisch-geometrische Mechanismus des Panopticons bleibt sehr wohl erhalten, jedoch nicht als bauliche Formation oder durch Zuschauerbeteiligung und -kontrolle, sondern miniaturisiert in jeder einzelnen Kamera, die vorgibt, den Menschen so zu zeigen, wie er ist. Der Panoptismus hat sich als Prinzip in der Kamera verselbständigt und kann in beliebigen Händen beliebige Ziele verfolgen. Entscheidend ist die unterstellte Wahrhaftigkeit der Kamera, so dass auch die Internalisierung des Blicks erhalten bleibt, die zu bestimmten, eingefahrenen Handlungsweisen zwingt, jedoch ohne den Aspekt der Transformation durch Erziehung, da diese schon im voraus geschieht.

Das Panopticon ist ein Ort der Disziplinierung nach einem Vorbild höherer Ordnung (Abbildung 7), der Big Brother-Container scheint einer der Lust an der Selbstbespiegelung zu sein, weil

Abbildung 7: N. P. Harou-Romain, Pläne für Strafanstalten, 1840. Ein Häftling verrichtet in seiner Zelle sein Gebet vor dem zentralen Überwachungsturm.
Abbildung 8: Virtueller Trimm-Dich-Pfad, ein Beispiel aus der Zukunftsstudie „La Casa Prossima Futura" von Philips-Design, Eindhoven, 1999.

gemäß der von Rosselini geäußerten Idee einer Gleichberechtigung vor dem Bild eher eine Art Komplizenschaft zwischen Zuschauern und Teilnehmern besteht, von der vermeintlich neutralen Kamera vermittelt. Gleichwohl gibt es eine Hierarchie zwischen innen und außen, jedoch nicht zwischen einer privaten Fernsehwohngemeinschaft und *der* Öffentlichkeit, sondern zwischen allen, die an der Sendung teilnehmen (Zuschauer und Akteure) und der Kamera oder irgendeinem elektronischen Pendant als unbarmherzigem Richter. „Die Kamera liebt dich" heißt, sie versteht dich. Das Gegenteil wagt man nicht zu denken. Vor diesem Richter paßt sich der Mensch ständig an, kontrolliert sich beständig selbst (Abbildung 8). Und wo dieser Panoptismus sich als Lebensprinzip verselbständigt hat, muß der Staat nicht mehr eingreifen, genauso wenig muß man sich im Zeitalter von Körper- und Psychodesign allzuviele Gedanken um die Gestaltung von Lebensumgebungen machen, denn so viel Bereitschaft zur Flexibilität und zur Selbstkontrolle war noch nie. Und über allem wacht der technisch vermittelte Blick als Symbol für eine Sichtweise, die keine Vorurteile, keine Interessen, keine Leidenschaften kennt.
Um aber diese Sichtweise doch noch zu unterlaufen, sei am Ende ein Zitat über die Arbeit des Filmemachers beigefügt, das die Gegenthese zu der von Rosselini darstellt. Über seinen Film „Rear Window" (Das Fenster zum Hof) erläutert Alfred Hitchcock das Thema des Voyeurs: „Genau so nehmen wir eine Großaufnahme von James Stewart. Er schaut zum Fenster hinaus und sieht zum Beispiel ein Hündchen, das in einem Korb in den Hof hinuntergetragen wird. Wieder Stewart, er lächelt. Jetzt zeigt man anstelle des Hündchens, das im Korb nach unten getragen wird, ein nacktes Mädchen, das sich vor einem offenen Fenster dreht und wendet. Man nimmt wieder dieselbe lächelnde Großaufnahme von James Stewart, und jetzt sieht er aus wie ein alter Lüstling."[6]
Aus diesem Zitat lassen sich folgende Schlußfolgerungen ziehen. Erstens: der Kontext eines Bildes verändert dessen Bedeutung. Den unbestechlichen Blick der Kamera gibt es somit nicht. Zweitens: Alleine die technische Disposition „Sehen ohne Gesehen-Werden" beziehungsweise „Gesehen-Werden ohne zu Sehen" erzeugt den Voyeur, nicht die Anstößigkeit der Szene. Die Gleichberechtigung oder auch Kaltblütigkeit der Zuschauer gibt es demnach auch nicht. Doch dürfte es wohl noch Zeit und Mühe in Anspruch nehmen, den Status einer Kamera, also des panoptischen Verfahrens als Grundlage moderner Stadtplanung genauso wie populärer Unterhaltungssendungen, so zu hinterfragen, dass sie als intentionales Instrument für bestimmte Zwecke selber sichtbar wird.

6] François Truffaut, Mr. Hitchcock, wie haben Sie das gemacht?, München, 1995, S. 211.

Tom Holert

Tabula Plaza

Landschaft ist eine Konvention des Wahrnehmens und des Darstellens. Sie bildet eine Kategorie, einen Typ von Visualität. Damit gehört sie der ästhetischen Sphäre an. Seitdem in den Künsten ein Code des Landschaftlichen entstanden ist, differenzierten sich klassische, heroische, idyllische, romantische Landschaften heraus. Zu dieser kunstakademischen (und kunsthändlerischen) Typologie kamen im Laufe der Zeit weitere Landschaftssorten hinzu: Stadtlandschaften, Konsumlandschaften, „blühende Landschaften", *mediascapes, e-scapes, noisescapes* und so weiter. Jeder dieser Landschaftstypen ist mit spezifischen Wirkungen oder Stimmungen assoziiert, mit codierbaren Erwartungen verbunden. „Landschaft" bezeichnet das poetisch geregelte Verhältnis des modernen Subjekts zur (ersten und zweiten) Natur, sie ist Pendant der wissenschaftlich-technologischen Naturbeherrschung und Naturverwandlung.[1]

Der Blick der Individuen und Institutionen prägt der Welt die „landschaftlichen" Physiognomien ein. Zugleich wird angenommen, dass deren Anblick auf die Psychologien der betrachtenden Personen zurückgespiegelt werde. Insofern die Subjektpositionen gesellschaftlich bedingt sind, ist die poetische Konstruktion „Landschaft" auch ein Produkt sozialer Verhältnisse. Mit anderen, altmodischen Worten: Der Klassenstandpunkt entscheidet wesentlich über den Modus der ästhetischen und instrumentellen Verfügung über „Natur".

Hier kommt die Metapher der „politischen Landschaft" ins Spiel. Bekanntlich wird sie aber zumeist anders verwendet, als Sprachbild für die parlamentarische und außerparlamentarische Topographie der politischen Parteien und Gruppierungen. Mit Martin Warnkes Studie über die *Politische Landschaft* wurde das Bedeutungsspektrum der Metapher erweitert. Die Kunstgeschichte erkannte hier das enge Verhältnis zwischen künstlerischen und politisch-militärischen Landschaftsbildern und führte damit den Begriff der „Landschaft" auf seine Ursprünge in der ästhetischen Produktion zurück.[2] Doch eine Politisierung der Diskussion um die Kategorie der „Landschaft" war damit noch nicht gegeben.

Die Verbindung der Kategorien des Politischen und des Landschaftlichen in der Metapher der „politischen Landschaft" verweist auf Aspekte eines parasitären Verhältnisses, die eine solche (Re-)Politisierung unumgänglich zu machen scheinen. Offenbar können beide von der Nähe des anderen profitieren. Das Politische befindet sich sogar in einer manifesten Krise. Der offiziellen Ideologie zufolge sei die Epoche des „Post-Politischen" angebrochen, schreibt Slavoj Zizek. An die Stelle von „‚unreifen' politischen Leidenschaften" ist ein „postideologisches ‚reifes' pragmatisches Universum der rationalen Administration und des über Verhandlungen erzielten Konsenses" getreten, „ein von utopischen Anstößen (Impulsen) freies Universum, in dem die leidenschaftslose Verwaltung der sozialen Angelegenheiten Hand in Hand geht mit ästhetisiertem Hedonismus."[3] Dieser Ausschluss des Politischen wird camoufliert durch eine Reihe von Pseudo-Politiken, in denen Politik auf paradoxe Weise depolitisiert wird, um ein trügerisches Politisches jenseits demokratischer Verhältnisse zu begründen.[4]

Ein Symptom dieses ausgeschlossenen Politischen ist seine permanente Rückkehr in der pervertierten Gestalt rassistischer Gewaltakte und kriegerischer Auseinandersetzungen. Analog wird die politische Auseinandersetzung ersetzt durch die polizeiliche Kontrolle der von der Politik erfolgreich bereinigten sozialen Räume. So ergeben sich Ensembles von Rest-Bildern des Politischen. In ihnen wird die „politische Landschaft" der Gegenwart repräsentiert mit Hilfe von Überwachungskameras und Kriminalitätsstatistiken, von aktuellen Fernsehbildern des zerstörten Grosny und historischen Fotografien von Frankfurter Straßenkämpfern. Diese Bildquellen und Bildträger müssen vor dem Hintergrund der institutionellen Produktion von Vorurteilsstrukturen, identitären Mustern, Definitionen des „Anderen", Vorstellungen von Normalität und so weiter betrachtet werden. Denn ihre spezifischen Einsätze fußen auf einem breitgestreuten System von Stereotypen.

Die diskursiv erzeugten und visuell (re)präsentierten Zeugnisse einer auf Gewalt gebrachten Politik unterfüttern eine weitreichende „Kultur der Angst", mit der zunehmend auch eine „Architektur der Angst" korrespondiert.[5] Vor den Auswüchsen der Politik flüchten diejenigen, die es sich leisten können, in die Zitadellenarchitekturen privatisierter und bewachter Räume. Retortenstädte wie Disneys Celebration oder das holländische Almere, ClubMed-Anlagen oder die *gated communities* der Globalisierungselite gelten als Modelle einer weltweiten Sicherheitstopografie. Die neoliberale Stadtentwicklung mit ihrer „angebotsorientierte[n] Wohnstandortspolitik für eigentumsfähige Haushalte" befördert im Gegenzug – gewissermaßen als Komplement zum Ausschluss des Politischen – eine polizeiliche Politik der Ausschlüsse.[6]

1], 2], 3] Vgl. grundlegend nach wie vor: Joachim Ritter, Landschaft. Zur Funktion des Ästhetischen in der modernen Gesellschaft [1963], in: Joachim Ritter, Subjektivität. Sechs Aufsätze, Frankfurt am Main: Suhrkamp, 1974, S. 141–164, 172–190. Die programmatische „Verwebung zwischen Subjektgeschichte und Naturgeschichte" betreibt Hartmut Böhme, Natur und Subjekt, Frankfurt am Main: Suhrkamp, 1988.

4] Martin Warnke, Politische Landschaft. Zur Kunstgeschichte der Natur, München: Hanser, 1992.

5] Slavoj Zizek, Liebe deinen Nächsten? Nein, Danke! Die Sackgasse des Sozialen in der Postmoderne, a. d. Englischen v. Nikolaus G. Schneider, Berlin: Volk & Welt, 1999, S. 17f.

6] Vgl. Slavoj Zizek, The Post-Political Denkverbot [1998], in: Bojana Pejic, David Elliott (Hg.), After the Wall. Art and Culture on Post-Communist Europe, Bd. I, Stockholm: Moderna Museet, 1999, S. 92–95.

Vor diesem Hintergrund von „Landschaft“ zu sprechen, scheint obszön. Der Begriff eröffnet das Repertoire des Ästhetischen und der Ästhetisierung. Soll das dramatische Wechselspiel aus Verteilungskämpfen, Kriminalisierungsdiskursen und kapitalistischer Vernichtung von Öffentlichkeit (zugunsten von Entitäten mit Titeln wie „the public©“[7]) durch den Rekurs auf das Landschaftliche befriedet werden? Als kritische oder nur analytische Kategorie ist „Landschaft“ jedenfalls unbrauchbar. Dafür macht man mit diesem Begriff die gesellschaftlichen Verhältnisse bildgerecht. Auf suggestive Weise dient er der Veranschaulichung – wahlweise dramatisierend oder harmonisierend. Wo die Städte nicht mehr in der Lage sind, ein gestalthaftes „Bild“ der Urbanität abzugeben, mithin Kevin Lynchs „imageability“ nachzuweisen,[8] muss man sich den Genuss am Stadtbild über dessen Umwandlung in ein Landschaftsbild verschaffen. Und der geübte landschaftliche Blick erlaubt zudem, von äußerer zu innerer Landschaft überzugehen, von „landscape“ zu „scapeland“.[9]

Dieses visuell-suggestive Potential mag zum Erfolg und zur Verführungskraft des Landschaftsbegriffs beitragen. Sein Einsatz ist entsprechend inflationär. Winy Maas, ein Mitglied der holländischen Architektengruppe MvRdV, stöhnte bereits 1995: “The word ‘landscape’ has so much zipped into the recent architectural discourse, that it is even more often used than Americans use the word ‘fuck’. Landscape emerges as the solution in times when architecture and urbanism are losing out on significance.”[10] Mit dem Einsatz von „Landschaft“ wird also Krisenmanagement betrieben. Sie ist Lückenbüßerin, eine Notlösung, aber vielleicht eine nachhaltige und deshalb willkommene.

Bekanntlich hat die hier durchklingende Skepsis MvRdV nicht davon abgehalten, den niederländischen Pavillon auf der Expo 2000 als Landschaftsstapel zu entwerfen. Eine musterschauartige Typologie des Landschaftlichen, die sich der Qualitäten der Idyllik ebenso bediente wie der Vorstellungen von architektonischer Sandwich-Schichtung zur Erzielung größtmöglicher urbaner Dichte.

Der MvRdV-Pavillon wurde vom Expo-Publikum begeistert angenommen. In langen Schlangen warteten die Besucherinnen und Besucher geduldig auf den Einlass. Der Mix aus Öko-Utopie und utopischem Urbanismus im Zeichen des Landschaftlichen schien einen Nerv getroffen zu haben. Vielleicht war es die Aussicht auf die vollkommene Autonomie einer Naturstadt, die alles Äußere ins Innere verlegt, den Stadt/Land-Gegensatz endgültig aufhebt und damit auch die Auseinandersetzung mit der Außenwelt und den „Anderen“ erübrigt. Der Wunsch nach der Verpuppung in einem funktional-artifiziellen Natur-Environment erscheint jedenfalls erklärungsbedürftig. Zumal das architektonische Angebot von MvRdV den traditionellen Behutsamkeiten „ökologischen“

Bauens entsagt. Die Stapellandschaft beeindruckt durch ihre Monumentalität, nicht durch Gesten der Sensibilität. In einem Anflug von Megalomanie, wie sie seit Rem Koolhaas in Mode ist, wird die Natur als zweite, als gemachte Natur inszeniert.

Trotz der hohen Besucherzahlen im MvRdV-Pavillon bildete diese Natur-Architektur keinen öffentlichen Raum, etwa in der Weise, wie öffentliche Parks diesen Begriff (mal mehr, mal weniger) verdienen. MvRdV setzen ohnehin keine Hoffnungen in das Konzept des „public space“. Der öffentliche Raum habe aufgehört zu existieren, an seine Stelle sei ein „Kontinuum der Innenräume“ getreten.[11] So verfließen Privates und Öffentliches ineinander, und die Trauer über den verlorenen städtischen Raum der Begegnung der „Öffentlichkeit“ hält sich in Grenzen.

An diesem Punkt kann die Verbindung des Landschaftlichen mit dem Politischen in der Metapher der „politischen Landschaft“ weiterhelfen. Denn sie zwingt zur Suche nach dem vermeintlich Ausgeschlossenen und Depotenzierten wo es am wenigsten vermutet wird: in den Seelenlandschaften und Interieurs, in den privaten Bildwelten und subjektiven Naturverhältnissen. Wo sollen hier die Antagonismen ausgetragen werden, das agonale Gegeneinander stattfinden, die sowohl das Politische als auch die „öffentliche Sphäre“ kennzeichnen? Und was ist mit der verbliebenen äußeren Natur? Ist nicht die Natur schon immer, zumal in ihren neuesten, denaturiert-hypernatürlichen Aggregatzuständen, als superkünstliche „replascape“ der Konsumlandschaften[12] vermeintlich weit entfernt von jeder Regung des Politischen? Antwort: Nur dann, wenn man die Existenz des „Politischen“ von der Existenz eines geregelten öffentlichen Diskurses abhängig macht.

Die Negation, die Verabschiedung, die „Evakuierung“ des öffentlichen Raums stehen im Zentrum des Denkens von Rem Koolhaas, dem Ziehvater der MvRdV-Verdichtungsmatadore. Wenn ganze Städte ihre Identität an Disney oder Guggenheim verkaufen, findet eine Transformation statt: „Statt *öffentlichem Leben: öffentlicher Raum*™ – das ist alles, was bleibt, sobald das Unvorhersehbare abgeschafft worden ist.“[13] Doch das Ende des „public realm“ der traditionellen demokratischen Ordnung ist für Koolhaas nicht gleichbedeutend mit dem Ende des Politischen. Vielleicht unterscheidet ihn die Nostalgie nach dem „Unvorhersehbaren“ auch von seinen Nachfolgern. Koolhaas’ Konzept der „Bigness“, dieser Formel für die nach-architektonische, nach-urbane Ära, in der Entwurf und Planung eine nie gekannte Gewalt über die städtische Textur ausüben sollen, sieht zwar Abschaffung des öffentlichen Raums vor, verheißt aber „neue Wege, das Kollektiv aufzunehmen.“ In einem Interview von 1994 heißt es: “Bigness takes over some of the serious and displaced responsibilities. The public realm is now a forest of elevations.”[14]

7| Vgl. Barry Glassner, The Culture of Fear, New York: Basic, 1999 und Nan Ellin (Hg.), Architecture of Fear, New York: Princeton Architectural Press, 1997.

8| Vgl. Klaus Ronneberger, Stephan Lanz, Walther Jahn, Die Stadt als Beute, Bonn: Dietz, 1999.

9| So geschehen im Entwurf des von Rem Koolhaas und OMA konzipierten „Blok 6“ in der „Dutchtown“ Almere (vgl. Jochen Becker, the public©, in: springerin. Hefte für Gegenwartskunst, Bd. VI, H. 1, April–Juni 2000, S. 32–36).

10| Vgl. Kevin Lynch, The Image of the City, Cambridge, MA: MIT Press, 1960, S. 9: "[...] imageability: that quality in a hysical object which gives it a high probability of evoking a strong image in any given observer."

11| Vgl. Anthony Vidler, Warped Space. Art, Architecture, and Anxiety in Modern Culture, Cambridge, MA/London: MIT Press, 2000, S. 205.

12| Winy Maas, Landscape [1995], in: MVRDV, FARMAX. Excursions on Density, Rotterdam: 010, 1998, S. 96.

13| Vgl. Winy Maas, The Continuous Interior [1996], in: ebd., S. 651–653.

14| Vgl. Harvard Project on the City, Shopping, in: Rem Koolhas u.a., Mutations, Bordeaux/Barcelona: arc en rêve centre d'architecture/ACTAR, 2000, S. 142.

Die Natur-Metapher vom „Wald“ der vertikalen (Bau-)Bewegungen ist so frivol wie alles in Koolhaas’ post-nietzscheanischer und dabei so gepflegter Raserei. Aber die Natur nach dem Ende der modernistischen Urbanität ist für Koolhaas auch der Ort jener unverwaltbaren, unvorhersehbaren politischen Energien, von denen er nicht absehen kann. Vielleicht aus Gründen, die mit seiner Zugehörigkeit zu jener sogenannten 68er-Generation zu tun haben, die augenblicklich (Anfang 2001) wieder einmal so sehr im Gespräch ist. In seinen Texten zur „Generic City“ charakterisiert Rem Koolhaas einen Stadttypus, den er exemplarisch mit radikalen urbanen Neuschöpfungen wie Singapur verbindet. Aber über diesen konkreten Fall hinaus entspricht die „Generische Stadt“ bei Koolhaas einer allgemeineren Idee von der Stadt ohne Gesicht und ohne Geschichte. Diese Stadt kann ständig neu erfunden werden, ohne dass jemandem darüber Rechenschaft geschuldet wäre. Sie ist keinen herkömmlichen Beschreibungen zugänglich, weil sie sie keine Regelmäßigkeit und keine Messbarkeit aufweist. Sie entzieht sich der Lesbarkeit und der Bildlichkeit, und enttäuscht jedes Begehren nach Authentizität. Wohin hat sich hier das Politische begeben? Koolhaas demonstriert einen überraschenden Romantizismus der Landschaft-nach-der-Landschaft. Gerade weil die „Generische Stadt“ in höchstem Maße inorganisch sei, entstehe ein mächtiger Mythos des Organischen. “(...) the crust of its civilization is so thin, and through its immanent tropicality, the vegetal is transformed into *Edenic* Residue (...) a hybrid of politics and landscape.”[15] In die tropische Vegetation flüchteten sich einerseits das Illegale und Unkontrollierbare, andererseits sei sie der Gegenstand endloser Manipulationen.

So typisch unspezifisch diese Behauptungen bleiben und so wenig sie – wie nie bei Koolhaas – die Widersprüchlichkeiten und Gegenläufigkeiten des Sozialen in seiner Empirie berücksichtigen, so deutet sich hier ein subversiver Landschaftsbegriff an, den man in dieser Form kaum erwartet hätte. Allerdings verbirgt sich das Interesse für den „Hybrid aus Politik und Landschaft“ in der „Generischen Stadt“ auch hinter wuchtigeren Denkfiguren: “Each Generic City is a petri dish – or an infinitely patient blackboard on which almost any hypothesis can be ‘proven’ and then erased, never again to reverberate in the minds of its authors or its audience.”[16] Es ist dieser Brutalismus den die Koolhaas-Fans so lieben. Die Stadt als Petri-Schale oder Schreibfläche – ist das der Traum vom urbanistischen Experimentierfeld, auf dem alles möglich ist, ohne dass die Konsequenzen des Herumprobierens gefürchtet werden müssten? Der Traum also von der Macht der urbanistischen Verfügungsgewalt? Oder vielmehr das resignierte Eingeständnis des Architekten und Stadtplaners, dass sein Wirken zur Folgenlosigkeit verdammt ist?

Ob Rem Koolhaas mit seiner Beschwörung der geduldigen „Generischen Stadt" eher eine Utopie oder eher ein Menetekel entworfen hat, lässt sich kaum mit Sicherheit behaupten. Die wesenhafte Ambiguität des retroaktiven urbanistischen Manifests, einer Textsorte, die Koolhaas seit seinem Buch *Delirious New York* von 1978 im Alleingang entwickelt hat, hält die Entscheidung zwischen „kritisch" und „affirmativ" in der Schwebe – wobei beide Positionen von Koolhaas niemals reklamiert würden. Er befindet sich mit seinem Denken in einer Zone jenseits der herkömmlichen Dualismen, wenn auch ein dialektischer Zug nicht ganz von der Hand zu weisen ist. Die Fabel von der Stadt, die alles Historische abstreift, um sich widerstandslos den Kräften einer planlosen kapitalistischen Stadtentwicklung zu ergeben und dabei zugleich naturgleiche Selbstverständlichkeit zu entwickeln, souffliert ihrem Gegenstand den Text einer Selbstbeschreibung. Sie funktioniert wie eine Psychoanalyse, und sie verweigert den Lesenden alle Moral und jedes humanistische Engagement. Das mag spekulativ, ja ungeheuerlich anmuten. Aber es ist nicht unpolitisch.

In Koolhaas' 1345 Seiten schwerer Selbstdarstellung *S, M L, XL* von 1995 wird der Text über „The Generic City" u.a. ergänzt durch den langen Essay „Singapore Songlines. Portrait of a Potemkin Metropolis... or Thirty Years of Tabula Rasa" und die Dokumentation des Beitrags zum Wettbewerb um die Erweiterung von La Défense in Paris von 1991 (Titel: „Tabula Rasa Revisited"). Alle diese Texte kreisen um den Gedanken des Neuanfangs jenseits modernistischer Ideen von Fortschritt und Zukünftigkeit. Negiert wird das Ordnungsdenken der Planer und Architekten, abgelehnt werden auch alle Verpflichtungen auf Dauer und Gewachsenheit.

Koolhaas weigert sich, eine urbane Textur nur deshalb bewahrenswert zu finden, weil sie existiert. "How many of these buildings deserve eternal life?", fragt er in seinem Text zum La-Défense-Projekt. Und er fragt auch deshalb, weil er weiß: "This question is essentially forbidden in Europe, where urban context is assumed to be something that should be preserved and respected, not destroyed."[17]

Koolhaas schränkt ein, dass ein derartiges konservatorisches Denken in vielen Fällen durchaus seine Berechtigung habe. Aber sein Ziel bleibt im Kern anti-konservatorisch. So schlug er 1991 vor, alle Gebäude des betroffenen Stadtgebiets, die älter als 25 Jahre sind und keinen Denkmalswert besitzen, zu entfernen. "But the notion of a new beginning – starting from scratch, the tabula rasa – had been taboo ever since Le Corbusier's brutal attempt with the Plan Voisin to scrape everything away at once."[18]

Das Bild der „tabula rasa" ist allerdings nicht nur ein Tabu, sondern hat sich längst als Fetisch der neoliberalen, deregulierten, flexibilisierten Gegenwart etabliert, die zu einem nicht geringen Anteil von Leuten aus Koolhaas' Generation ökonomisch und poli-

15] Rem Koolhaas, Junk-Space, in: Arch+. Zeitschrift für Architektur und Städtebau, 149/150, April 2000, S. 55–59, hier: 58.
16] Thinking Big. John Rajchman talks with Rem Koolhaas, in: Artforum, Bd. 33, Nr. 4, Dezember 1994, S. 46–55, 99, 102, hier: 102.
17] Rem Koolhaas, The Generic City [1994], in: O.M.A., Rem Koolhaas, Bruce Mau, S, M, L, XL, Rotterdam: 010, 1995, S. 1253.
18] Ebd., S. 1255.

tisch regiert wird. Nichts scheint derzeit verführerischer als die Vorstellung vom freien Feld. Das weiße Blatt der Planer, auf dem souverän Eintragungen vorgenommen werden können, ist eigentlich ein modernistisches Paradigma. Aber die postmodernen Ideologen der Neuen Mitte haben Gefallen daran gefunden. Denn es erlaubt, das Neue nicht nur zu denken, sondern auch durchzusetzen. Und für nichts begeistert sich der Kapitalismus mehr als für die Durchsetzung seiner Ziele.

Gerhard Schröder, Tony Blair und andere haben aufgepasst und fördern das pragmatische Vergessen. Geschichte und Genealogien behindern die Dynamik der permanenten Neuerfindung, die allein Märkte schafft und Innovationen erzwingt. So verlangt die angestrebte posthistorische „Normalität" nach gründlichen Ab- und Aufräumarbeiten. Selbst dann, wenn so exzessiv erinnert wird wie im Januar 2001, als 1968 und die Folgen auf dem Debattenprogramm standen, operiert eine Logik der Entsorgung: „an '68" sollte mitnichten erinnert, sondern es sollte als gesellschaftliche Störquelle endgültig aus dem Gedächtnis der Berliner Republik gestrichen werden. Zwar versuchen sich Einzelne noch an autobiografischen Spezifizierungen des individuellen Scheiterns an den eigenen (aber Gott sei dank vergangenen) Verbohrtheiten. Das steigert dann bisweilen die Detailgenauigkeit in der Rekonstruktion. Aber es nimmt den historischen Ereignissen die Tragweite, die sie in der Gegenwart fortwirken ließe. Statt dessen wird das Datum in Zukunft mediengerecht (und „landschaftlich") re-formatiert: als History-Themenpark in TV-Dokufictions, Faction-Dramas und prächtigen Coffeetable-Bildbänden.

Synchron zum Erinnerungsexzess um „'68" an der Jahreswende 2000/2001 wurde die Hysterie um die Rinderkrankheit BSE zum Anlass für massive „Marktbereinigungen". Der Tod vieler zehntausend Rinder sollte den Neustart der tierhaltenden Landwirtschaft ermöglichen und die Bevölkerung der Industrienationen aus ihrem Ernährungstrauma befreien. Die industrialisierte Landwirtschaft, die zur Entstehung von BSE geführt hatte, fand ihre Erfüllung in einer massenhaften Tötung. Vereinzelt wurden Tierschützerstimmen laut, und natürlich gingen die Bauern auf die Straße. Doch ansonsten wurde diesem Herdensterben eher unbeteiligt beigewohnt. Etwa zeitgleich wurde diskutiert, wie das therapeutische Stammzellen-Cloning gegen alle ethischen Bedenken durchsetzbar wäre. Auch hier erschallt der Ruf nach freier Bahn und freien Petri-Schalen. Und der gesellschaftliche, ökonomische und politische Mainstream gibt sich alle Mühe, diesem Ruf nach „Freiheit" Folge zu leisten.

Die Figur der „tabula rasa" entstammt der Rhetorik der Revolution. Der politische und soziale Neuanfang machte die Entfernung der alten Ordnung unabdingbar. Auch wenn Koolhaas den verantwortungsfreien und loyalitätslosen „Zustand des post-revolutionären Glotzens“ empfiehlt,[19] bewegt er sich mit seinem postethischen Skandaldiskurs auf der Linie einer Revolutionsrhetorik, die längst in das Vokabular des Neoliberalismus übergegangen ist. Mit Stumpf und Stiel ausrotten, das Übel an der Wurzel packen, den Weg bahnen für die ungehinderte Entfaltung der Kräfte des Marktes. So entstehen neue politische Landschaften.

„Gegenwärtig (...) ist das Denken mehr denn je von etwas befallen, was man mit der Formel ‚Die Nerven liegen blank‘ charakterisieren könnte. Es gibt eine starke Versuchung, das Althergebrachte und vielleicht Bewährte einfach wegzuwerfen. Die Medien jedenfalls bombardieren uns mit solchen Appellen: Wenn wir überleben wollen, müssen wir unsere grundlegenden Vorstellungen von Identität, Gesellschaft, Natur et cetera verändern.“[20] Slavoj Zizeks Vorschlag aus dieser Diagnose besteht gewissermaßen in der Überbietung der Neuanfangshysterie und Geschichtsvergessenheit. Er verlangt nach dem „radikalen Akt“, der den Ausstieg aus dem politisch-ökonomischen System vermeintlicher Freizügigkeiten und Innovationsbedingungen eröffnet. Wie Koolhaas ist Zizek erklärter Antiliberaler. Doch sind die autoritären philosophischen Gesten der beiden nicht zu verwechseln.

Denn es ist weniger der „radikale Akt“, nach dem es Zizek verlangt, als sein Hinweis auf die Figur der „blank liegenden“ Nerven im Denken der Gegenwart, der an den Tabula-Rasa-Diskurs der neomodernistischen Stadtplaner von EuraLille, Almere und vom Potsdamer Platz erinnert. Die begeisterte Produktion von Junk-Space und Bigness-Szenarien, die einmal so bilderstürmerisch auf die Urbanitätsvorstellungen der um Stadtteilkultur besorgten Sozialdemokraten der 70er-Jahre reagieren sollte, ist inzwischen bildfähig geworden. Ihre Stadt-Landschaften des „Glamours der Verletzung“, wie sich Koolhaas einmal bewundernd über die „Anarchitecture“ des Künstlers Gordon Matta-Clark äußerte,[21] gehören jetzt zum Umwälzungs-Repertoire all der Zeitgenossen mit blank liegenden Nerven. Das bevorzugte Landschaftsbild dieses Denkens forcierter Amnesie: eine jungfräuliche Schneelandschaft.

19] Rem Koolhaas, Tabula Rasa Revisited [1991], in: S, M, L, XL, S. 1099.
20] Ebd., S. 1103.
21] Koolhaas, Junk-Space, S. 58.

Bart Lootsma

Medien und Mobilität: eine Landschaft der multiplen Unterschiede

Eskimos haben viele verschiedene Wörter für Schnee und im Isländischen gibt es verschiedene Bezeichnungen für Landschaftselemente, die für Fremde auf Anhieb gar nicht zu unterscheiden sind. Reden wir hingegen über die Stadt, neigen wir zu einem sehr begrenzten Vokabular. Viele Autoren, von Guy Debord bis Rem Koolhaas, sprechen von einer weltweiten Vereinheitlichung und Banalisierung der Räume. Auf den ersten Blick mag dies wenig verwunderlich erscheinen, bedenken wir, dass sich in den letzten Jahrzehnten Städte in ausgedehnte Siedlungslandschaften verwandelt haben, in denen heute über die Hälfte der Weltbevölkerung lebt. Dennoch ist die Stadt mehr als je zuvor ein Netzwerk von Netzwerken. Sie besteht nicht nur aus statischen Verkehrs-, Trink- und Abwassereinrichtungen, die von gleichförmigen und unveränderlichen Gemeinschaften bevölkert werden. Sie besteht auch aus einer nahezu unbegrenzten Zahl von weiteren Netzwerken, die ständig interferieren, sich verändern und eine noch größere Zahl von Lebensstilen und Subkulturen entstehen lassen. Dies beeinflusst fraglos Gebrauch und Verständnis dessen, was wir als Öffentlichen Raum zu bezeichnen gewohnt sind. Es handelt sich dabei nicht zwangsläufig auch weiterhin um einen Raum, in dem sich jedermann begegnet. Die von verschiedenen Lebensstilen und Subkulturen in der städtischen Landschaft verursachten Veränderungen und Anpassungen treten auch nicht zwingend als neue Quartiere oder Typologien in Erscheinung. Die relativ geringe Größe und der flüchtige Charakter von Subkulturen lässt sie nach Nischen im urbanen Geflecht suchen. Das Phänomen einer nie gekannten individuellen Mobilität erlaubt den Menschen große Distanzen zurückzulegen und die Orte ihrer Wahl gezielt aufzusuchen. Sie wissen von diesen Orten, weil sie davon durch geeignete Medien erfahren haben: sie hat jemand angerufen, sie haben es im Radio gehört, in der Zeitung oder im Internet gelesen oder sie haben es im Fernsehen gesehen. Auch das Leben auf dem Land unterliegt so dem Einfluss städtischer Lebensformen und Kulturen.

In einem von der Stadt Houston inspirierten Artikel führt Lars Lerup den Begriff ‚Dross' ein, um die ausgedehnte Siedlungslandschaft zu charakterisieren. ‚Dross' ist die bei der Metallverhüttung entstehende Schlacke und bezeichnet allgemein wertlose Dinge. Selbstredend versteht Lerup, in Übereinstimmung mit Debord und Koolhaas, den Großteil der urbanen Landschaft als ‚Dross'. Für ihn sind jedoch die ‚Stims' entscheidend, die aus dem ‚Dross' hervorgehen. ‚Stims' ist ein Begriff, den Lerup aus den Science-Fiction Romanen von William Gibson entliehen hat, wo sie eine virtuelle Version von Fernseh-Soaps bezeichen, an denen der Zuschauer aktiv beteiligt ist. Lerup verwendet den Begriff, im Sinne der Konnotation „Stimmung" [im Original dt. – Anm. des Übers.], für die unerwarteten und oft unwahrscheinlichen Orte, an denen sich kleine Gruppen von Personen treffen und mit technischen Mitteln entsprechend ihrer Vorlieben verändern. Es ist der Widerhall dieser ‚Stims' in den Kommunikationskanälen, der die Menschen in geradezu situationistischer Manier zu ungeordneten Bewegungen durch die Stadt veranlasst.[1]

Während der letzten fünf Jahre haben verschiedene Partizipanten des Berlage Instituts – Sofia Vyzoviti, Penelope Dean, Peter Trummer, Giuseppe Mantia, Karl Ammann, Doris Zoller, Bas Princen and Jan Kapsenberg – die stadträumlichen und architektonischen Folgen der Wechselwirkungen von Kommunikationsmedien und individueller Mobilität untersucht.[2]

Radical Derive

Die Fotografien von Bas Princen zeigen Landschaften, die auf den ersten Blick denkbar gewöhnlich erscheinen. Es sind typisch niederländische Landschaften: vorwiegend flach und künstlich warten sie scheinbar nur auf ihre bauliche oder anderweitig ökonomische Verwertung.

Es sind jedoch gerade diese offenbar gottverlassenen Gegenden in der städtischen Peripherie, die aufgrund ihrer vollständigen Bedeutungslosigkeit bestimmten Gruppen bestimmte Möglichkeiten eröffnen. Sie machen sich diese für Aktivitäten zu eigen, die an anderer Stelle keinen Platz finden oder nicht toleriert werden. Es sind im wesentlichen Freizeitaktivitäten, die sich durch Nutz-

1] Lars Lerup, Stim & Dross: Rethinking the Metropolis, Assemblage 25, 1994; siehe für weiterführende Interpretation von Lerups Text auch in : Bart Lootsma, The New Landscape, in: Mutations, Arc en Rêve, Bordeaux/ACTAR, Barcelona, 2000.

2] Siehe unter anderem: Bart Lootsma/Dick Rijken, Media and Architecture, VPRO/Berlage Institute, Hilversum/Amsterdam, 1998; Sofia Vyzoviti, Technostim, Daidalos 68, Juni 1998. Constructing Atmoshperes; Penelope Dean, Bubble, at Home in Modernity Two, Berlage Institute, Amsterdam, 1997. Peter Trummer/Penelope Dean, Time Sharing Urbanism, Daidalos 69/70, Dezember 1998/Januar 1999. The Need for Research, auch veröffentlicht in OASE 53–2000. Jan Kapsenberg, Erotic Manoeuvres, Transforming Zumthors Thermal Bath in Vals, Daidalos 69/70, Dezember 1998/Januar 1999. The Need for Research; Bart Lootsma, Erotic Maneuvers, Jan Kapsenbergs Research into Gay Software, HUNCH 2, 2000. Karl Ammann/Giuseppe Mantia, no w here, Recommendations for the Analysis of urban Reality, Daidalos 69/70, Dezember 1998/Januar 1999. The Need for Research; Giuseppe Mantia, Multiple Programming, Daidalos 72, Juli 1999. Bart Lootsma, A Radical Ramble, On the work of Bas Princen, Architektur Aktuell 240, April 2000.

losigkeit auszeichnen: Camping, Sport, ein Motorboot umherjagen, mit einem Jeep durch den Schlamm fahren, spazierengehen, eine kurze sonntägliche Pause zwischen hier und dort, zielloses Umherstreunen und vor allem: Nichtstun. Gleichgültig, ob die Menschen in den Fotografien von Bas Princen nun gerade nichts tun oder umherfahren, sie sind stets sehr intensiv damit beschäftigt. Das Selbstverständnis mit dem sie die Landschaft in Anspruch nehmen, gleicht dem von Hausbesetzern. Vielleicht ist die unglaubliche Vitalität, die sie ausstrahlen, mit der Leere ihrer Umgebung verbunden. Um ihre Spuren und Hinterlassenschaften verschwinden zu lassen bedarf es vermutlich nur eines kurzen Regenschauers.

Princen versteht sich nicht in erster Linie als Fotograf, sondern als Architekt. Seine Fotografien sind Entwürfe. In der Regel nutzen Architekten die Fotografie lediglich zu Studienzwecken – wie beispielsweise Rem Koolhaas, Stefano Boeri oder Adriaan Geuze; oder aber sie dient der Dokumentation von realisierten Projekten und der Veröffentlichung in den einschlägigen Zeitschriften. Princen vermeidet dies absichtlich. Seine Fotografien beinhalten das gesamte Projekt: sie sind Studie, Entwurf, Realisierung und Dokumentation. Princen betrachtet seine Arbeiten als Legitimierung der vorgefundenen Situation – als eine Art Readymade.

Die Strategie, mittels der Form der Repräsentation die Wahrnehmung eines bestehenden Zustandes zu verändern und so zur Lösung schwerwiegender Probleme beizutragen, ist in den Niederlanden nicht ohne Vorläufer. Lucas Verwey von Buro Schie hat mit seiner Karte der Randstad beispielsweise den Blick auf die konglomerierten Städte und Siedlungen im Westen der Niederlande nachhaltig beeinflusst. Die Darstellung als einfache Straßenkarte, ergänzt – wie auf jedem Stadtplan – von den Tages- und Nachtverbindungen der öffentlichen Verkehrsmittel, machte die Region als einen Lebensraum begreifbar, der von seinen Bewohnern schon längst als zusammenhängende Stadt genutzt wurde.

Die Arbeit von Bas Princen hat noch andere, sehr viel direktere Vorläufer. Vor allem und insbesondere ist hier Rem Koolhaas zu erwähnen. In seinem Projekt für La Villette hat er in erster Linie keine architektonischen Elemente zur Anwendung gebracht, sondern im wesentlichen das Gelände in Streifen verschiedener Aktivitäten aufgeteilt. Koolhaas ist bekannt für seine Ablehnung von Gestaltung, auch wenn er nach wie vor faszinierende Gebäude und Stadtplanungen entwirft. Seine Häuser und Pläne sind meist – möglichst nahtlose – Verlängerungen und Erweiterungen des Bodens, der Erdoberfläche. Seine gesamte Arbeit ist ein Plädoyer für „eine ‚funktionalistische' Architektur jenseits der Formen, die in Strukturen denkt, Aktivitäten auf einer Ebene nebeneinander stellt und als Katalysator neuer Kombinationen nutzt".[3]

Unter den Vorläufern sind auch die Situationisten der 50er und

3| Rem Koolhaas, The New Sobriety, in: Rem Koolhaas/OMA, ed. Jacques Lucan, Princeton Architectural Press, New York, 1991, S. 153.

Samstagnachmittag, Mai 1998, Baggersee bei Mill. © Bas Princen.

60er-Jahre, denen in der letzten Zeit verstärkte Aufmerksamkeit zuteil geworden ist. Die Art und Weise, mit der die Menschen in Princens Fotografien von der Landschaft Gebrauch machen, ist eine wahrhaftig radikale – unbewusste (?) – Form des situationistischen ‚Dérive', des ziellosen Umherschweifens. Die planlose Suche nach elementaren Erfahrungen diente den Situationisten zur Freilegung fundamentaler Aspekte städtischen Lebens, die einer übereifrigen Stadtplanung unterworfen, und von dieser vorsätzlich zugedeckt und verleugnet worden waren. Die Menschen in Princens Fotografien sind noch radikaler: sie gehen nicht nur zu Fuß, sondern legen auf der Suche nach intensiven Erfahrungen große Distanzen in ihren Autos zurück.

Constant Nieuwenhuys, ein langjähriges Mitglied der Internationalen Situationisten, prophezeite in den 60er-Jahren, dass die Menschen, sobald ihnen mehr Freizeit zur Verfügung steht, gemeinsam einen auf Mobilität und Spiel beruhenden Lebensstil entwickeln. Bei diesem Spiel werden sie alle verfügbare Technologie einsetzen, um ihre Umgebung zu gestalten.[4]

Koolhaas und die Situationisten treffen sich in den Arbeiten von Adriaan Geuze und West8 Landschaftsarchitekten. Der Geuzesche Stadtbewohner ist nicht der kreative Homo Ludens des Constant Nieuwenhuys, sondern das typische Produkt des westlichen Wohlfahrtsstaates: der eloquente, individualistische Verbraucher mit Ausbildung und gutem Einkommen, der weiß, was er will. In Geuzes Augen ist er nicht das bedauernswerte Opfer, das von Stadtplanern und Landschaftsarchitekten beschützt und in Häusern mit dezentem Grün verhätschelt werden will. Vielmehr wählt er selbstbestimmt seinen Aufenthaltsort: „Die Umwelt muss nicht immer den vermeintlichen Wünschen der Bewohner angepasst werden. ... Der Stadtbewohner ändert ständig seine Aktivitäten und Umfelder; er sucht Erholung an der Mündung der Maas und in den Alpen, entspannt sich in dunklen Gassen, fährt übers Land, schläft und arbeitet an verschiedenen Orten, hat Freunde und Familie nicht in der gleichen Straße."[5] Am Ende seines programmatischen Aufsatzes ‚Accelerating Darwin' äußert Geuze die Hoffnung, dieser neue öffentliche Raum könne seine Nutzer dahingehend beeinflussen, sich ihrer Verhaltensweisen bewusst zu werden und nicht weiter regressiv vorbestimmte Handlungen zu vollführen. „Das Thema ist nicht mehr Gestaltung, Schönheit der Proportion, Material oder Farbe, sondern die Wahrnehmung einer offenen Kultur, die von den Bewohnern der Stadt selbst geprägt ist."[6]

„Amnestie für die gebaute Realität", wie es Laurids Ortner seinerzeit gefordert hat, beschreibt sehr genau, was Bas Princen in seinen Fotografien vollzieht.[7] Diese ‚Amnestie' ist keine Abwesenheit von Kritik: es ist eine mögliche und emanzipierte Form der Kritik am Standardvokabular von Architektur und Städtebau, die deut-

4| Mark Wigley (ed.), Constants New Babylon, The Hyper-Architecture of Desire, Witte de With/010 Publishers, Rotterdam, 1998.
5| Adriaan Geuze, Wilderness, in: Anne Mie Devolder (ed.), Alexanderpolder: New Urban Frontiers, THOTH, Bussum, 1993, S. 96–105.
6| Adriaan Geuze, Accelerating Darwin, in: Gerrit Smienk (ed.) Nederlandse Landschapsarchitectuur, Tussen traditie en experiment, THOTH, Amsterdam, 1993.
7| Laurids Ortner, An amnesty for constructed reality, Forum 31–1, 1986/87.

Links: Sonntagmorgen, Juni 1998, Naturschutzgebiet De Maashorst. Rechts: Freitagnachmittag, September 1998, Militär-Flugplatz Welschap. © Bas Princen.

DARWIN
WYNDHAM
DERBY
PORT HEDLAND
CARNARVON
MEEKATHARRA
GERALDTON
KALGOORLIE
PERTH
JANDAKOT
GIBSON DESERT
ALICE SPRINGS
MOUNT ISA
CLONCURRY
CAIRNS
CHARLEVILLE
BRISBANE
BELTANA
PT. AUGUSTA
BROKEN HILL
ADELAIDE
SYDNEY
CANBERRA
MELBOURNE
HOBART
0
600 km

lich verschieden ist von der der Situationisten. Mit Blick auf den Alltag erscheint diese zwar überholt, nicht aber bezogen auf ein kapitalistisches System, das heute deutlicher denn je zu Tage tritt. Guy Debord dachte, sobald der Kapitalismus weltweit zur Anwendung käme, würde er zu einer Trivialisierung und Vereinheitlichung des Raumes führen.[8] Stattdessen hat das kapitalistische System aber auch – schneller und ganz anders als es sich Debord und seine Freunde jemals hätten träumen lassen – das Phänomen der Individualisierung vereinnahmt und in einer Weise befördert, dass seine Kritiker ihre Argumente zum wiederholten Mal absorbiert sehen.

Die Flying Doctors

Wie funktioniert ein durch Zusammenwirken von Medien und Mobilität ermöglichtes ‚Dérive' auf einer abstrakteren Ebene? Wie verändert es unseren Gebrauch der Städte und was sind in der Folge die Konsequenzen für das Entstehen neuer Städte? Werden diese Städte ganz anders aussehen und zwar weltweit? Anhand der europäischen Städte sind diese Fragen sehr schwer zu beantworten, da die Allgegenwart einer reichen Geschichte den Einfluss der Medien und somit den Blick auf das Phänomen verschleiert. Peter Trummer und Penelope Dean haben deshalb Australien als Studienobjekt gewählt.[9] Australien ist eine sehr junge Nation mit nur wenigen Spuren einer frühen Siedlungsgeschichte. Der Großteil seiner Einwohner, 70 % von 18 Millionen, lebt in einem schmalen Streifen städtischer Siedlungen entlang der Ostküste. Unser Interesse gilt den Siedlungen im Hinterland des Kontinents, wo Menschen scheinbar isoliert auf Farmen von der Größe kleinerer europäischer Staaten leben. Dennoch ist das Hinterland mit einer Stadt zu vergleichen. Traditionelle Formen der Infrastruktur wie Straßen, Eisenbahnlinien und Telefonleitungen finden sich hier weitgehend durch ein System von Flug- und Funkverbindungen ersetzt. Dies ist im wesentlichen das Verdienst des Royal Flying Doctors Service, einer Organisation, die den Bewohnern des Outback soziale und medizinische Dienste bereitstellt und sie das Leben auf dem Land mit städtischen Annehmlichkeiten verbinden lässt. Die Organisation wurde 1928 als Testprogramm gestartet, 1934 zum Australian Aerial Medical Service institutionalisiert und seit 1942 unter heutigem Namen geführt. Es ist in keiner Weise übertrieben zu behaupten, die Flying Doctors hätten die Besiedlung des Outbacks befördert und beinflusst. Während das Erscheinungsbild von New York von Untergrundbahn, Fahrstuhl und Telefon bestimmt worden ist, Los Angeles als Produkt von Auto, Telefon und Radio betrachtet werden kann, ist das australische Hinterland die Stadt der Flugzeuge und offenen Funkverbindungen. Der Service dient nicht nur der medizinischen Versor-

8| Guy Debord, The Society of the Spectacle, Zone Books, New York, 1994.
9| Peter Trummer, Penelope Dean, siehe Fußnote 2.

Links: „Outbackstation" des RFDS.
Rechts: Netzwerk der Flugbasen der RFDS und deren Flugverbindungen zu den „Outbackstations".

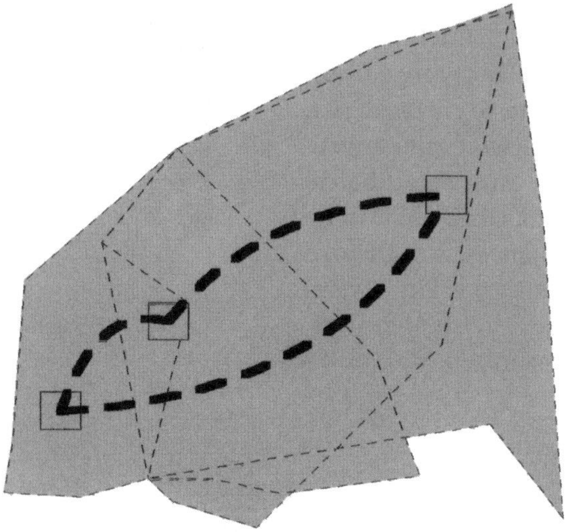

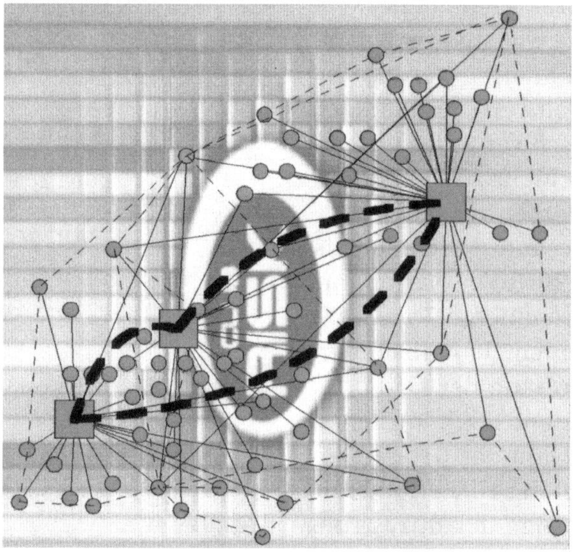

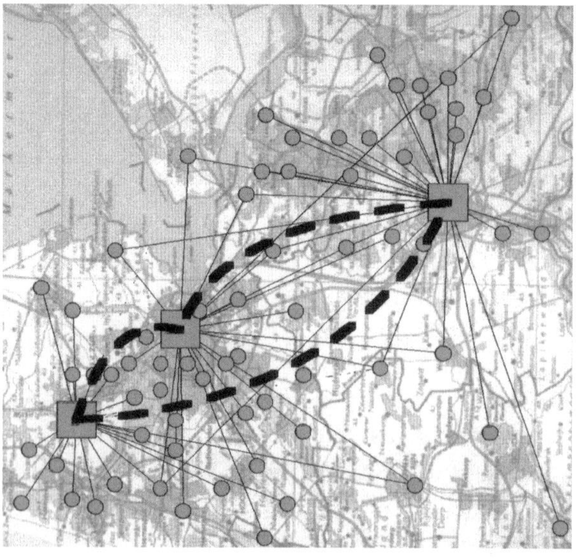

gung, sondern die Funkverbindungen werden zum Beispiel auch von der ‚School of the Air' genutzt, die Kindern eine angemessene Schulbildung ermöglicht. So genannte ‚Galah Sessions' erlauben kollektives Plaudern. Das System der Flying Doctors hat vielfach die Funktionen öffentlicher Einrichtungen übernommen, die in der traditionellen Stadt noch physisch in Erscheinung treten: Krankenhaus, Apotheke, Schule oder Café. Es ermöglicht das Entstehen eines Gemeinwesens. Sprachforscher sehen in der Sprechweise des Outbacks eher städtische Sprachmuster als ländliche. So bezeichnen sich beispielsweise hunderte von Kilometern entfernt lebende Menschen als ‚Nachbarn'. Einer traditionellen Analyse von Morphologie und Typologie folgend würde diese Stadt niemals als solche beschrieben werden – nicht einmal im Sinne der ‚città diffusa' wie sie von den Theoretikern Bernardo Secchi und Stefano Boeri formuliert wird. Der australische Outback ist eine extreme Form der zersiedelten ‚città diffusa' und wirft ein anderes Licht auf die Mechanismen ihrer Entstehung. Peter Trummer und Penelope Dean zeigen, dass diese Stadt, diese Landschaft höchster Ausdehnung und Individualisierung, in ihrer ständigen Veränderung und virtuellen Form visualisiert werden kann. Es ergibt sich daraus letztlich die Möglichkeit, Städte dieser Art zu entwerfen, beziehungsweise die Entwicklung bestehender Städte besser zu verstehen und entsprechend zu beeinflussen.

Technoculture

Zurück zur europäischen Stadt: Wie können wir Medien verwenden, um – ohne zwanghafte Fokussierung auf das historische Zentrum – um die Stadt und ihre Randbereiche zu navigieren? Wie können sie uns zu einer Gemeinschaftlichkeit verhelfen, und sei diese nur temporär? Es lohnt hier ein Blick auf die Techno-Kultur, die nicht nur die Musikszene selbst verändert hat, sondern, wie die Studien von Sofia Vyzoviti, Karl Ammann und Doris Zoller zeigen, auch den Gebrauch der Stadt.

Technoparties sind die ultimativen ‚Stims': Orte, die vollständig aus einem Ereignis heraus entstehen, und in hohem Maße vom Einsatz der neuesten Technologie (Computer, Licht, Ton, Video) bestimmt werden. In seinem Buch über Berlin nach dem Verschwinden der Mauer schreibt Diedrich Diederichsen unter Bezugnahme auf Schelling über Techno: „Musik konstruiert, benutzbar, wahr, aber immer wieder neu, auch in der gleichen Gestalt immer wieder neu, immer wieder anders, immer wieder flüchtig, wie das Leben selbst. Architektur dagegen hart wie die Institutionen, verputzt und gemauert, lauter Schleim der Geschichte, für ewig erstarrt in furchterregender Lächerlichkeit."[10] Technoparties sind flüssige Architektur, die in jedem Raum installiert werden kann. „Im virtuellen Raum des Techno-Rave, ist die Geometrie des

10| Diedrich Diederichsen, Der lange Weg nach Mitte, Köln, 1999, S. 28.

„Club Risk" ist nicht an einen festen Ort gebunden. Über das Logo kommuniziert ein dynamisches Gefüge von Event, Besuchern und wechselnden Orten. © Karl Amann/no w here architekten.

Raumes indifferent, der Boden ist das einzige tektonische Element. Lichtimpulse organisieren die Dunkelheit. Temperatur und Dichte der Körper definiert Bereiche von Ruhe und Stimulation. Projektionsflächen vervielfältigen die Raumeindrücke. Bass und Herzschlag sind aufeinander abgestimmt. Die Raumerfahrung eines Ravers kann als ‚Fieldroom' [Zitat Lars Lerup, Anm. B. L.] bezeichnet werden, mit der subjektiven Sicht eines Flugobjektes, statisch tanzend in einem sich permanent verändernden Wahrnehmungsraum."[11] Technoparties sind „plötzliche Ereignisse, die viel Planung brauchen und in wenigen Stunden konsumiert werden; sie werden an wechselnden Orten in wechselnder Form wiederholt, obwohl bestimmte Strukturen dabei stets gewahrt bleiben, die in die Eigendynamik der Events eingeschrieben zu sein scheinen".[12] Die Dominanz der kurzlebigen Ereignisse gegenüber den Orten an denen sie stattfinden, ermöglicht es den Clubs von Nacht zu Nacht ein ganz neues Publikum zu gewinnen.[13]

Die Events wurden anfänglich meist über Flyer kommuniziert, die man an strategischen Punkten der Stadt an bestimmte Personen verteilt. Da die Logos auf den Flyern nur Insidern bekannt sind, erlauben sie den Aufbau einer kleinen, aber treuen Klientel. Möglich werden auch wandernde Events, zum Beispiel Club Risk in den Niederlanden, die an verschiedenen Tagen in jeweils anderen Clubs spielen. „Schließlich bestimmen die Bewegungen des Events die Bewegungen der Clubbesucher, die dem Event hinterherreisen und an immer anderen Orten aufsuchen."[14] Die Gemeinschaft der Hinterherreisenden wächst solange, bis der Event aus der Mode kommt.

In letzter Zeit werden Technoparties zunehmend über das Internet kommuniziert. Unter www.flyer.de kann man im Rhythmus von zwei Wochen beispielsweise alle erdenklichen Informationen über Clubs in Deutschland finden: Adressen, Bus- und Zugverbindungen, detaillierte Stadtpläne sowie Links zu den Websites der Clubs. Bei einigen Clubs lassen sich sogar Grundrisse abrufen, die Informationen zu Eingang, Tanzfläche und Bar enthalten. Unter www.part.de kann man seine eigene Party bekanntgeben. ‚Nightlinesurfer', ein Ableger des kostenlosen Stadtmagazins 030 in Berlin, erstellt für bestimmte Nächte Routen entlang verschiedener Clubs. Indem sie alle Events einer Woche in Berlin auf einer Karte verzeichnete, erstellte Doris Zoller eine neue faszinierende Sicht auf die Stadt: um das nahezu leere, traditionell der Hochkultur gewidmete Zentrum der Stadt erstreckt sich durch teilweise vergessene Gegenden eine Milchstraße von Clubs und Events.[15] Techno-Kultur zeigt uns, wie Medien die Stadt verändern. Einerseits durch die wechselnde Okkupation von Orten und, da diese neue Formen der Verständigung nötig macht, durch das Entstehen neuer Gemeinschaftsformen.

Erotische Manöver

Das Forschungsprojekt von Jan Kapsenberg ‚Erotic Manoeuvres – Territories of Desire' widmet sich der derzeit wichtigsten und vermutlich höchstentwickelten Subkultur: der Gemeinschaft der Homosexuellen. Ihre Einrichtungen sind meist sorgfältig, nahezu unsichtbar im ‚Dross' verborgen. Gebäude, die von ihren Nachbarn nicht zu unterscheiden und oft nur durch einen Hintereingang zu betreten sind, eröffnen in ihrem Inneren eine ganze Bandbreite von Angeboten: von relativ gewöhnlichen Bars und Restaurants, über extravagante Clubs und Saunas mit und ohne Darkroom oder SM-Keller, bis hin zu temporären Parties und Festivals, die alle erdenklichen ‚Stims' bereithalten. Aller Verborgenheit zum Trotz bedecken sie 5% der Fläche der Niederlande. Wenn alle Schwulen der Niederlande, so hat Jan Kapsenberg errechnet, in einer Stadt wohnen wollten, hätte diese GayUrbia 356 700 Einwohner – mehr als die Stadt Utrecht. Verteilt auf eine eher durchschnittlich dicht besiedelte Fläche ergäbe sich eine Gay-Provinz mit einem Durchmesser von 25 Kilometern – und entspräche damit der Größe der Provinz Utrecht. „Die ausgeprägte Vielfalt homosexueller Netzwerke", so Kapsenberg, „führt zu der Einschätzung, dass es sich dabei nicht nur um eine Sub-Kultur, sondern eher um eine Sub-Gesellschaft handelt."[16]

Kapsenberg betrachtet das wachsende Interesse für Genderthemen in der Architektur als einen Indikator einer sich weit verzweigenden Gesellschaft. „Sexualität ist mit individuellen Vorlieben verbunden, die sich in verschiedenen Verhaltensmustern und Strategien äußert. Netzwerke sind in der Lage, die Muster des Verlangens zu befriedigen."[17] Wie funktioniert das?

Kapsenberg betont die Bedeutung einer neuen Art des Flanierens. Ein Fußgänger würde heute, anders als Baudelaire oder Benjamin, stunden- oder auch tagelang durch die Stadt irren, ohne an den Ort oder die Person seiner Begierde zu gelangen. Kapsenbergs Flaneur ist mit der visuellen Kultur der Gegenwart vertraut. Er ist ein selbstbewusster Verbraucher, der sich entsprechend seiner persönlichen Agenda für das Netzwerk seiner Wahl entscheidet und Sexualität als das Konsumgut begreift, das es potentiell ohnehin ist. Kapsenberg betrachtet das Flanieren, das immer schon zentrales Element homosexueller Treffpunkte war, als Vorstufe dessen, was er als ‚erotisches Manöver' bezeichnet: eine Abfolge strategischer und taktischer Handlungen im Wechsel von Verlangen, Anziehung, Distanz und Verhandlung, in der musternde Blicke und Voyeurismus die Schlüsselrollen spielen. Diese Verhaltensweisen hat Kapsenberg in einer Reihe von Diagrammen dargestellt.

Die offene, flaneur-hafte Art ihres Gebrauchs verleiht schwulen Netzwerken einen rhizomatischen Charakter. „Von jeher waren Homosexuelle auf eine ausgedehnte Untergrundstruktur angewiesen, einmal wegen der üblichen ‚äußeren' gesellschaftlichen

11] Sofia Vyzoviti, siehe Fußnote 2.
12] Paolo Vari, Raves, in: Mutations (cat.), ACTAR, Barcelona/Arc en Rêve, Bordeaux, 2000.
13] Karl Ammann, siehe Fußnote 2.
14] Idem.
15] Doris Zoller, Ecstasy City, unpublished manuscript, Berlage Institute, Rotterdam, 2000.
16] Jan Kapsenberg, Erotic Manoeuvres – Territories of Desire, unveröffentlichtes Manuskript.
17] Idem.

Do you want girls or boys? To live in province or city?
Two scenarios of the Ultimate Concentration.
GAY PROVINCE (2077 km²)
GayUrbia (276 km²)
The 'ultimate' concentration: (1) GayProvince; (2) GayUrbia.
NL area = 41526 km². 5% = 2077 km² =
GayProvince area. GP radius = 25,7 km.
GayUrbia: 775150 inh.; 16,5 x 16,5 = 276 km².
NL inhabitants = 15503000. 5% = 775150 = gay/lesbian.

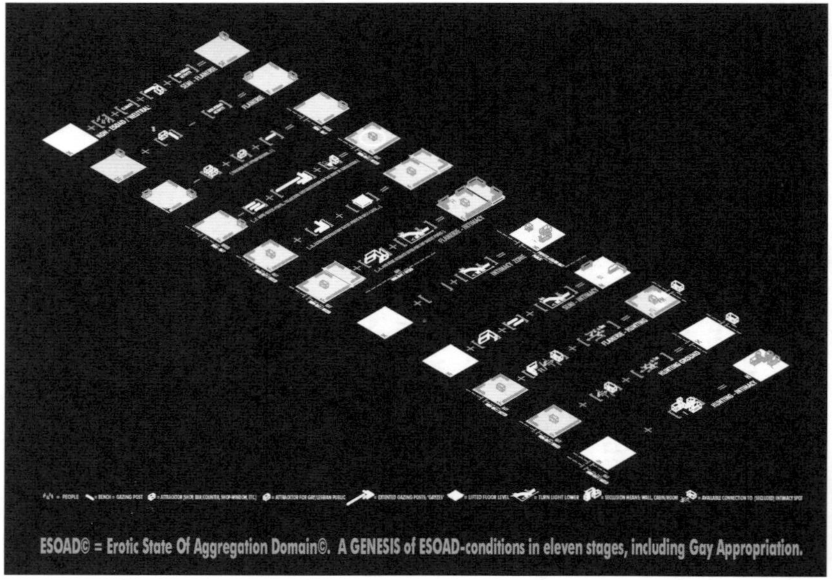
ESOAD© = Erotic State Of Aggregation Domain©. A GENESIS of ESOAD-conditions in eleven stages, including Gay Appropriation.

Bedingungen, zum anderen aufgrund des eigenen Charakters dieser Welt, in der zum Beipiel anonymer Sex als ebenso normal gilt wie die Tatsache, dass Gras grün ist. Obwohl die Homosexualität heute als weitgehend akzeptiert gilt, schwächt sich ihr Rhizom- und Hybridcharakter nicht ab. Da vorbestimmte Rollenmodelle zunehmend von schwer fassbaren Netzwerken abgelöst werden, fühlen sich die Bewegungen der Schwulen und Lesben in dieser Situation offensichtlich sehr wohl: sie schaffen immer neue innovative Netzwerke, spielen auf vielerlei Weise mit den Demarkationslinien der Sichtbarkeit, der Öffentlichkeit und der Anerkennung – eine ganze Welt prä-deleuzescher Qualitäten."[18] Wenn jemand einen Draht dafür hat, wird er den ein oder anderen Knoten dieses Netzwerks entdecken, indem er über einen Freund davon erfährt oder einfach darüber stolpert. Ansonsten braucht es Magazine, Werbung, Websites oder einen speziellen Führer, um die Orte des Interesses aufzufinden. Der ‚Spartacus' ist ein solcher Führer, der alle schwulen Einrichtungen, ihre besonderen Eigenschaften, Adressen und Wegbeschreibungen auflistet. In diesem Führer erwähnt zu werden ist der erste Schritt zur Etablierung eines Treffpunktes. Man mag sich den einsamen Homosexuellen vorstellen, der verzweifelt versucht, den Park in seiner Nachbarschaft gelistet zu bekommen. Und tatsächlich, so etwas kommt vor. In einer Schwulen-Zeitung ist einmal aus Scherz davon berichtet worden, die jährliche Kirmes in Bergen op Zoom sei ein Treffpunkt für viele Homosexuelle. Seitdem ist sie es tatsächlich.

Kapsenberg untersuchte abschließend was erforderlich ist, um ein Gebäude so auszustatten, dass es die Bedürfnisse der Homosexuellen befriedigt. Zu diesem Zweck analysierte er schwule Etablissements bis ins letzte Detail: Grundrisse und Schnitte, Anordnung und Art des Mobiliars, Beleuchtung und Dekoration. Die Details machen den Unterschied: das subtile Arrangement der Sitzgelegenheiten ermöglicht das Sondieren des ganzen Raums, der kleine Tisch das Berühren der Knie, die Sichtblende auf den Toiletten gibt den Blick frei auf die Schuhe, eine Bank in der Sauna dient nicht nur der Betrachtung der duschenden Besucher, sondern auch der körperlichen Annäherung; et cetera, et cetera – bis hin zu Darkrooms und SM-Kellern.

Kapsenberg vergleicht die Abfolge von Suchen, Einverständnis und letztlich intimem Kontakt metaphorisch mit dem Wechsel der drei Aggregatzustände. Die architektonischen Anforderungen an die Bereiche der verschiedenen Aggregatzustände definiert er in den ‚Erotic State of Aggregation Domains ©' oder ESOAD©, die jeweils räumliche und formale Charakteristika beinhalten. Der Bereich des Flanierens für unverbindliches Bewegen und Umherblicken ist mit dem Verhalten der Moleküle im gasförmigen Zustand vergleichbar. Dort, wo sich die Spannungen und Kräfte intensivieren, ist der flüssige Zustand erreicht und in der intimen Zone

18| Jan Kapsenberg, Erotic Manoeuvres – Territories of Desire, unveröffentlichtes Manuskript.

kann letztlich – kurzfristig – ein fester Zustand erreicht werden. Die Trennung der verschiedenen Bereiche ist selbstverständlich nicht immer eindeutig, wodurch Hybride entstehen und Kapsenberg letztlich neun ESOAD© unterscheidet. Zusammen mit den dazugehörigen Diagrammen bilden die ESOAD©S ein Handbuch für den mit dem Entwurf beauftragten Architekten oder einfach jeden, der sich mit dem Gedanken trägt, einen Homoclub zu eröffnen.
Zur Demonstration der vielfältigen Möglichkeiten der neun Schritte des ESOAD©, wendet Kapsenberg das Handbuch bei der hypothetischen Umnutzung des berühmten Thermalbades von Peter Zumthor im schweizerischen Kurort Vals zu einem Schwulenparadies an. „Aus Peter Zumthors ‚fairy tale' (Märchen) vom ausgehöhlten Stein wird so am Ende eine Geschichte von ‚fairies' (Homos)..."[19] Das ist nicht einfach nur ein Scherz. Es hinterfragt eine Architektur, die Gebäude immer noch zu Repräsentanten und Wächtern höherer und ewiger Werte kanonisiert und diese als allgemein verbindlich setzt. Kapsenbergs Umnutzung zeigt, dass es einige Änderungen und ein auf den Kopf gestelltes Gesamtkonzept braucht, um bei Homosexuellen Erfolg zu haben – auch wenn ein paar einfache Bildbearbeitungen mit Fotografien von Hélene Binet und Robert Mapplethorpe das Potential bereits unmissverständlich aufzeigen. Kapsenberg stellt letztlich die Frage, ob man anstelle von ‚Architektur' nicht von ‚Installieren' sprechen sollte. In einer Stadt, die sich mehr und mehr zu einem Netzwerk von Netzwerken wandelt, wird die richtige Software immer wichtiger. Die städtische Infrastruktur erlaubt ein permanentes Installieren und De-Installieren – wie sie es immer getan hat, um gesellschaftlichen Veränderungen und den wechselnden Bedürfnissen gerecht zu werden. Weit über die Darstellung des Gebrauchs der städtischen Landschaft durch die Gemeinschaft der Homosexuellen hinaus, weist uns Kapsenberg darauf hin, wie Städte auf die Erfordernisse einer multikulturellen Gesellschaft reagieren können: indem sie die Möglichkeiten ernst nehmen, die uns aus dem Zusammenspiel von Medien und erhöhter individueller Mobilität erwachsen.

Aus dem Englischen von Silvan Linden.

19] Jan Kapsenberg, Erotic Manoeuvres – Territories of Desire, unveröffentlichtes Manuskript.

Brigitte Franzen

1900–2000: Killing Fields?

Ein Essay zur politischen Ästhetik der Landschaft

Zwei Voraussetzungen müssen der Lektüre dieses Textes vorangestellt werden. Zunächst: „politische Landschaft“ sollte als Begriff nicht als „Parteienlandschaft“ oder Umschreibung des politischen Systems eines Landes missverstanden werden, selbst wenn der Terminus umgangssprachlich so benutzt wird; außerdem konzentrieren sich meine Ausführungen insbesondere auf die Verwendung des Begriffes im mitteleuropäischen und deutschen Verständnis. Der Untersuchungsraum, sein historischer und politischer Kontext sind – mit einigen Ausläufern – auf die vergangenen hundert Jahre bezogen.
Sowohl der Volksgarten als auch das Panorama hatten in Deutschland um 1785[1] ästhetisierte Natur breiten Bevölkerungskreisen zugänglich gemacht. Natur wurde damit auch für untere Schichten zum Rekreationsraum[2] erhoben, der sich grob in öffentliches Grün und privates Gärtnern separieren ließ. Die Entwicklung vollzog sich im Einklang mit der Ausbildung einer bürgerlichen Industriegesellschaft, die ein deutliches Gefälle zwischen Stadt und Land entwickelte. „Freizeit“ beanspruchten jene, die einer geregelten Arbeit außer Hauses nachgingen und damit auch ein „öffentliches“ Leben führten, das in Abgrenzung von der privaten Existenz wahrgenommen wurde. Die mit Vorliebe „im Grünen“ verbrachte, arbeitsfreie Zeit war somit eindeutig dem Bereich des Privaten zugeordnet. Der Fußballrasen der Arbeitersportvereine wurde zu einer Art proletarisiertem „bowling green“. Durch Schleifung von Wallanlagen entstanden in den Städten neue Formen der Stadterweiterung, in denen öffentliche Grünanlagen als nützlich für das Klima und von hohem Erholungswert für die Bürger der Städte eingestuft wurden. Die Entdeckung der „Sommerfrische“ war typischer Bestandteil des Freizeitverhaltens einer bürgerlichen Mittel- und Oberschicht. Ferienreisen an die See und die Entstehung des Bergtourismus stehen damit in Verbindung.

Mit dem Verbot von Maifeiern und Arbeiter-Versammlungen in den Städten um die Jahrhundertwende vom 19. zum 20. Jahrhundert, erhielten die an der Peripherie angesiedelten Garten- und Ausflugslokale eine neue Funktion als politischer Raum. Paul Löbe, SPD-Politiker und späterer Reichstagspräsident,[3] beschrieb seine Erinnerung an eine Maifeier von Arbeitern in seinem Geburtsort Liegnitz 1890: „Versammlungen unter freiem Himmel waren verboten. Versammlungslokale von irgendwelcher Bedeutung standen der jungen und verfemten Bewegung nicht zur Verfügung. Wie also konnte man die Ideengemeinschaft mit den Maifeiern vor der Welt bekunden? Es blieb nur der gemeinschaftliche Ausflug in benachbarte Gartenlokale übrig. Das Mitführen von Fahnen war selbstverständllich auch nicht gestattet, darum wählte man eine rote Nelke im Knopfloch als Abzeichen von Gleichgesinnten. (...) Die Straßen bis zum Stadtrand waren mit Polizeibeamten besät (...). Im Garten des Ausflugszieles standen Posten (...) Für alle Fälle war aber auch des Königs Grenadier-Regiment, das in Liegnitz garnisonierte, in Alarmzustand gesetzt worden. (...) Aber all das konnte doch nicht verhindern, dass an jedem Tisch des großen Gartens eine kleine Sonderversammlung mit politschem Thema tagte und die Dinge besprochen wurden, die sonst ein Redner für alle gesagt hätte."[4]

Seit dem 16. Jahrhundert dienten die Ausflugslokale vor den Toren der Städte als Naherholungsräume für die Mittel- und Unterschichten. Unter politisch-konservativen und religiös-moralischen Gesichtspunkten galten diese Orte als abseitig, weil sie sowohl eine politische wie auch eine sexuelle Freizone waren.[5] Die Nutzung von Natur lässt sich mit dieser Perspektive in zwei Kategorien teilen, die sich im Verlauf des 19. Jahrhunderts immer deutlicher herauskristallisierten. Einerseits betrachteten die Städterinnen und Städter Natur, transformiert zur Landschaft, als erholsames Gegenbild des eigenen Wohn- und Lebensumfeldes. Andererseits entwickelten sich die sogenannten Naturwissenschaften zu einem ausdifferenzierten System von Disziplinen, die versuchten, auf empirischem Wege und durch Fokussierung der Untersuchungsgegenstände neue Erkenntnisse von historischen wie evolutiven Dimensionen zu gewinnen.

Um 1850 enstand durch die neue bildgebende Technik Fotografie die Möglichkeit, Natur und Naturalia in nie zuvor gekannter Weise abzubilden und zu dokumentieren. Das Interesse von Fotografen für Naturphänomene reichte von den ersten Alpenfotografien oberhalb der Schneegrenze durch die Gebrüder Bisson um 1864[6] bis zu einem, in Bereiche der Mikrofotografie führenden, strukturellen Interesse an Naturformen, beispielsweise durch Moritz Meurer und Karl Bloßfeldt. Dieses formale Interesse an Natur hatte einen spezifischen Einfluss auf die Pflanzenornamentik des Jugendstils.

1] Erster Volkspark Deutschlands waren die Leipziger Wallanlagen 1785, ihnen folgte 1789 der Englische Garten in München. 1787 wurde die Erfindung des Panoramas patentiert.

2] Zitiert nach Hermann Glaser: Maschinenwelt und Alltagsleben. Industriekultur in Deutschland vom Biedermeier bis zur Weimarer Republik, Frankfurt/M.: S. Fischer, 1981, S. 125.

3] Von 1920–24 und 1925–32; Löbe war außerdem 1948/49 Mitglied des Parlamentarischen Rates zur Gründung der Bundesrepublik Deutschland.

4] zitiert nach Glaser (1981), S.123/124

5] Vgl. Jürgen Weisser: Zwischen Lustgarten und Lunapark. Der Volksgarten Nymphenburg (1890–1916) und die Entwicklung der kommerziellen Belustigungsgärten, München: Utz, 1998, S. 22–27.

6] Die Brüder Bisson: Aufstieg und Fall eines Fotografenunternehmens im 19. Jahrhundert, Ausst. Kat., Essen/München/Paris, Amsterdam/Dresden: Verlag der Kunst, 1999.

Neben der zu bürgerlichen Repräsentationszwecken und als Malereiersatz eingesetzten Portraitfotografie entwickelte sich der Zweig der Landschafts- und Naturfotografie, als einer Motivik, die unter künstlerischen und naturwissenschaftlichen Gesichtspunkten gleichzeitig die Möglichkeiten des neuen Bildmediums erprobte. Es beförderte landschaftliche Szenerien und machte sie zum Beispiel in Form von Ansichtskarten mobil. Nicht nur die Erinnerung an Personen, sondern auch die an Landschaften wurde so transportabel gemacht und ließ sich direkt mit der gesellschaftlichen und öffentlichen Position des Absenders verknüpfen. Diese gewissermaßen „offiziellen" Landschaftsbilder fundierten und reflektierten somit die Hierarchien einer bürgerlichen Gesellschaft, in dem sie nicht nur die abgebildete Landschaft an sich repräsentierten, sondern in und mit ihr auch die Lebensführung einer bestimmten Schicht widerspiegelten. Landschaft wurde damit gemeinhin zum Synonym des „Sich-Leisten-und-Genießen-Könnens" von Naturerfahrung.

In dieser Auseinandersetzung bestätigte sich nun das, was bereits die Reiseerfahrungen wohlhabender Jünglinge des 18. Jahrhunderts andeuteten: Landschaft war zu einem normativen und zu einem ökonomisch verwertbaren Gut geworden, ganz unabhängig von der Nutzung und Ausbeutung natürlicher Ressourcen im Wirtschaftsprozess. Ihre Funktion als Austragungsort staatlich-territorialer Machtinteressen, die sich als Herrschaftsgebiet manifestierten, hatte die Landschaft zwar um 1900 nicht verloren; neben die politische Bedeutung der Landschaft als Territorium trat jedoch zunehmend ihre Repräsentations- und Kompensationsfunktion als ästhetisiertes (touristisches) Terrain. Die sogenannte „Kunstfotografie" der Jahrhundertwende widmete sich unter dieser Maßgabe der Evaluierung einer Hyperästhetik heimatlicher Natur. Einzelne Künstlergruppen vollzogen eine Kehrtwende, indem sie – zumindest übergangsweise – die Städte verließen und privates wie künstlerisches Glück am Rückzugsort „Natur" suchten. Gabriele Münters und Wassily Kandinskys Übersiedelung nach Murnau (1908) oder die Begeisterung für die Kommune am Monte Verità bei Ascona seien nur beispielhaft genannt. Das malerische Interesse leitete sich hier nicht mehr vom „et in arcadia ego" ab, sondern verfolgte immanente Fragestellungen nach Farbkompositionen und Ausdruck von Stimmungen und war von einer volkskundlichen Neugier auf die ländliche Einfachheit und Unverstelltheit geprägt.

Der Erste Weltkrieg riss in diese Idyllenproduktion blutige Narben. Der privaten Landschaftsanschauung, die auch zum Maßstab der auf die Öffentlichkeit bezogenen Kunstproduktion wurde, stellte man eine brutale staatliche Territorialmetaphorik als nationales Leitbild gegenüber. Die nach der Gründung der deutschen Nation 1871 auf außereuropäische koloniale Räume übertragenen Territorialansprüche wurden erneut auf Europa bezogen. Als „moderner" Krieg hinterließ dieser Stellungskrieg zwischen 1914 und 1918 noch heute sichtbare markante Landschaftsveränderungen. Die Weiterentwicklung der Luftfahrt ermöglichte erstmals auch die Landschaftsfotografie aus der Vogelperspektive und hatte damit erhebliche Rückwirkungen auf strategisch-militärische Planungen mit der Folge einer neuen Kriegs-Ästhetik.

In der Mystifizierung des Krieges versuchte man, die sich in der Erde verkriechenden Soldaten in ihrer nationalen Identität mit den umkämpften Landstrichen zu verbinden. Dieser Akt der „Besamung" fremden Bodens durch deutsches Blut und Gedankengut wurde in der Kriegspropaganda zu einer wenn nicht real militärischen dann zumindest virtuell-kulturellen Einvernahme. Zahlreiche Gedichte und Lieder aber auch die Architekturen der Kriegerfriedhöfe zeugen davon. Die politische Definition von Landschaft als nationales Territorium konnte mit ihrer kulturellen Ästhetisierung und Vereinnahmung als heimatliches Terrain potenziert und verfestigt werden. Ganz im Gegensatz zu den tatsächlichen militärischen Ereignissen diente diese Form der Landschaftsästhetisierung der Bestätigung nationaler Einheit und Identität.[7]

Dessenungeachtet etablierte sich ein naturwissenschaftlicher Naturbegriff, der sich einerseits auf abstrakte Topoi wie Raum, Zeit, Geschwindigkeit, Masse et cetera bezog und sich andererseits auf strukturelle Mikro-Analysen konzentrierte, um dem auf die Spur zu kommen, was die Erde im Innersten zusammenhält. Mit diesen Abstrahierungsleistungen in der Erforschung der Natur gingen ebensolche Tendenzen in der Konzeption von Kunst einher. Mikrokosmos und Austragungsort dieser Diskurse wurde die moderne Großstadt, deren Organisation man oft auch körperhaft-biologisch – als Dschungel, als Blutkreislauf – begriff, beschrieb und verbildlichte. Innerhalb dieses „Körpers" war eine nie zuvor dagewesene Informationsdichte erreicht.

Landschaftliches Grün gehörte daneben sowohl zum Selbstversorgungs- als auch zum Naherholungsprogramm und lieferte darüber hinaus den national-territorialen Repräsentationsrahmen. Leberecht Migge beispielsweise erkannte schon früh die sozialhygienische Bedeutung der Grünplanung in den Städten und übte als Landschaftsarchitekt und -theoretiker maßgeblichen Einfluss auf die Gestaltung der modernen Stadtlandschaft mit öffentlichen Parkanlagen, gemeinschaftlichem Siedlungsgrün und Kleingartenanlagen aus.[8] Die „Parzelle" der 20er-Jahre war der unteren Mittel- und Arbeiterschicht die „villa suburbana", in der naturnahe unbeschwerte Stunden auf zwar engem, aber dafür völlig selbstorganisierten Terrain fernab vom Fabrikalltag möglich waren. Dieser private Naturraum diente aber auch als Gegenbild zu einer hierarchischen Gesellschaft und war alternatives Siedlungs- und Le-

7| Vgl. Brigitte Franzen: Eine Ideengeschichte des Gartens als ästhetisierter Natur im 20. Jahrhundert, in: Dies.: Die vierte Natur. Gärten in der zeitgenössischen Kunst, Köln: König, 2000, S. 45f.

8| Vgl. „Die Gartenkultur des 20. Jahrhunderts" (1913) und „Das Grüne Manifest" (1919).

bensmodell, das gegen die Hinterhöfe und auch gegen offizielle Politik rebellierte.[9]
Die durch moderne Stadt- und Landesplanung zunehmend abstrahierte Landschaft wurde im Zuge der weiteren Stadtentwicklung immer deutlicher zum idealisierten und durch periphere Besiedelung tatsächlich erreichbaren Gegen-Raum. Das aus diesen Konzepten ableitbare und von den politischen Machthabern geförderte „Häuschen im Grünen", das mit der Gartenstadt- und Kleingartenbewegung auch immer Idealform der Siedlungsbauten der widerstreitenden Architekturrichtungen der Weimarer Republik gewesen ist, wurde schließlich unter den Nationalsozialisten als grundlegendes Lebens- und Wohnkonzept in Deutschland propagiert. Zu beispiellos größenwahnsinnigen Ausbauplänen der Städte gesellte man als privates Pendant das Haus mit Garten – frei (aber formal direkt daraus ableitbar) nach Goethes Gartenhaus im Weimarer Ilm-Park. Park, Garten, Landwirtschaft und Landschaft erhielten in den Konzepten des „Dritten Reiches" eine aufeinander aufbauende ideologische Bedeutung. Öffentliche Erbauung, private Erholung, Bewirtschaftung der „Scholle" zum Wohle der Gemeinschaft und die Identifikation mit dem nationalen Territorium griffen ineinander und wurden, flankiert durch andere Maßnahmen, wie den Massenaufmärschen, dem Film et cetera, zu einem System der Identität durch Ästhetik verknüpft. Franz Seldte formulierte das 1939 bezogen auf die Siedlungspolitik seiner Zeit so: „Die Kleinsiedlung ist (...) allgemein staatspolitisch von größter Bedeutung. Sie verbindet den werktätigen Arbeiter mit dem Grund und Boden und macht ihn zu einem heimatverbundenen und politisch gefestigten Mitglied der Volksgemeinschaft" und „Auf eigenem Grund und Boden wird der Wille zum Kind gestärkt."[10] Den damit verbundenen Gegensatz von städtischem Proletariat und „bodenständiger" Arbeiterschaft etablierte und nutzte man bewusst zur Vernebelung von weiter bestehenden Klassengegensätzen und zur Verhinderung linkspolitischer Aktivitäten aus den Reihen der städtischen Arbeiter und Arbeiterinnen.[11] Das Konzept der „Vernichtung durch Arbeit", wie es in den Konzentrationslagern betrieben wurde, führte zeitgleich zu einer absurden Hierarchisierung der Arbeit innerhalb der KZ wobei die Landarbeit, obwohl außerhalb der Lager getätigt, zu den gefürchtetsten „Tätigkeiten" der Häftlinge gehörte. Gerade auch „Arbeit" in der Landschaft mutierte in diesem Zusammenhang zu einer getarnten Tötungsstrategie auf Zeit, wie beispielsweise die Erinnerungen von Walter Adam über die Steinbrüche von Flossenbürg, einem Außenlager des KZ Dachau, beweisen. Als Strafmaßnahme hatte sich die SS eine Aktion mit dem Titel „Scheibe" ausgedacht: „Auf einem sehr steilen, morastigen, mit Steinblöcken besäten Hang war ein Kreis von ungefähr zwanzig Metern Durchmesser abgesteckt. Um diesen Kreis mussten die verurteilten Ge-

fangenen, beladen mit einem schweren Stein, herumgehen, hinauf, hinunter, stundenlang, von Tagesanbruch bis zur Mittagspause und dann wieder bis zum Einbruch der Dunkelheit, ohne Rast, ohne Pause. In der Mitte des Kreises stand ein Häftling, ein Berufsverbrecher und williger Bundesgenosse der SS. Er war mit einem schweren Prügel bewaffnet und hieb auf seine Mitgefangenen ein, wenn sie nicht schnell genug im Kreis marschierten. Etwa halbstündig wurde ‚Hinlegen! Rollen!' kommandiert. Dann mussten die Verurteilten durch den Morast durchrollen, so dass sie buchstäblich vom Scheitel bis zur Sohle mit Kot beschmiert waren."[12] Diese Art der Zerstörung und Ermordung Andersdenkender durch „Arbeit" in der Natur war das Gegenbild zur propagierten Landschaftsinszenierung des NS-Systems, in dem man Landschaft als Stellvertreterin einer NS-Wesenheit vorstellte. Dahinter ist aus heutiger Sicht eine als suggestiver Pseudo-Idealismus zu beschreibende Ideologie auszumachen, die eine antimaterialistische, natürliche beziehungsweise naturgewachsene Wesenseinheit von Landschaft, Gesinnung, Bevölkerung und der politischen Konstruktion der Nation vorspielte und ihre politischen Leitlinien direkt daraus ableitete. Sowohl die Autobahnplanungen, der Atlantikwall, die Stadt- und Landesplanung, die Siedlungsbauten, die Landschaftsarchitektur, die Portrait- und Landschaftsfotografie als auch die nationalsozialistischen Pläne für den Wiederaufbau in Deutschland und den eroberten Gebieten nach dem Krieg bildeten also ein nicht losgelöst voneinander zu betrachtendes Konzept einer politischen beziehungsweise politisierten Landschaft. In diesem Konzept erfolgte eine Gleichsetzung von „Volkskörper" und Landschaft. Diese gewissermaßen organizistische Auffassung ist auch wiederzuerkennen in der zeitgleichen faschistischen Konzeption einer ebensolchen Stadtplanung wie man sie insbesondere in den 40er-Jahren unter Franco in Spanien nachweisen kann.[13] Stadt wurde darin als organisch-biologische Einheit definiert. Mensch, Landschaft und Architektur unterlegte man die gemeinsame Teilhabe an einem Körperbild, das heisst einem, am organischen Zusammenhang des Körpers formal orientierten, überdimensionierten, „natürlich" strukturierten Ganzen.[14] Dadurch ließ sich die technokratische und maschinengläubige Basis der faschistischen Politik zu einer Politk mit scheinbar „menschlichem (weil natürlichem) Antlitz" transformieren, die insbesondere in Spanien noch durch christlich-katholische Erklärungsmuster gestützt wurde. Das Stadtgebiet Barcelonas beispielsweise wurde in seinen kartographischen Umrissen als katholische Dreieinigkeit repräsentierender Erzengel Gabriel dargestellt. Diese Pläne grenzten die Stadt deutlich vom Land ab, gleichzeitig wurde sie zu einem korsettierten Ort verbindlicher Werte stilisiert, der sich aus einzelnen funktionierenden Einheiten organisch-körperhaft zusammensetzte.

9| Vgl. den Film „Kuhle Wampe", Regie: Slaton Dudow, Buch: Bert Brecht, Deutschland, 1932.
10| Franz Seldte: Sozialpolitik im Dritten Reich 1933–38, München/Berlin, 1939, S. 177f. zitiert nach: Kunst im 3. Reich. Dokumente der Unterwerfung, Ausst. Kat., Frankfurt: Kunstverein, 1974, S. 96.
11| Vgl. ebd.
12| Walter Adam: Nacht über Deutschland, Wien: Österr. Verlag, 1947, S. 51/52.
13| Vgl. dazu Rainer Klein: Stadtplanung und Wohnungsbau in Spanien nach 1960, in: Forschungen zu Spanien, Bd. 1, Saarbrücken/Fort Lauderdale, 1988, S. 15–50, besonders S. 34.
14| Vgl. auch Hildegard Brenner: Die Kunstpolitik des Nationalsozialismus, Reinbek b. Hamburg: Rowohlt, 1963, besonders S. 124ff.

Genau unter diesen – wenn auch säkularisierten – Gesichtspunkten bestand eine gesellschaftspolitische Begründung für den 1935 im Deutschen Reich gesetzlich verankerten damaligen Naturschutzgedanken, als dem Versuch, deutsche Nation mit deutscher Landschaft und ihren „indigenen“ Pflanzen, die ebenso wie „das Volk“ den besonderen Schutz und die Aufmerksamkeit des „Führers“ genießen, zu verbinden.
Das Nachkriegseuropa fand sich schließlich an ganz anderer Stelle wieder. Allerdings wurde das Konzept des Kleinhauses mit Garten als Erfolgsrezept der Beruhigung gesellschaftlicher Massen und als Ersatzbefriedigung für ein größer werdendes Unverständnis gegenüber der (zerstörten) Stadt zum dominanten Faktor der „verstädterten“ Landschaft der folgenden Jahrzehnte mit ihren bis heute spürbaren Auswirkungen des „urban sprawl“. Der im Marxismus entwickelte Stadt-Land-Gegensatz wurde – wie schon im Nationalsozialismus – unter umgekehrten politischen Vorzeichen dienstbar gemacht. Aber, an die Stelle der politischen Ästhetisierung der Landschaft rückte in den folgenden 45 Jahren eher die Verbildlichung von territorialen und machtpolitischen Grenzen in das Bild der Öffentlichkeit. Ästhetisierte Landschaft auf privater Bedeutungsebene und neben der Kleinhausideologie erfuhren Westdeutsche erst wieder nach der Währungsreform, als unter meist bescheidenen Voraussetzungen erste Urlaubsfahrten auch ins westeuropäische Ausland stattfinden konnten. Die paradigmatische Sehnsuchtslandschaft der Deutschen, Arkadien/Italien, auf die man sich erneut besann, wurde nach der massiven Förderung des Wiederaufbaus durch nordamerikanische Hilfe in Westdeutschland und der Einbindung in das Nordatlantische Verteidigungsbündnis 1955[15] erstmals wieder greifbar.
Der westdeutsche Heimatfilm der 50er-Jahre, ein Drittel der damaligen Filmproduktionen ausmachend, blieb jedoch in der deutschtümelnden Landschaftsmetaphorik des „Dritten Reiches“ verhaftet. Er stellte sich als reaktionärer Mechanismus quasi der Zerstörung aber auch der Neuentwicklung der Städte und der städtischen Gesellschaft gegenüber. „Intakte“ Landschaft eignete sich als willkommenes Gegenbild zur mechanischen Zerstörungskraft und den Spuren des Krieges an anderer Stelle. Die militärische Bedeutung des nationalen Territoriums war natürlich keineswegs obsolet geworden. Im Gegenteil: Bereits im September 1953 hatte die Nato auf dem Gebiet der Bundesrepublik in Hessen die „Operation Monte Carlo“ durchgeführt, in der Truppen aus „Westland“, stationiert im Rhein-Main-Gebiet, gegen Truppen aus „Ostland“, stationiert bei Kassel, Kämpfe simulierten, die die damaligen politischen Konstellationen nachzeichneten. An der Übung nahmen 175 000 Soldaten teil. Die westlichen Verteidiger, so die Hypothese, seien den östlichen Aggressoren im Verhältnis 3:1 überlegen. Die strategisch-geographische Bedeutung Deutschlands und der

bundesrepublikanische Wunsch der Anbindung an den Westen wurden darin verbildlicht.[16] Dasselbe Terrain diente noch zur Zeit des Nato-Doppelbeschlusses wiederum im September, diesmal des Jahres 1981, unter dem Stichwort „Fulda-Gap“ als Simulationsgelände für einen räumlich begrenzten und begrenzbaren Atomkrieg mithilfe der in der Bundesrepublik stationierten nuklearen Kurzstreckenraketen. Ein eigenes Pionierbataillon war nur dafür zuständig, landschaftliche Schäden möglichst schnell zu beheben. Die darauffolgende und von den US-Militärs geleitete „Aktion saubere Landschaft“ sollte alle Abfälle, die im Zusammenhang mit den Manövern anfielen, beseitigen.

Wirtschaftliche Prosperität ermöglichte in den Nachkriegs-Jahrzehnten für breite Bevölkerungskreise die „Eroberung“ privater Erholungsterritorien im eigenen Garten und in Form touristischer Nah- oder Fernreisen. Die öffentliche und politische Landschaftsrezeption wurde nun zunehmend und vermutlich offensichtlicher denn je zuvor, von sich widersprechenden und mediatisierten Diskursfeldern wie Krieg, Eroberung, Tourismus, Wirtschaft, Naturkatastrophen und Ökologie bestimmt. Die Mehrfachbesetzung und -bedeutung führte zu sich überlagernden Zeichensetzungen in einer im wirtschaftlichen Produktionsprozess ständig veränderten Landschaft. Während der Mauerbau 1961 und der Eiserne Vorhang sichtbar trennen sollten, was als Landschaft schon rein biologisch und geographisch zusammengehörte, machten Umweltkatastrophen ebenso wie Kriegshandlungen natürlich nicht vor Staatsgrenzen halt. Nationalstaatliches Gebahren verschob sich in dieser Zeit von der Eroberung nachbarschaftlichen Staatsgebietes hin zu Kämpfen von Machtblöcken, die auf den Territorien Dritter ausgetragen wurden.

Aktuell wird dagegen in der westlichen Welt gerne der „humanitäre“, quasi zivilisatorische Aspekt militärischer Aktionen hervorgehoben. Kriegslandschaften werden zu Medienereignissen. Die Herausforderung einer „Eroberung“ konnte für die Supermächte seit den ausgehenden 60er-Jahren nur noch ihre Erfüllung auf extraterrestrischem Boden finden, was das Aufpflanzen der US-Nationalflagge auf dem Mond 1969 deutlich unterstrich. Deren Bedeutung wurde interessanterweise mit einem Handstreich quasi internationalisiert, denn in diesem Moment der neueren Zeitgeschichte transformierte plötzlich jede Fernsehzuschauerin und jeder Fernsehzuschauer zum Kurzzeit-Amerikaner: „ein kleiner Schritt für mich, einer großer Schritt für die Menschheit“. Die Wiederentdeckung der Natur auf dem Planeten Erde in Form einer ökologischen Bewegung der westlichen Welt, die sich von Anfang an auch als politische verstand, wurde zeitgleich und auf breiter Ebene neu eingeleitet.

In dieser vielschichtigen Überlagerung von Landschaftskonzepten lassen sich heute insbesondere drei normative Bedeutungskate-

15] Gegründet im April 1949, Aufnahme der Bundesrepublik im Mai 1955 in Paris als 15. Mitgliedsstaat.

16] Vgl. Wolfgang Kraushaar: Die Protest-Chronik, 1953 bis 1956, Hamburg: Rogner & Bernhard, 1996, S. 892.

gorien mit maßgeblich politischer Wirkung aufzeigen, die man unter den Begriffen Moral, Macht und Kapital fassen kann. Die Frage nach der Natur tritt hier insofern in den Hintergrund, weil sie – zumindest in Mitteleuropa – sowieso nicht mehr anders als als mehrfach transformierte Landschaft wahrnehmbar ist. Die An-Sicht von Landschaft wird von Naturästhetik ebenso bestimmt, wie sie in subtilster Form Besitzverhältnisse und Machtstrukturen repräsentiert. Jede Überlandleitung, jeder Industriekomplex, jeder Mobilfunksender und jedes Verkehrsschild macht in dieser spätkapitalistischen Landschaft auf politische Strukturen und gesellschaftliche Zusammenhänge aufmerksam. Die Veränderung der Industriekultur der Nachkriegszeit führt folgerichtig auch zu einem veränderten Umgang mit dieser ökonomisch und politisch kodierten Landschaft. Die Frage nach der Landschaft „an sich", ihrem „Eigenrecht" und ihrer „Eigenkraft" wie sie Martin Warnke in Anlehnung an Ernst Blochs Subjektkonstruktion von Natur 1992 zu fassen suchte,[17] sind auf die heutigen Konstellationen so nicht mehr anwendbar. Die von Warnke entwickelte Transformationsidee von der „zivilisationskompensierenden Symbolrolle"[18] der Landschaft in der Geschichte hin zu einem zivilisationspotenzierenden Bild in der Jetztzeit, beschreibt lediglich den Zwischenstand einer Entwicklung der politischen Landschaftsästhetik. Ob Landschaft jemals als ein „Reservoir an handlungsleitenden Motiven"[19] diente oder nicht vielmehr als Repräsentationsplattform für handlungsgeleitete, also repräsentativ agierende Politik herhalten musste, sei hier infrage gestellt. Allein der inflationäre Gebrauch des Ausdrucks „Nachhaltigkeit", der ursprünglich auf die nachhaltige Nutzung von Natur und Landschaft bezogen war, verweist auf den Einfluss einer heutigen Natur- und Landschaftsmotivik sowie auf eine aus ihr abgeleiteten und politisch nutzbar gemachten Terminologie. Welche Konsequenzen das für eine zukünftige Landschaftsgestaltung im gesellschaftlichen Kontext hat, die nicht nur bildgebend und Machtverhältnisse repräsentierend agieren möchte, ist schwer vorauszusagen.

Die Gegenüberstellung von vier Strategien des Umgangs mit Landschaft und Natur in unserer heutigen westlichen Welt lässt die Bandbreite der Auseinandersetzung deutlich werden: Während einerseits für Regenwaldwiederaufforstung und zertifizierte Tropenhölzer gekämpft wird und dies breite gesellschaftliche und politische Akzeptanz findet, ist der Faktor der Biodiversität, der ja gerade auch durch den kontrollierten Holzab- beziehungsweise -anbau gewährleistet werden soll, längst zum massiven Wirtschaftsfaktor, für die sonst als ökologisch unverträglich geltende chemische und pharmazeutische Industrie geworden. Die neuerdings als „Life Sciences" firmierenden, selbsternannten „global player", wie beispielsweise das Unternehmen aventis, betreiben aktiven Umweltschutz und bio-ethnologische Forschungen in der sogenannten „dritten Welt“, um an first-hand-Informationen über die Wirkungsweisen von bisher wenig bekannten pflanzlichen Wirkstoffen, ihre Gewinnung, ihren Nutzen und ihre Anwendung zu kommen. Ziel dieser Unternehmungen ist die Isolierung und die gentechnologische Imitation entsprechender Substanzen, die für die Bekämpfung von Massen-Krankheiten erfolgversprechend sind. In diesem Sinne findet hier der Miniaturisierungsprozess der Informationsgewinnung aus der Natur und die Hinführung dieser Erkenntnisse zum Menschen seine Fortsetzung. Entlegene Landschaften bekommen neue politische und ökonomische Bedeutung als Rohstoff- und Know-How-Reservate, die ihre Funktion als letzte Wildnisse und Abenteuerurlaubsziele ersetzt.

Die alten Industriestädte hingegen, wie beispielsweise die Autostadt Detroit, inkorporieren gewissermaßen heute den früheren Stadt-Land-Gegensatz: große Teile des innerstädtischen Terrains „verlanden“.[20] Hinter abschirmenden Hecken ist in manchen Vierteln der ehemals fordistischen Stadt keine städtische Bebauung mehr zu finden, sondern stattdessen selbstorganisierte Nachbarschaftsgärten oder Maisfelder. Entgegen den „neu-urbanistischen“ Bewegungen zu vereinheitlichenden, hybridisierten Wohn-Paradiesen einer gehobenen Mittelschicht, versucht das privat organisierte „agricultural network“ in Detroit humanistische Entwicklungsperspektiven durch die Bearbeitung des städtischen Bodens anzustoßen. Unter dem Pflaster liegt also schon lange nicht mehr der Strand, statt dessen bekommt in der von der öffentlichen Hand in Kauf genommenen, verwahrlosten Stadt das persönliche Bekenntnis zur privaten gärtnerischen und landschaftsgestalterischen Arbeit unter dem Slogan „I’m farming humanity“, wie das Berliner Künstlerduo Annette Weisser und Ingo Vetter jüngst zeigen konnte,[21] neue und grundlegend politische Brisanz. Oder um abschließend erneut Bloch zu bemühen: ist Natur vielmehr „kein Vorbei, sondern der noch gar nicht geräumte Bauplatz, das noch gar nicht adäquat vorhandene Bauzeug für das noch gar nicht adäquat vorhandene menschliche Haus“?[22]

Der kritische Zukunftsimpuls für Landschaftsgestaltung – so zeigt zumindest das Beispiel Detroit – kann als konkreter Anschluss an die gesellschaftliche Umwelt und unter der Prämisse der Analyse der spezifischen Situationen vor Ort gelingen. Haltung und Handlung bestimmen die Sprachfähigkeit landschaftsgestalterischer „Produkte“, die dann auch formal dazu in der Lage sind, aktuelle (politische) Landschaftskonfigurationen wahrzunehmen, sichtbar zu machen, weiterzuentwickeln und einer gesellschaftlichen Auseinandersetzung zuzuführen.

17] Martin Warnke (1992), S. 172 und Ernst Bloch: Das Prinzip Hoffnung, Kapitel 33–42, Frankfurt/M.: stw, 1990, S. 802–807.
18] Warnke (1992), S. 172/173.
19] ebd., S. 173.
20] Vgl. Stadt Bauwelt 127/1995, Themenheft „Detroit“.
21] Annette Weisser/Ingo Vetter: I’m Farming Humanity. Lee Burns im Gespräch mit Ingo Vetter und Annette Weisser, Video, 16:40 min, Mai 2000.
22] Ernst Bloch (1990), S. 807.

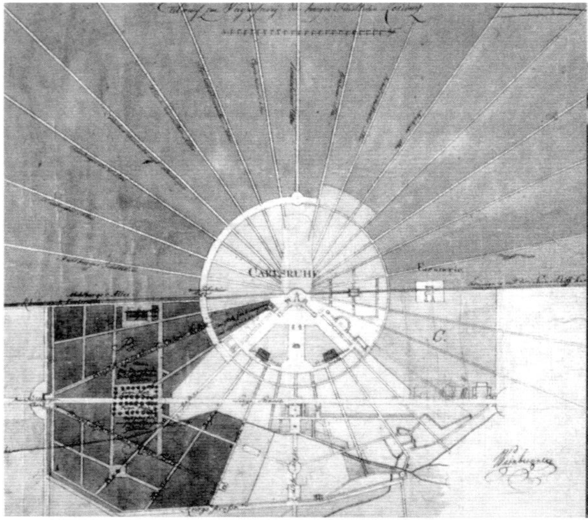
CARLSRUHE

Frank R. Werner

„Wer behauptet, es gebe nichts mehr zu erzählen, erzählt natürlich“

Von Denkgebäuden und Kartierungen „politischer Stadt-Landschaften“

„Die Stadt ist da, bevor wir kommen, und wer sie nutzt, ob als Bühne der Selbsterfahrung oder als Absatzmarkt, tut gut, sich hierauf einzustellen. Das wissen die am besten, für die die Großstadt das Pflaster bloßen Überlebens bildet. Die Stadt ist fremd auch dem gegenüber, der in ihr geboren wurde, weil sie vorher da war und nach ihm da sein wird und vor allen denen offensteht und entgegengeht, die als Fremde dazukommen.“[1]

Bis weit in das 19. Jahrhundert hinein sind städtische Freiräume eigentlich wie selbstverständlich immer auch als Denk-Räume im Sinne „politischer Landschaften“ begriffen und verstanden worden. Der so genannte „öffentliche Raum“ spiegelte selbstredend den Machtanspruch der herrschenden Kräfte wider, reflektierte aber gleichzeitig auch sehr präzise das jeweilige Maß an Emanzipation, welches eben jene Kräfte dem Individuum beziehungsweise dem Kollektiv gegenüber den staatstragenden Institutionen einzuräumen bereit waren. Mithin konnte der „öffentliche Raum“ für das Selbstverständnis einer Stadt und ihrer Bürger mitunter wichtiger sein als die ihn umgebenden Bauwerke.[2] Darüber hinaus diente er auswärtigen Besuchern als unumgängliche „Dechiffrierhilfe“ zum Verständnis der lokalen Machtverhältnisse. Selbst Stadtpläne und Stadtansichten aus dieser Zeit dienen meist eher

1] Dieter Hoffmann-Axthelm, Aufforderung zur Stadt, in: Ursula Keller (Hg.), Perspektiven metropolitaner Kultur, Frankfurt 2000, S. 230.

2] Vergl. hierzu: Hermann Hipp u. Ernst Seidl (Hg.), Architektur als politische Kultur, Berlin, 1996.

Links: Karlsruhe, Stadtplan des 19. Jh. mit der Stadterweiterung von Friedrich Weinbrenner, 1802–1815, kolorierter Originalplan von F. Weinbrenner.
Rechts: Karlsruhe, Entwurf für die Häuserfronten der Langen Strasse von Friedrich Weinbrenner.

politischen Informationen als akribischen Darstellungen des tatsächlich Vorhandenen.
Erst die Zeit nach den europäischen Revolutionen von 1918 verändert die öffentlichen Räume in ihrer Funktion als politische Landschaften einschneidend. Schließlich wird jetzt das Leben bislang unterprivilegierter Bevölkerungsschichten im Kollektiv neu erdacht, verplant und gestaltet. Noch heute werden mitunter jene revolutionären „Wohnformen für das Existenzminimum" mitverantwortlich gemacht für die fortschreitende Degeneration stadträumlicher Qualitäten. Das Gegenteil ist der Fall! Vertreter des „Neuen Bauens", wie etwa Bruno Taut und dessen Landschaftsgestalter Leberecht Migge, haben den Topos „politische Landschaft" tiefenschärfer einzusetzen gewusst als viele ihrer Nachfolger. Womit gemeint ist, dass das Kollektiv nunmehr beschützte „Freiräume" mit programmatischem Charakter als „Denkraum" zur eigenen sozialen Emanzipation erhält und auch nutzt. Und ist es nicht Leberecht Migge, dem es mit seiner „Siedlerbewegung" gelingt, den in jeder Beziehung „heilenden", also auch sozialmoralischen, politischen Wert der städtischen Natur immer wieder in überzeugende Grünraum-Metaphern zu gießen?
Auf internationaler Ebene freilich propagiert Le Corbusier etwa zur gleichen Zeit seine Modelle einer „Ville Contemporaine" (1922) und „Ville Radieuse" (1935), die er selbst aufschlussreich als „Eléments d'une doctrine d'urbanisme pour l'Equipement de la civilisation machiniste" bezeichnet. Bereits in solchen Visionen wird die Entpolitisierung der Stadtlandschaft zur regelrechten Doktrin erhoben. An ihre Stelle treten, verflochten mit extrem verdichteter Bausubstanz und entsprechenden Verkehrsadern, streng durchrationalisierte, ineinander verfließende, öffentliche bis halböffentliche Freiräume, die nach Corbusiers eigenen Worten (wie die Bauten) nach Funktionen getrennt „Geist, Herz und Wahrnehmungsvermögen standardisieren" sollen. Im gleichen Maße wie sich zugegebenermaßen der standardisierte Wohnwert für das kollektive Zusammenleben in solchen durch und durch kommerzialisierten, „schnellen" Stadtmodellen („Die Stadt der Geschwindigkeit ist die Stadt des Erfolgs.", Le Corbusier 1925) geradezu drastisch erhöht, schrumpft die identitätsstiftende und politische Ausdruckskraft der Stadtlandschaft gegen Null. Aufgrund ihrer Normierung werden städtische Freiräume austauschbar und stumm, was die Lektüre gesellschaftlicher Relationen anbelangt. Noch radikaler erweist sich eigentlich nur Ludwig Hilberseimers Neubebauung für die Berliner Friedrichstraße (1929), die als gänzlich „naturlose Stadtkonzentration Corbusiers Vorstellungen in urbanistischer Brutalität kaum nachsteht". Hugo Häring, der damals feststellt, dass beide Stadtkonzeptionen Geometrien und mechanische Ordnungen höher bewerten als Lebensansprüche und somit den „mensch zur sache" entwürdigen, ist seinerzeit einer

der ganz wenigen, der erkennt, dass „formale Modelle den Ansprüchen an eine moderne, dynamische und doch gleichzeitig menschliche Stadt nicht genügen“ können.[3]
Aber auch politisch verantwortungsvollere Grundhaltungen sozialdemokratischer Stadtplaner und Landschaftsgestalter der Weimarer Republik sollten nicht darüber hinwegtäuschen, dass die großen Städte in den zwanziger und dreißiger Jahren immer unkontrollierbareren Transformationsprozessen ausgesetzt waren, ausgelöst durch konzertierte Wirtschaftsinteressen. Die Metropole wurde zu „Metropolis“, zum „Moloch“, der sich mit unaufhaltsamer Beschleunigung verändert. Schlichte Plätze mutieren zu Knotenpunkten von Geschwindigkeit und Verkehrsrausch, zu Kommunikationszentren für eine neue Art von gesellschaftlicher „Bildung“ im Windschatten des Kapitals. Die Wohnquartiere verkümmern zu „Fuchsbauten“, in denen nur der überlebt, der über die geringsten sozialen Skrupel verfügt. Zwecks Kompensation der städtischen Härte verwandeln sich öffentliche urbane Erholungslandschaften vielerorts in Lunaparks, welche die Unerträglichkeit des Seins vorübergehend vergessen lassen.
Auf der anderen Seite steht seinerzeit indes die wachsende Zahl intellektueller Flaneure, die nachgerade dieser Prozess des hektischen Wandels fasziniert, die das städtische Gebrodel wie eine herausfordernde archäologische Fundstätte betrachten und täglich neue metaphorische Spuren einer gänzlich andersgearteten „Denkraum-Kultur“ in der „Natur der Stadt“ ausmachen. Sie interessieren sich weniger für die realpolitischen Dimensionen Paris, London, Rom oder Berlin, sondern weit aus stärker für die konstruktiven wie destruktiven Fußnoten des urbanen Lebens. Sie betrachten Städte und ihre Freiräume einzig und allein als raumzeit-übergreifende Collagen, die es zu entziffern gilt. Wie zuvor schon die italienischen Futuristen schwärmen sie für Geschwindigkeit, Rausch, Prostitution, Zerfall des Städtischen und seine Wiedergeburt. All dies wird von ihnen in einem Atemzug mit den „Kathedralen einer neuen Gesellschaft“ notiert, als da wären Bahnhöfe, Kaufhäuser, Passagen, Museen, aber auch Verkehrsknotenpunkte oder die Lasterhöhlen urbaner Subkulturen. Walter Benjamin fordert gar, man müsse sich unbedingt „wieder verirren lernen in den großen Städten“. Nicht von ungefähr verdanken wir dieser kurzen Zeitspanne die aufregendsten Aussagen zum Thema „Stadtlandschaft“ im 20. Jahrhundert. So ist etwa der Schriftsteller Siegfried Kracauer unablässig der „von selber gewachsenen, ungestellten Landschaft“ der modernen Stadt auf der Spur, die für ihn ganz selbstverständlich einen unerschöpflichen Fundus auch politisch aufregender „Denkräume“ verkörpert. Und ist nicht Kracauers Feststellung, dass „die Erkenntnis der Städte an die Entzifferung ihrer traumhaft hingesagten Bilder geknüpft“ sei,[4] bis heute ungeschmälert gültig?

3] Dietrich Neumann, Die ungebaute Stadt der Moderne, in: Thorsten Scheer, Josef Paul Kleihues, Paul Kahlfeldt (Hg.), Stadt der Architektur-Architektur der Stadt, Berlin 1900–2000, Berlin, 2000, S. 156.
4] Siegfried Kracauer, Straßen in Berlin und anderswo, Frankfurt, 1964, S. 53.

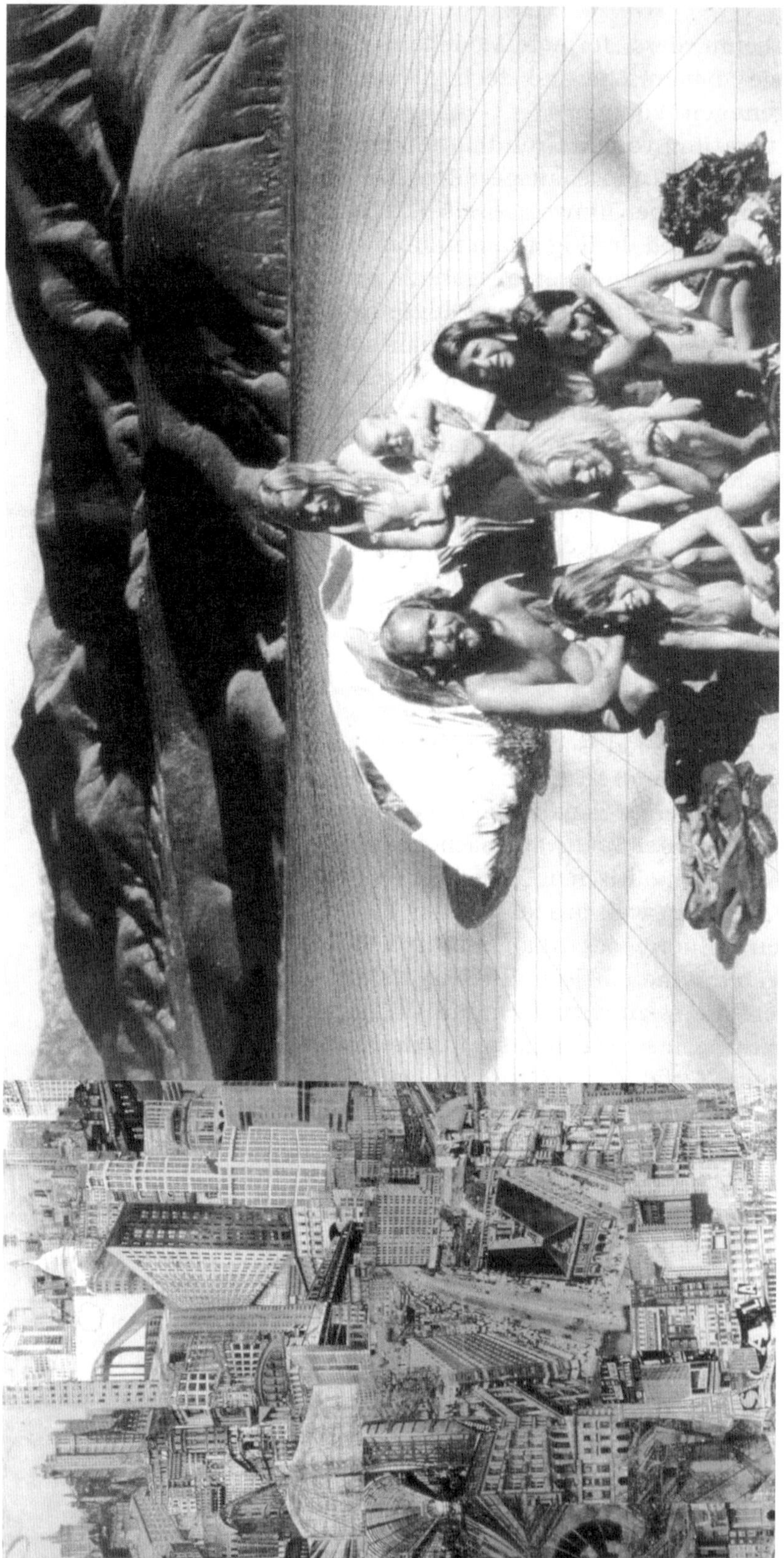

Dieses ungezügelte Freiraum-Denken, diese unvoreingenommene Lektüre „politischer Landschaften", die man vielleicht als existentielle Suche nach einer neuen urbanen Identität unter Zuhilfenahme der letzten Brachen und Nischen der modernen Stadt bezeichnen könnte, wird nur kurze Zeit später als dekadent, sozialistisch, jüdisch, kurzum „undeutsch" apostrophiert. Was diejenigen, die derartige Zensuren erteilen (die Nationalsozialisten also) dem realiter entgegenzusetzen haben, sprengt alle Definitionsversuche öffentlicher Freiräume. Schließlich müssen ab jetzt nur noch marginal an historische Vorbilder erinnernde Schneisen und Flächen in die Stadtkörper eingeschnitten werden, denen allerdings weder die Funktion kollektiver Emanzipation noch die der subjektiven Orientierung zugebilligt wird. Stattdessen sollen und wollen die ephemeren Leerräume des Dritten Reichs das Denken paralysieren. Die räumliche Begreifbarkeit wird ausgelöscht mit Hilfe megalomaner, anonymer Freiflächen, die (unabhängig von militärischen Hintergedanken) einer speziellen Inszenierung bedürfen, für die der Mensch als Rohmaterial herzuhalten hat. Der unkontrollierbare Flaneur wird mit anderen in Reih und Glied gebracht, die Masse wird in Szene gesetzt. Das Individuum soll lernen, seine Ohnmacht in der Vereinzelung, seine Stärke in der hypertrophen Vervielfachung zu begreifen. Was hätte diese Haltung wohl besser verdeutlichen können als die gigantischen, fast schon mit kosmischen Bezügen operierenden Lichtdome, mit deren Hilfe Albert Speer Menschen auf Massen einzuschwören wusste. Dekoriert werden diese nur über die „Masse Mensch" begreifbaren „Un-Räume" mit Naturstein-Kulissen, deren Rohmaterial man in KZ-Steinbrüchen aus dem Fels schlagen lässt. Sklaven liefern also den letzten Rest dessen, was materiell an Natürlichkeit greifbar ist: Die steingewordene Deformation „politischer Landschaften".
Die Zeitspanne, die nach dem Zweiten Weltkrieg den Scherbenhaufen dieser Raum- beziehungsweise Landschaftsdeformation aufräumen muss, besinnt sich nolens volens auf die „Charta von Athen". Man hat die Nase gründlich voll von Stadtplanungen jedweder Art. Städtische Freiräume (vorhandene wie durch Bomben neu entstandene) werden jetzt zu Anti-Räumen, zu Rest-Räumen, für die sich niemand mehr zuständig fühlt. Scharouns legendärer Entwurf für den Wiederaufbau der Stadtmitte Berlins kümmert sich um politische „Denk-Räume" traditionellen Zuschnitts ebensowenig wie dies kurze Zeit später die flockigen Skizzen der Planer des Hansa-Viertels tun. Ihnen steht eine ganz andere politische Vision vor Augen: eine Art von unverbindlicher „democratic urban landscape", offen zugänglich für jedermann, formal möglichst nirgendwo festgelegt, jedwede ideologische Bevormundung scheuend wie der Teufel das Weihwasser, neutral und pflegeleicht. „Pleasureground" für gebaute Solitäre und (man achte auf

Links: Paul Citroën, Collage „Metropolis", 1922.
Rechts: Superstudio, Collage „Vita, educazione, cerimonia, amore morte", 1971–1973.

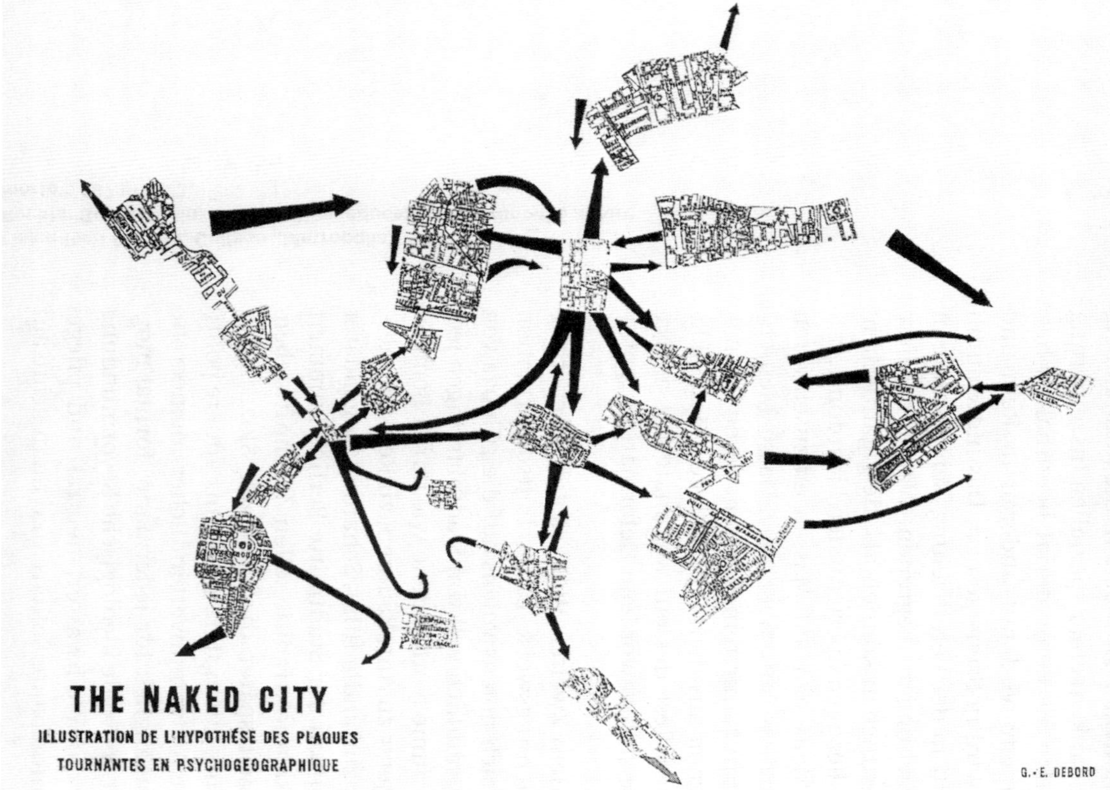
THE NAKED CITY
ILLUSTRATION DE L'HYPOTHÉSE DES PLAQUES
TOURNANTES EN PSYCHOGEOGRAPHIQUE
G.-E. DEBORD

die antisteinerne, textile Referenz!) „Teppich"-Siedlungen. Aus heutiger Sicht muten deratige Planungen wie verspätete Paraphrasen auf Frank Lloyd Wrights „Broadacre-City" (ab 1934/35) an. Wright, dieser programmatische Verfechter wirklich „unpolitischer Landschaften", hatte freilich schon 1932 ein vorbereitendes Traktat verfasst, dessen Titel heute aktueller denn je klingt: „The Disappearing City".

Doch das Wirtschaftswunder steht vor der Tür. Und mit derselben Konsequenz, mit der städtischer Grund alsbald zur knappen, spekulativen Ware wird, verkümmert die Vision weitläufiger demokratischer Selbstverwirklichungsräume zu wertlosen Restflächen, werden „Freiräume" zunehmend identisch mit Verkehrsbrachen. Ende der Sechzigerjahre kommt es schließlich zu jener weltweiten Krise von Architektur und Städtebau, die der Psychoanalytiker Alexander Mitscherlich auf die griffige Kurzformel von der „zunehmenden Unwirtlichkeit unserer Städte" bringt. Während eiligst neu ins Leben gerufene Disziplinen, wie das unsägliche „Urban Design", im Auftrag der Politik vergeblich versuchen, die Verfallssymptome städtischer (und damit auch politischer) Landschaften ausschließlich mit ästhetischen, stadtgestalterischen Mitteln zu kurieren, flüchten sich die kreativsten Vertreter von Architektur und Städtebau weltweit in die Traumwelten der so genannten Metabolisten-Bewegung.

Die Metapher vom „Pflasterstrand", sprich die Quintessenz der europäischen Studentenrevolten der späten Sechzigerjahre steht dabei wie eine greifbare, unmittelbar einzulösende Vision im Raum. Nicht das Individuum, so hieß es damals, sondern die emotional versteinerte spätkapitalistische Gesellschaft müsse sich so radikal und rasch verändern, dass es sich wieder in ihr zu leben lohnen werde. In diesem Sinne fordern Archigram, Superstudio, Yona Friedmann, Eckhard Schulze-Fielitz, Coop Himmelblau, Haus-Rucker-Co, Hans Hollein, Walter Pichler, Kenzo Tange und unendlich viele andere in radikaler Negation alles Bestehenden eine fundamentale Transformation von Städtebau und Architektur, von Tektonik und Konstruktion, um künftigen Generationen politisch „befreiter" Stadtnomaden adäquate Raumkonfigurationen anzubieten. Der daraus resultierende neue Städtebau, die ihn konstituierenden räumlichen Gebilde und und Freiräume sollen körpergerecht sein, sollen pulsieren, riechen, tönen, Farben ausstrahlen und elektronisch miteinander kommunizieren. Mobile Wohneinheiten sollen in Koffern verstaut und binnen Minuten an jedem Ort der Welt zu klimatisierten Hüllen für Wohnzwecke aufgeblasen und mit Hilfe von Kommunikationseinrichtungen untereinander vernetzt werden können. Wenn heute vor allem Jüngere derartige Vorstellungen mit leichter Hand als zynische High-Tech-Phantasmorgien abtun, dann verkennen sie fast immer die zutiefst politischen Beweggründe, die hinter diesen Attacken auf

Links: Guy Debord und Asger Jorn, „The Naked City", situationistische Plancollage, 1957.
Rechts: OMA, Ville nouvelle Melun-Sénart, 1987.

die in Konventionen erstarrte alte Stadt standen.
In der gebauten Realität kommt es freilich erst gegen Ende der Siebzigerjahre zu einer qualitativen Veränderung im Städtebau. Denn die seinerzeit proklamierte Postmoderne fokussiert sich gleichsam aus dem Stand heraus auf die öffentlichen Räume. Binnen kürzester Zeit ensteht jetzt eine regelrechte Flut inszenierter Stadträume. Skeptisch eingestellt gegenüber jeder Form der Vergegenwärtigung und daher retrospektiv orientiert, pocht die postmoderne Freiraumgestaltung auf strategische Forderungen wie Behübschung, Vergessen-machen-Wollen, urbane Konflikte unter den Teppich kehren. Somit flüchtet sie sich mit ihren vermeintlichen Rekonstruktionen der Stadt-Landschaft entweder in die heile, vorindustrielle Welt der Restauration oder in die unverbindlichen Kulissenwelten des „schönen Scheins". Es gibt sie übrigens bis heute, jene restaurativen Modelle, die städtische Räume vornehmlich mit den Mitteln von gestern als gesellschaftlich ausgegrenzte, pseudoregionalistische Scheinwelten für gehobene Ansprüche zu regenerieren versuchen. Es gibt sie noch immer, sie erfreuen sich sogar bei einer bestimmten Klientel zunehmender Beliebtheit. Nicht von ungefähr werden noch heute ganze Stadtzentren ohne Sinn und Verstand in den Zustand von vorgestern zurückversetzt, erlebt das „déjà-vu" städtischer Vergangenheiten auf gespenstische Weise auch in politischer Hinsicht eine regelrechte Wiedergeburt. Und die zahlreichen „Instant Cities" der Gegenwart verkörpern wohl einen weiteren Versuch, das Thema „politische Landschaften" ein für allemal auszublenden. Erreicht haben sie bislang allerdings das glatte Gegenteil, sind doch derartige Städte-in-der-Stadt oder „walled neighbourhoods" zum regelrechten Fanal eines politisch verwerflichen, weil gesellschaftliche Realitäten gezielt ausgrenzenden Zitadellen-Städtebaus geworden.[5] Aber selbst wenn man derartige Fehlentwicklungen ausblenden wollte, ist das Erscheinungsbild der Normalstadt von heute immer noch verheerend genug: „Der Niedergang des Politischen als des Öffentlichen wird" nach Bernd Guggenberger nämlich „nirgends so augenfällig wie im Bild der modernen Stadt als einer Ansammlung beziehungsloser Großgebäude: sozial ebenso tot wie technisch perfekt funktionierend, ohne die ordnende, verdichtende Mitte öffentlicher Plätze und Parks. Das Ausfasern des städtischen Gewebes und der Verlust des urbanen Kraftfeldes in den metropolitanen Wucherregionen bringen mit dem Leben auch die Politik zum Verschwinden. Die ‚privatisierte' Großstadt mit ihrer gigantischen Grabsteinarchitektur verkommt immer mehr zur beziehungslosen Addition von Baumasse. Die Stadt als belebtes Außen verschwindet; sie lässt in ihrer Sterilität Leben, Begegnung, Öffentlichkeit und ‚Repräsentation' nicht mehr zu."[6]
Halten wir uns daher lieber an Strategien, die offensiver, kritischer, kreativer mit dem Thema Stadt beziehungsweise „politi-

sche Landschaften“ im urbanen Kontext umgegangen sind und umgehen. Bereits in den Siebzigerjahren des 20. Jahrhunderts erscheint beispielsweise eine heute fast vergessene Anthologie mit dem Titel „Panik Stadt“. Sie ist vor allem deshalb aufschlussreich, weil dort lange vor der aktuellen Debatte befremdlich anmutende, scheinbar völlig am Rande liegende Themen wie „nutzbringende Zerstörungen“, „Kathedralschatten“ oder „Inszenierungen der Zerstörung“ verhandelt werden. „Ortsgeschichten sind Improvisationen“, schreibt darin der Historiker Michel de Certeau zum Thema Stadt als sprachliche Metapher. „Sie werden aus den Überresten der Welt hergestellt. Aus solch heterogenen, ja gegensätzlichen Elementen setzt sich die homogene und überkommene Form des Berichts zusammen. Man hat auf diese Weise das Verhältnis des Gebrauchs von Raum zur gebauten Ordnung. An der Oberfläche zeigt sich diese Ordnung überall zerhackt und durchlöchert von Sinn-Auslassungen, Abweichungen und Fluchten: es ist die Ordnung eines Siebes.“[7] Dem Bild der Stadt in Gestalt eines durchlöcherten Siebes begegnet der Soziologe Henry-Pierre Jeudy mit der Feststellung, dass das städtebauliche Ästhetisieren von Zerbersten und Aushöhlen aber keinesfalls dazu geeignet sei, Stadt wirklich zu erfassen. „Die Analyse der Demolierung in der Stadt kann“, so Jeudy, „nicht für sich beanspruchen, das Faktum Stadt genauer eingegrenzt zu haben, als ob sich eine ästhetisierende Auffassung von Städtebau in den Phänomenen des Auseinanderberstens, der Aushöhlung der mythischen Darstellung der ‚Stadt als Kunstwerk‘ wiederfände.“[8] Sie waren seinerzeit schon sehr wichtig, solch erste interdisziplinäre Verweise darauf, dass jede Stadt gleichsam aus sich heraus stets eine „Anti-Ordnung“, jede Ordnung stets eine Gegen-Ordnung gebäre, sich jede Fülle stets eine Leere grabe. Wie aber nun politisch, planerisch, architektonisch damit umgehen? Solche Schlussfolgerungen blieben uns die Autoren damals aus gutem Grund schuldig.

Erheblich konkreter wird da Henri Lefèbvre, der bereits 1970 feststellt, dass die zeigenössische Stadt „in kein einheitliches Formensytem (mehr) aufgenommen werden“ könne, welches durch „die privilegierte Behandlung des einen oder anderen Inhalts“ zu untermauern wäre. Die Brüche, die im Kontext der Stadt auch politisch zutage treten und sich nach Lefèbvre „im Raum festsetzen“, gehen aus dem hervor, „was sich dort niederlässt, sich versammelt“.[9] Seiner Meinung nach ist diese Koexistenz heterogener Teile das Merkmal des differentiellen Raums, eines Raumes also, der sich durch ein unendliches Spiel von Differenzen auszeichnet. Nach Marc Angélil misst eine derartige Betrachtung den Schnittstellen innerhalb der Stadt eine besondere Bedeutung zu. Bernard Tschumis Recherchen zu ‚The Manhattan Transcripts‘ (1978) widmen sich beispielsweise genau jenen Bereichen, in welchen Personen, Aktionen und Dinge aufeinandertreffen. „Der Konflikt, der

5] Vergl. hierzu: Peter Neitzke, Carl Steckeweh u. Reinhart Wustlich (Hg.), Centrum Jahrbuch Architektur und Stadt 2000–2001, Instant City, Berlin-Basel, Boston, 2000.

6] Bernd Guggenberger, Virtual City, Jetztweisen in einer „ortlosen“ Stadt, in: Ursula Keller (Hg.), Perspektiven metropolitaner Kultur, Frankfurt, 2000, S. 54.

7] Michel de Certeau, Umgang mit Raum, Die Stadt als Metapher, in: Ulrich Conrads (Hg.), Panik Stadt, Berlin/Braunschweig, 1979, S. 18f.

8] Henri-Pierre Jeudi, Inszenierung der Zerstörung?, a.a.O., S. 75.

9] Henri Lefèbvre, Die Revolution der Städte, München, 1972, S. 129.

aus dem Zusammenstoß unkoordinierter Ereignisse resultiert, trägt zu einem besonderen räumlichen Verständnis des urbanen Feldes bei. Anhand der Technik der Filmmontage, welche Tschumi auf die Architektur überträgt, werden verschiedene Nutzungen zueinander in Beziehung gesetzt und die entsprechenden Schnittstellen montageähnlich behandelt. Der Bruch wird zum Prinzip der Urbanität erklärt und mögliche Implikationen seiner Räumlichkeit durch die Manipulation der architektonischen Form überprüft."[10]

Ein anderes, bis heute gebräuchliches Verfahren zur realistischeren Wahrnehmung der Stadt inklusive ihrer politischen Implikationen hat seine Wurzeln ebenfalls in den Sechziger- und Siebzigerjahren. Gemeint ist das „mental mapping", das sich mit subjektiven Kartographien und Techniken der Informationsübertragung beschäftigt. Mit der „mental map", der persönlichen Karte also, „wird auf ein Vorgehen verwiesen, dessen Produktionsmodus" ad hoc „Veränderungen aufnehmen kann. Denn die Karte wird nicht als Abbild eines Zustandes erachtet, vielmehr als Konstruktion..., die immer wieder neu Zugangsmöglichkeiten anbietet, andere Interpretationen provoziert. Sie stellt weniger eine Repräsentation dar als eine Extension eines Sachverhalts auf eine andere Ebene." Zum ersten Mal international eingesetzt wird dieses Verfahren zur Erstellung gänzlich andersartiger Stadtpläne von den sogenannten „Situationisten" in den Fünfziger- und Sechzigerjahren des 20. Jahrhunderts. In diesen Stadtplänen wird der Versuch unternommen, „die sogenannte Psychogeographie – den psychologischen (und politischen) Raum – der Stadt zu erfassen. Dieses Prinzp eröffnet einen Diskurs zur Stadt", der „ihre genetische Basis Transformationen" aussetzt, der Stadt neu produziert. 1983 verfeinert André Corboz dieses Verfahren. Von ihm wird „das urbane Territorium als eine Schichtung übereinanderlagernder Karten gelesen. Wie bei einem Palimpsest, das als Schriftstück definiert wird, dessen Text entfernt worden ist, um einem neuen zu weichen, hinterlässt jede Karte Spuren, welche die nächste beeinträchtigen. Ursprüngliche Spuren bleiben als Sedimente im Stadtgewebe erhalten".[11] Corboz' Methode der Stadtproduktion mittels „mental mapping", das später Peter Eisenman stark beeinflusst hat, stellt also vorrangig den Informationstransfer zwischen einem städtischen Zustand und einem anderen in den Vordergrund, wohlgemerkt unter bewusster Einbeziehung politischer Gemengelagen. Dennoch haben sich derartige künstlerisch-subjektive Verfahren in der Praxis als relativ untauglich erwiesen, um die tatsächlichen Probleme der posturbanen Stadt, wie die der zunehmenden sozialen Segregation, auch nur ansatzweise zu lösen.

Realitätsbezogener erscheint da schon das derzeit wohl immer noch einflussreichste Denkmodell. Ich meine das Bild des „Rhizoms“, das Gilles Deleuze und Félix Guattari in ihrem Standardwerk „thousand plateaus – capitalism and schizophrenia“ (1980) auf „urbanism“, „urban sprawl“ und „landscape“ übetragen haben. Demnach ist die zeitgenössische Stadt ein rhizomorphes, wurzelgeflechtähnliches System. Sie besteht aus „Tausenden von Plateaus“, aus unterschiedlichst „geformten Materien“, aus „unterschiedlichsten Daten und Geschwindigkeiten“, aus „glatten und gekerbten Räumen“, aus „gliedernden oder segmentierenden Linien“. Sie konstituiert sich aus „Schichten und Territorien“ und schließt in ihren Entwicklungsprozess Bewegungen ein, die genau diese „Schichtung und Territorialisierung“ ständig wieder auflösen. All dies, sowie „Linien und Geschwindigkeiten“ bilden das hochkomplexe Gefüge der Stadt. „Gekerbte“ (sprich politische) Räume und „glatte“ (sprich soziale) Räume reagieren osmotisch aufeinander. Die Stadt kann daher nicht länger (besser gesagt: eigentlich nie mehr) eindeutig zugeordnet werden. Sie verkörpert „eine Mannigfaltigkeit“, von der niemand weiß, wohin sie definitiv führen wird.[12]

Denkansätze dieser Art, so wichtig sie für den kommenden Städtebau auch sein mögen, können freilich nicht verhindern, dass wir uns heute, zu Beginn des 21. Jahrhunderts, realiter auf internationalem Niveau mehr denn je mit städtischen Investmentstrategien wie „Wallification“, „Mallification“ und „Disneyfication“ der Städte herumschlagen müssen.[13] Der politische Kampf um die Handlungsfähigkeit der Städte ist damit allerdings an einem entscheidenden Punkt angelangt. Nach Hoffmann-Axthelm stellt sich dabei freilich die Frage, „ob Städte (künftig) die sozialen Kräfte aufbringen, sich überhaupt (noch) Lösungen vorzustellen. Handlungschancen gibt es viele. Was fraglich ist, ist der gesellschaftliche Auftrag dazu. Die großen Wirtschaftsmächte sind (dabei) nicht mehr städtisch. Sie existieren weltweit, spielen Stadt gegen Stadt aus, begeben sich zu den günstigsten Punkten und verlassen sie auch wieder, sobald die Lage an Wert verliert. Ihr Interesse ist das einer bloßen Ausbeutung, sie brauchen an der Stadt nicht zu bauen, weil sie nicht an sie gebunden sind; sobald sie sie ausreichend kaputtgemacht haben, ziehen sie weiter an einen anderen Ort“.[14]

Um das schnelle, ebenso ungebremste wie zerstörerische Vagabundieren des nach Monopoly-Regeln in Städte diffundierenden, globalen Kapitals zu bremsen, haben vor allem jüngere Architektinnen und Architekten in letzter Zeit lautstark Forderungen nach „slow spaces“[15] und „voids“ zwecks Gewinnung von Atempausen für den Städtebau erhoben. „Die Aufforderung zur Stadt fordert“ nach Hoffmann Axthelm nämlich „zu Verzögerungen auf. Nur so, zwischen zwei Zügen, trifft man die Stadt wirklich an“. „Die wichtigste Aufgabe des Architekten von heute“, sagt Aaron Betsky, „ist daher, ‚slow space‘ im schnellen Kapitalfluss zu schaffen. Stadt-

10] Marc M. Angélil, Urbane Emtropie-Der rhizomorphe Raum der Stadt, in: Internationales Forum für Gestaltung Ulm (Hg.), Strategischer Raum-Urbanität im 21. Jahrhundert, Ulm, 2000, S. 32.
11] Marc M Angélil, a.a.O., S. 33f.
12] Gilles Deleuze u. Félix Guattari, Tausend Plateaus, Kapitalismus und Schiziphrenie, Berlin, 1992, S. 427, 449, 529f., 599 u. 693.
13] Vergl. hierzu: Ghent Urban Studies Team (GUST), The Urban Condition: Space, Community, and Self in the Contemporary Metropolis, Rotterdam, 1999.
14] Dieter Hoffmann-Axthelm, s. Anm. 1, S. 235f.
15] Vergl. hierzu: Michael Bell and Sze Tsung Leong (Ed.). Slow Space, New York, 1998.

planung und Architektur müssen sich verlangsamen. Sie müssen uns festhalten, offen gegenüber unseren Bedürfnissen, sie müssen uns unsere Welt verständlich machen. Zu Beginn des letzten Jahrhunderts glaubten wir, sehr schnell bauen zu müssen. Heute erkennen wir, dass wir die Welt zum Stillstand bringen müssen, um wirklich modern zu sein. 'Our reality must be a very slow space in a very vast and fast world.'"[16]
Und was kann den schnellen Kapitalfluss, immer auf der Suche nach letzten Ressourcen an den vermarktbaren Bauplätzen, wohl stärker irritieren als die zweite Forderung nach „Voids", nach Erhaltung städtischer Leerflächen also, nach Erhaltung „blinder Flecken" in der Stadt? Wer etwa nur am Beispiel des Schlossplatzes in Berlin-Mitte verfolgt, mit welch hektischer Aktivität Staat, Gesellschaft und Kapital auf den „Horror vacui" dieses politisch bedingten Leerraums reagieren, wer beobachtet, wie aggressiv solche Kräfte wo auch immer auf ein „terrain vague" reagieren, das Stadtplaner nach Art von Ethnologen zur weiteren Beobachtung (womöglich auch noch politischen) offenzuhalten gedenken, der wird spüren, welche Provokation gerade „Leerstellen" im Stadtraum hervorrufen. Aber sind Leerstellen, blinde Flecken in der Stadt, über deren Qualität uns Stadtpläne von heute rein gar nichts mehr berichten, sind solche „Leerstellen" nicht unabdingbar für neue Erzählungen zum Thema „politische Landschaften"? „Wer behauptet, es gebe nichs mehr zu erzählen", stellt Tilo Schabert fest, „erzählt natürlich. Wer von den Städten sagt, sie lösten sich auf, hält die ‚Stadt' noch immer im Bewusstsein. Man kann die ‚leere' Masse der modernen Metropolis nicht ohne die Architektur der Stadt beschreiben. Die Tatsache der ‚labyrinthischen Stadt' ist ohne das mythische Bild des ‚Labyrinths' nicht zu fassen. In allen Wahrnehmungen liegt eine Architektur, insbesondere in der Wahrnehmung des Chaos, dieser ‚gähnenden Leere', in der ‚nichts' geordnet ist. Im ‚Nichts' der modernen Metropolis wird wie nirgendwo sonst das ‚Schöpferische' sichtbar. Es wird klar, was es ist. Architektur und Erzählung. Denn die ‚Stadt' ist (immer noch) ein Gleichnis der ‚Welt'. Es geht nicht darum, im Chaos der Metropolis allein das Nichts zu sehen. Vielmehr geht es darum, in diesem Nichts das Schöpferische zu sehen, das es – keinesfalls paradoxerweise – so paradigmatisch zeigt."[17]
Fazit: Was soll also das Gerede vom Ende des Städtebaus, vom Ende der Architektur? Theorien, Denk-Plateaus, Instrumentarien und Handlungsanweisungen für einen radikal veränderten Städtebau, für gänzlich neuartige, faszinierende, alles andere als unpolitische Landschaften sind doch reichlich vorhanden. Und schälen sich in den weltumspannenden digitalen Netzwerken nicht gänzlich neue Portale, Plattformen und nie dagewesene Aktionsfelder für „politische Landschaften" heraus? Bleibt also lediglich die Frage, wie lange es sich unsere Gesellschaft überhaupt noch leis-

ten kann und will, faktisch depressiven (vor Selbstmitleid nur so triefenden) Städtebau mit den Mitteln von vorgestern zu betreiben, anstatt endlich auf die Hoffnungen, Aggressionen, vor allem aber auf die erweiterten Horizonte und Fähigkeiten jüngerer Planerinnen und Planer zurückzugreifen.

16| Aaron Betsky, Architecture must burn, Corte Madera/California 2000, Chapter 4.0, Architecture beyond building, o.P.
17| Tilo Schabert, Die Architektur der Welt, Eine kosmologische Lektüre architektonischer Formen, München, 1997, S. 143.

Atomium E2

Arno Brandlhuber

Von der Eisenzeit zum europäischen Molekül

Entwurf E2 mit konstruktivem Schwerpunkt am Lehrgebiet Elementares Bauen im Grundstudium der Architekturfakultät der Bergischen Universität GH Wuppertal.

„Beim Modellbau wurde den Studierenden deutlich bewusst, dass es bei der Kugelschale keinen Anfang und kein Ende gibt. Das gewohnte Arbeiten auf stabiler Grundplatte konnte nicht zum Ziel führen. Instabile Montagezustände waren zu überwinden, bis sich schließlich zwar feste, aber frei drehbare, beliebig anzuordnende Strukturen ergaben."

Karl Schwalbenhofer

"We are all astronauts."

R. Buckminster Fuller

1958 werden zur Weltausstellung in Brüssel 9 Kugeln mit einem Durchmesser von 18 Metern durch 3 Meter dicke Rohre zu einem Gebilde von 102 Metern Höhe verbunden.

Modell 1: Ein Eisenmolekül – ordnungsspezifisch ein Eisenkristall, da es nach einer definierten geometrischen Form organisiert ist – wird 165-milliardenfach vergrößert dargestellt. Im formgebenden Stab-Kugel-Modell stellen die Kugeln des Atomiums die Atome des Kristallgitters und die Verbindungsrohre die Bindekräfte zwischen den Atomen dar. Aus dem Kristallgitter wird ein einzel-

Atomium, Weltaustellung Brüssel, 1958, Eisenkristall, Maßstab 1:165 000 000 000, Höhe: 102 Meter, 9 Kugeln, Durchmesser: 18 Meter. Das Brüsseler Atomium, statuiert weit jenseits der Intentionen seiner Erbauer ein Exempel der Gleichzeitigkeit von „intuitiver" und „reflektierender" Wahrnehmung: Das „vernünftige" Modell einer Molekülstruktur verkehrt sich in der milliardenfachen Vergrösserung in sein Gegenteil einer reduktiv-archaischen Präsenz; in die nackte Realität einer Zahl, die gleichzeitig vorgibt, nichts weiter zu sein, als direkter Ausdruck menschlichen Geistes und Maßstabes.

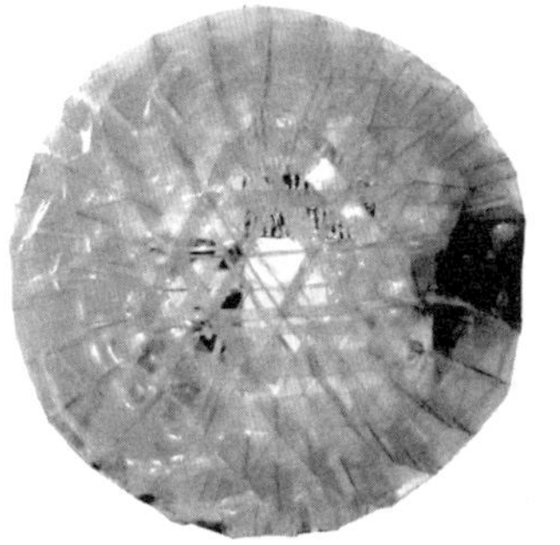
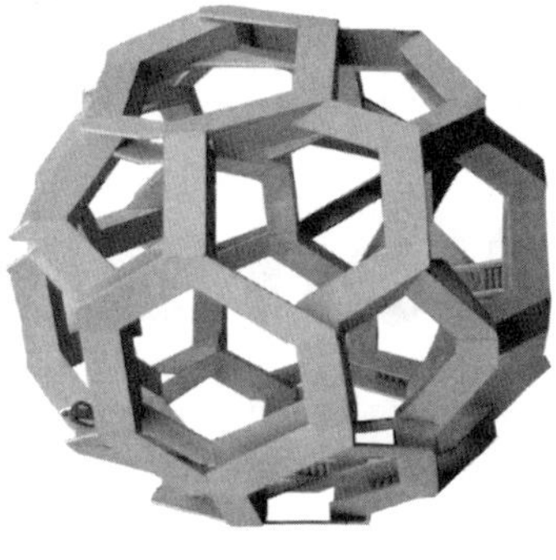
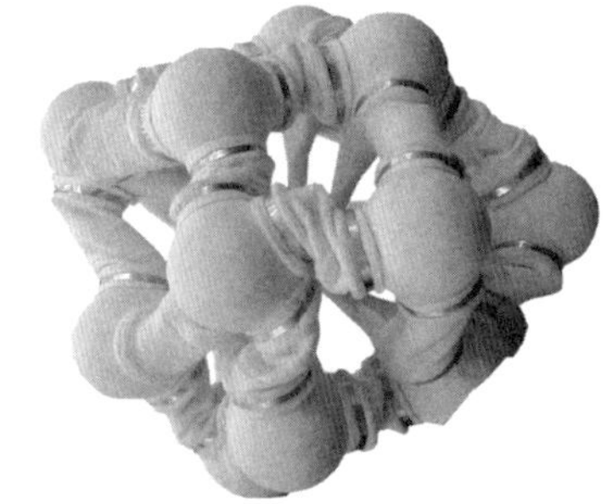
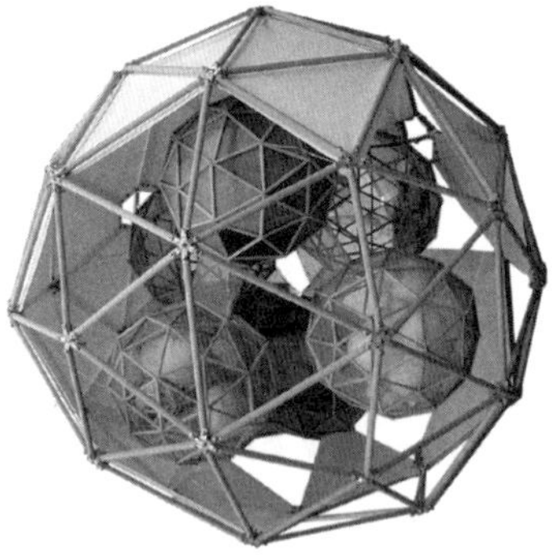
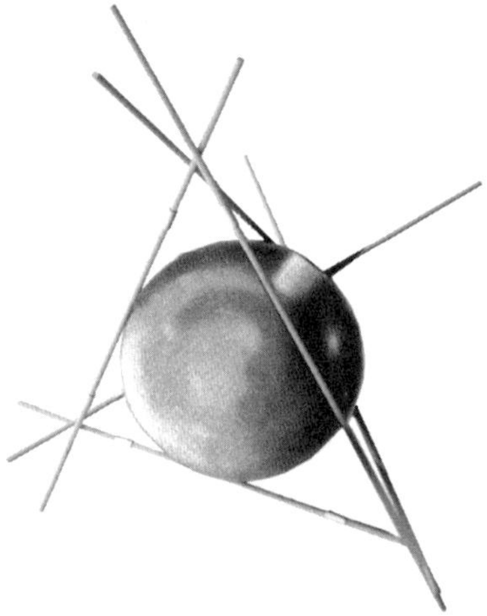

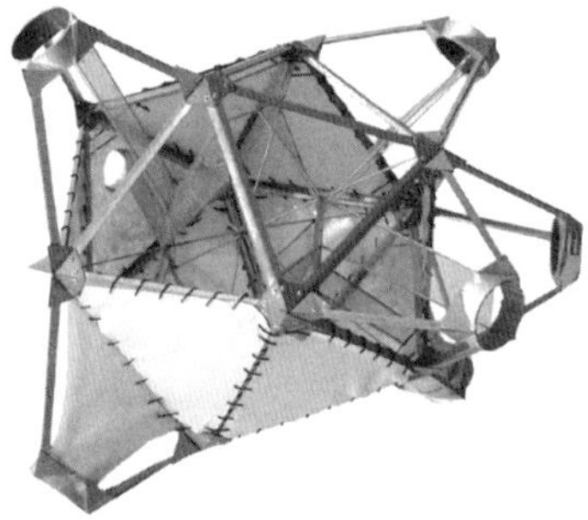

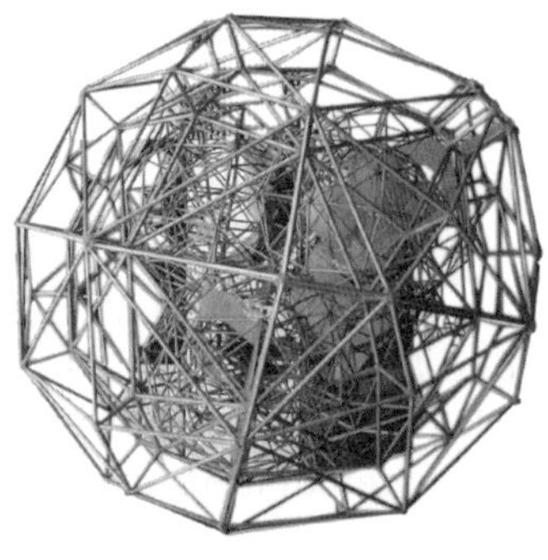

ner Kubus mit Mittelkugel isoliert. Zur Stabilisierung der diagonalen Lagerung auf einer Kubusecke werden 3 zusätzliche Stützen notwendig.

Modell 2: Der belgische Ingenieur André Waterkeyn, Mitarbeiter des Metallkonsortiums Fabrimetal, intendiert mit seinem Entwurf des Atomiums die Repräsentation der Metallindustrie.
Die Vergrößerung eines Eisenkristalls zielt auf den Grundstoff der industriellen Revolution des 19. Jahrhunderts. Die zeitgenössische Architekturkritik verweist die „langweilige und maßstablose Gigantomanie ... ins 19. Jahrhundert mit seiner staunenden Ehrfurcht vor technischen Leistungen“ (Paulhans Peters 1958).

Modell 3: 1953, 8 Jahre nach Hiroshima, tituliert der US-Präsident Eisenhower seine Rede vor der Vollversammlung der Vereinten Nationen „Atomic Power for Peace“. Die Genfer Atomenergie-Konferenz der Vereinten Nationen „Atoms for Peace“ im Sommer 1955 spekuliert euphorisch die friedliche Atomnutzung.
Unter dem Motto „Bilanz für eine menschlichere Welt“ zielte die Weltausstellung 1958 in Brüssel auf eine Neubewertung des wissenschaftlich-technischen Zukunftshorizontes. In der Halle der Wissenschaft ist ein atomarer Mini-Forschungsreaktor mit einem Watt Leistung installiert; mit „künstlichen Händen“ können Besucher mit radioaktivem Material hantieren.
Das Atomium erfährt seinen Bedeutungsgehalt vor dem Hintergrund der gerade formierten Integrationsideologie „friedliche Atomenergie“. Auch wenn das „Metall-Ungetüm“ überragt „wie eine erdrückende Allegorie des Atomzeitalters“[1] das Ausstellungsgelände.

Modell E2: Nach 40 Jahren vom Abriss bedroht, soll das Atomium in Brüssel auf sein Potential zur Neuevaluierung überprüft werden: von der Eisenzeit zum europäischen Molekül. Die der europäischen Neuordnung zugrunde liegenden Gesellschaftsmodelle werden zum Modell der (Re)Formfähigkeit des Atomiums. – Auf der Grundlage der Beschreibungsmodelle für die Gitterstruktur der Eisenmoleküle – „Stabmodell“, „Kugelpackung“ und „Dynamisches Modell“ – entwickelten jeweils zwei Studenten für jeweils eine der neun Kugeln des Atomiums räumlich konstruktive Entsprechungen ihrer „europäischen“ Projektionen. In elementarem Sinne werden dabei die Grenzen und Möglichkeiten von Architektur verhandelt – als Träger konstruktiver Lasten, wie als Träger von Bedeutung.

Atomium E2 „von der Eisenzeit zum europäischen Molekül“, Bergische Universität GH Wuppertal, Elementares Bauen, 2000, Prof. Stellv. Arno Brandlhuber, Lehrbeauftragter Silvan Linden, Björn Martenson, Tragwerksberatung: Prof. Karl Schwalbenhofer.
Von links oben: Klauser/Dorsch, Tvrtković/Penić, Brandt/Hembach, Dreger/Hastedt, Hölscher/Ajersch, Muckenhaupt/Derrath, Himmelreich/Schlechter, Hilterhaus/Pell, Lerch/Richter, Bender/Kirsten, Lagos/Igwe, Feldhammer/Scholz.
Ohne Abbildung: Lohrum/Hammes, Schütz/Jürgens, Roos/Kahl, Schaub/Ozangil, Darici/Yurdakul, Lichters/Göbbel, Schnütgen/Lackmann, Gladis/Meyer, Spohr/Stange, Wulf/Kägi, Zölter/Breithor, Celik/Öszeker, Piper/Maleki, Finke/Pigou, Albrecht/Agic, Stormer/Köhler.

1] Der Spiegel, 9. April 1958.

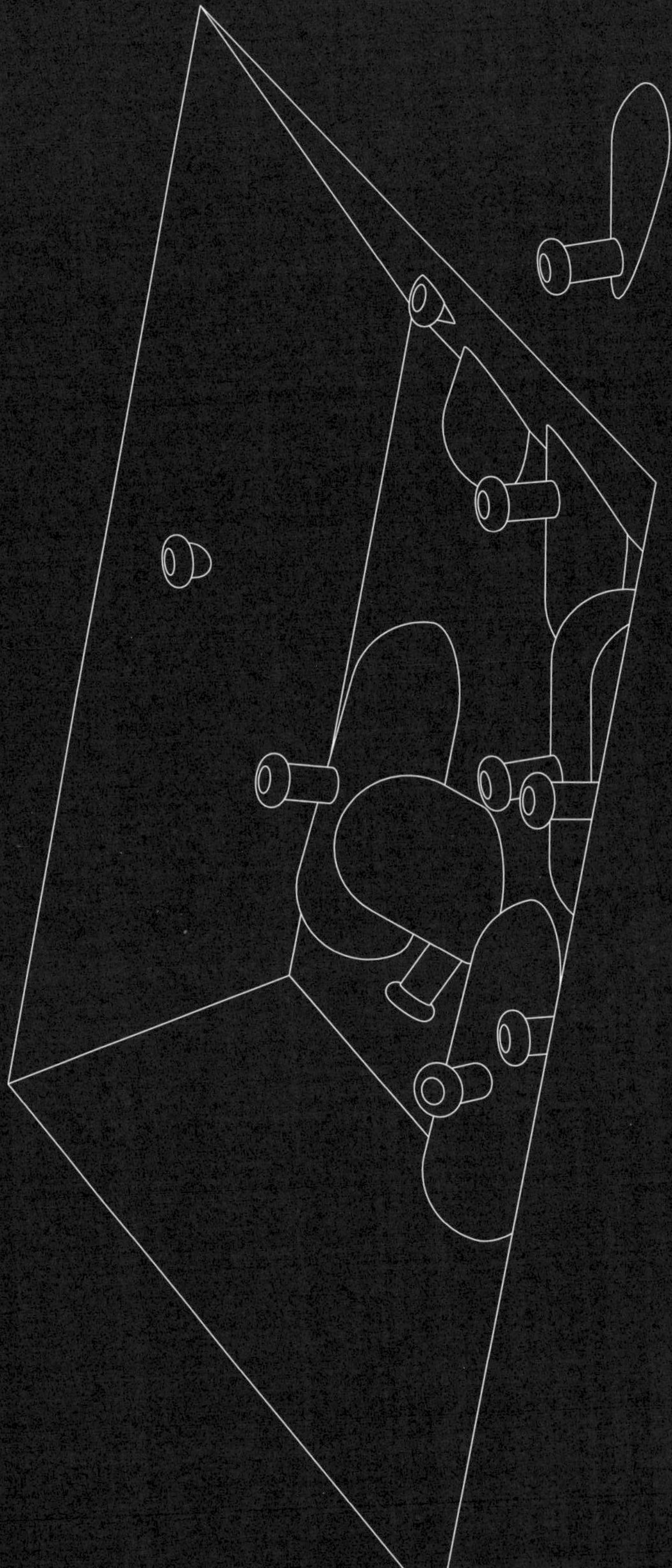

Workshop „Politische Landschaft“

Ulrich Gutmair, Silvan Linden, Carsten Jakob Bohn, Elizabeth Felicella: **VR für alle! Cut-up and paste**
Alexa Kreißl & Daniel Kerber, Ursula Ringleben, Susanne Barth, Tim Klauser, Kerstin Tulke, Mario Tvrtković: **Produktion und Intervention**
Peter Arlt, Bittermann&Duka, ifau, Irena Penić, Therese Schlundt, Barbara Siebold, Ute Siemann-Hammesfuhr: **Tarnen & Täuschen**
b&k+ schoenerwissen, Ralf Chille, Michael Thomas, Matthias Rottmann, Sascha Kösch, Pit Schultz: **politische-landschaft.de – Polar**
b&k+ Christopher Dell, Richard Anjou, Tobias Engelhardt, Jan Rinke: **Von Information zu Wissen**
Christoph Rau

Dank an: Dr. Susanne Anna, Dr. Udo Graetz, Dr. Jenkner, Dr. Walker.
Mit Unterstützung von: Bilderleisten Chemnitz, Schnaitsee; Schmincke&Co., Erkrath.

Aktionen. gemischt mit Erotik,

Die Nacht ist alles andere als friedlich.

Lässig beginnt ein anderer Sog zu wirken,

und schön brav erreichen Sie den Gipfel.

Ihr Optimismus riecht regelrecht nach Streit.

Die "Erde" ist jetzt voller Tücken.

Schützen

Stimmung

Ulrich Gutmair, Silvan Linden, Carsten Jakob Bohn, Elizabeth Felicella

VR[1] für alle! Cut-up and paste

Text[2]

The aim of academy training is precisely decontrol of opinion, the students being conditioned to look at the facts before formulating any verbal patterns.

It's not unconscious at all, it's a very definite operation... the simpliest way is to take a page, cut it down the middle and across the middle, and then rearrange the four sections. Now that's a very simple form of cut-up if you want to get some idea of one rearrangement of those words on that page.

How permissive is the "permissive society"?

This can be done on a computer.

The word of course is one of the most powerful instruments of control as exercised by the newspapers and the images as well, there are both words and images in newspapers... Now if you start cutting these up and rearranging them you are breaking down the control system. Fear and prejudice are always dictated by the control system.

Anyone with a tape recorder controlling the sound track can influence and create events.

We intend to destroy all dogmatic verbal systems. The control of the mass media depends on laying down lines of association. When the lines are cut the associational connections are broken.

If you're absolutely bombarded with images from passing trucks and cars and televisions and newspapers, you become blunted and this makes a permanent haze in front of your eyes, you can't see anything.

1] Virtual Reality.
2] Alle Zitate aus William S. Burroughs/Daniel Odier: The Job (1974).

Warum ist mit den Informationstechnologier Aufmerksamkeitsökonomie und "IT Stress". gestiegen?

Selbstverständlich ist "computer rage" neben
Angestellten auch ein Kostenfaktor. Daher sollten wir nicht überrascht sein,
daß ihre Arbeit täglich wegen eines Computer einmal abgestürzt ist,
Eine britische Studie konstatiert wachsende Angst oder, damit es wissenschaftlicher kling
(technology-related anxiety). Technik" sei eine ernstzunehmende - und da
Aufmerksamkeit von Millionen von Menschen und deren
biologischen Software verlangende - "mode der psychischen Belastung
Festgehalten werden kann, daß mit unserer "Obsession mit einem technologischen Regime
Freizeit und Produktivität niemals umfassend berücksichtigt werden;
So verbessern also hedonistische Mitdreißiger, heißt also: die Marktgesetze
die Herausbildung entsprechender Nutzungsvisionen

Wir kaufen Computer, um unsere opportunistische Verzerrung der übermittelten Daten sinnvoll erscheinen zu lassen.

Dieser evolutionäre Prozeß kann nun "Multimedia" alleine kontrollieren
auch gegen widerspenstige oder unwilli aufwallende Stimmung
"am Arbeitsplatz" auf der ganzen Welt

Wittgenstein said no proposition can contain itself as an argument the only thing not prerecorded on a prerecorded set is the prerecording itself that is any recording in which a random factor operates any street recording you can prerecord your future you can hear and see what you want to hear and see.

The new way of thinking is the thinking you would do if you didn't have to think about any of the things you ordinarily think about if you had no work to do nothing to be afraid of no plans to make. Any exercises to achieve this must themselves be set aside.

The new way of thinking grows in this hiatus between thoughts.

Programm

Der Workshop „Politische Landschaft" galt der Infragestellung politischer Traditionen, der Arbeit an den Verbindungspunkten institutioneller und informeller politischer Praxis sowie möglichen Formen einer politischen Selbst-Definition.
Die von William S. Burroughs entwickelten Techniken des Cut-up erschienen vor diesem Hintergrund als eine wirksame, offene Methode der Analyse bestehender Diskurse und Strukturen: Burroughs' Beschäftigung mit den medialen Techniken der Kontrolle fand zwar vor dem Hintergund noch zentralistisch organisierter Medien statt, einer Situation, die mit der Pluralisierung der Kanäle und der postmodern-liberalen Ideologie des Anything Goes ihr Ende gefunden hat. Trotzdem bestimmen auch heute zentrale Issues das diskursive Feld, setzen mächtige Sprecher die Agenda.
Eine in den letzten Jahren dominante diskursive Formation stellt das Sprechen über und aus der New Economy dar, das regelmäßig wiederkehrende ideologische Versatzstücke benutzt. Diese wiederum verdanken sich zum Teil selbst den emanzipatorischen Ideen der US-amerikanischen Counterculture, etwa deren Vorliebe für das Netzwerk als Modell gesellschaftlicher Organisation.
Alle im Workshop verwendeten Materialien – Texte, Graphiken, Werbung – wurden daher dem Feld der New Economy entnommen. Der Workshop zielte dabei weder auf konkrete noch auf theoretische Ergebnisse ab, sondern auf den Prozess des praktischen Experimentierens. Die Arbeit der Gruppe mündete unter anderem in eine Toninstallation, bei der Auszüge der erstellten Cut-ups vom Wachpersonal des Museums stündlich über die Haussprechanlage verlesen wurden.

Der elektronische Kalender wird kaum benutzt (oder nur unter Zwang), weil

Die organisatorische Einbettung des Produkts in das Arbeitssystem zu früh postuliert werden.

Erst das soziale Umfeld, die betriebliche Organisation, die informelle Organisation der persönlichen

ökonomischen Rahmenbedingungen heute lassen

Methoden praktisch nicht angewandt, die hohen Schulungskosten waren im gesamten Kabelnetz verfügbar

umsonst ausgegeben worden

, da Time Warner in bezug auf die Offenlegung der Versuchsergebnisse,

diskutierte sondern sich selbst überließ, wurden die bisher eingesetzten Bürosysteme

vorbereitet und darin unterstützt völlig neue Formen in einem viel helleren Licht

der Zusammenarbeit in Gruppen erfordern, wenn sie

Vertrauen, Verständnis und Einverständnis mit den Arbeitsvorgängen

nicht bloß im Ersatz des Taschenkalenders

formaler Methoden für die Spezifikation und Entwicklung von Software sozialer Kompetenz

nicht die erwartete Nutzung zeigen.

Und diese Technik funktioniert.

GH WUPPERTAL

Alexa Kreißl & Daniel Kerber, Ursula Ringleben, Susanne Barth, Tim Klauser, Kerstin Tulke, Mario Tvrtković

Produktion und Intervention

Die Treppe hoch, die Kiste mit dem Schlüssel öffnen und den Knopf drücken. Rechts kommt man in einen Raum mit Vorsprung. Man schnappt sich so schnell wie möglich den Sonderfall vom Tisch und holt die Lösungsstrategie aus dem Regal.
Im nächsten Raum nehmen wir den Schwellenwert und die vorläufige Gebrauchsform von der Wand und packen uns die Fehlversuche in die Tasche. Nun begeben wir uns auf die Suche nach dem Zwischenraum. Hat man diesen gefunden, untersucht man den Anstandsrest und entdeckt drei tägliche Kleinigkeiten. Man läuft schnell wieder weg, da auch zahlreiche Einwände mit hinunterfallen. Weiter hinten ist eine Tür, dahinter liegt ein Standpunkt. Diesen schieben wir zur Seite.
Das Dokument „die Zusatzfunktion“ nicht vergessen. Wir verlassen den Raum, dahinter befindet sich eine Öffnung. Im Labor entdecken wir ein Überraschungspaket und zwei Imaginationsgeräte. Von den drei Variationsmechanismen stecken wir den einen ein. Dies muss alles sehr schnell passieren, da eine Gewohnheit den Raum unsicher macht. Auf dem Flur erschlägt man die Zwischenzeit mit der Hingabe und nimmt ihr die Dauer.
Dann geht man geradeaus, biegt zweimal ab und füllt eine Tasche mit Neuformen. Durch den kleinen Flur erreicht man den Warteraum, dort kann man entweder gegen die Langeweile kämpfen oder schnell ein Einsatzmodul bauen. Im Raum gegenüber trifft man auf einen keimenden Verdacht, den man besiegen muss. Den zweiten Raum sollten wir lieber nicht betreten, da uns dort die Breitseite der Belanglosigkeit auflauert. Dann kommt man in eine unbekannte Beobachtungsgrösse. Der Ausgang ist durch eine Fehlervariante blockiert, die man aber leicht wegschieben kann. Hat man das geschafft, gehört der Schlüssel zum Variationsmechanismus uns.

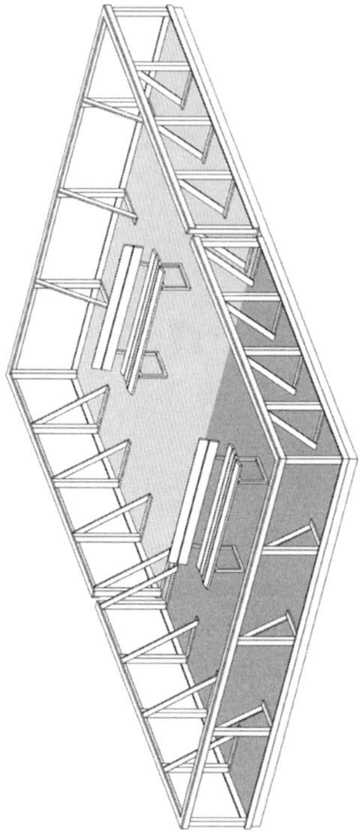

Peter Arlt, Bittermann&Duka, ifau, Irena Penić, Therese Schlundt, Barbara Siebold, Ute Siemann-Hammesfuhr

Tarnen & Täuschen – Operative Analyse/Getarnte Aktion/Angetäuschte Bildbilanz

„Tarnen & Täuschen" ist „Manövern" gewidmet, die bestehende Raumgrenzen und Verhaltensmuster anlösen und durch Überlagerung zu neuen Schnittmengen führen.

Ort der „Getarnten Aktion" ist der Blumenladen am Haupteingang des Kölner Hauptbahnhofs, von dem im Zuge der Umgestaltung des Bahnhofs nur noch das sockelartige Fundament – eingefasst von einem provisorischen Holzgeländer – übrig geblieben ist. Das Fundament wird spiegelsymmetrisch von der Fassade des Bahnhofs durchschnitten, so dass sich eine jeweils gleichartige Fläche innerhalb und außerhalb der Bahnhofshalle bildet. An diesem vorgefundenen Ort installierte die „Getarnte Aktion" zwei alte, vom Gartenbauamt überlassene Bänke. Diese waren in Anspielung auf ein Wahlversprechen des neuen Kölner Oberbürgermeisters über 900 neue Sitzbänke jeweils mit einer kleinen Plakette versehen: „Bänke für Köln 1/900", beziehungsweise „... 2/900".

Inmitten der Betriebsamkeit des Bahnhofes entsteht damit ein Ort von geradezu idyllischer Abgeschiedenheit, der eine eigene, „dritte" Zeit beinhaltet. Genau auf der Trennlinie zwischen privatisiertem und öffentlichem Raum gelegen, spiegeln sich in der Fassade nicht nur die Bänke und ihre neuen Nutzer, sondern auch verschiedene Formen des Verstehens und Gebrauchens von Stadt: auf der einen Seite die vielgeschmähte „Domplatte" aus den 70er Jahren mit ihren schäbigen „Stadtbalkonen" und Treppenläufen, auf der anderen Seite die neuen Ladenpassagen des umsatzoptimierten Bahnhofes.

Dank an: E. Chemnitz, Schnaitsee; H. Schmincke & Co., Erkrath.

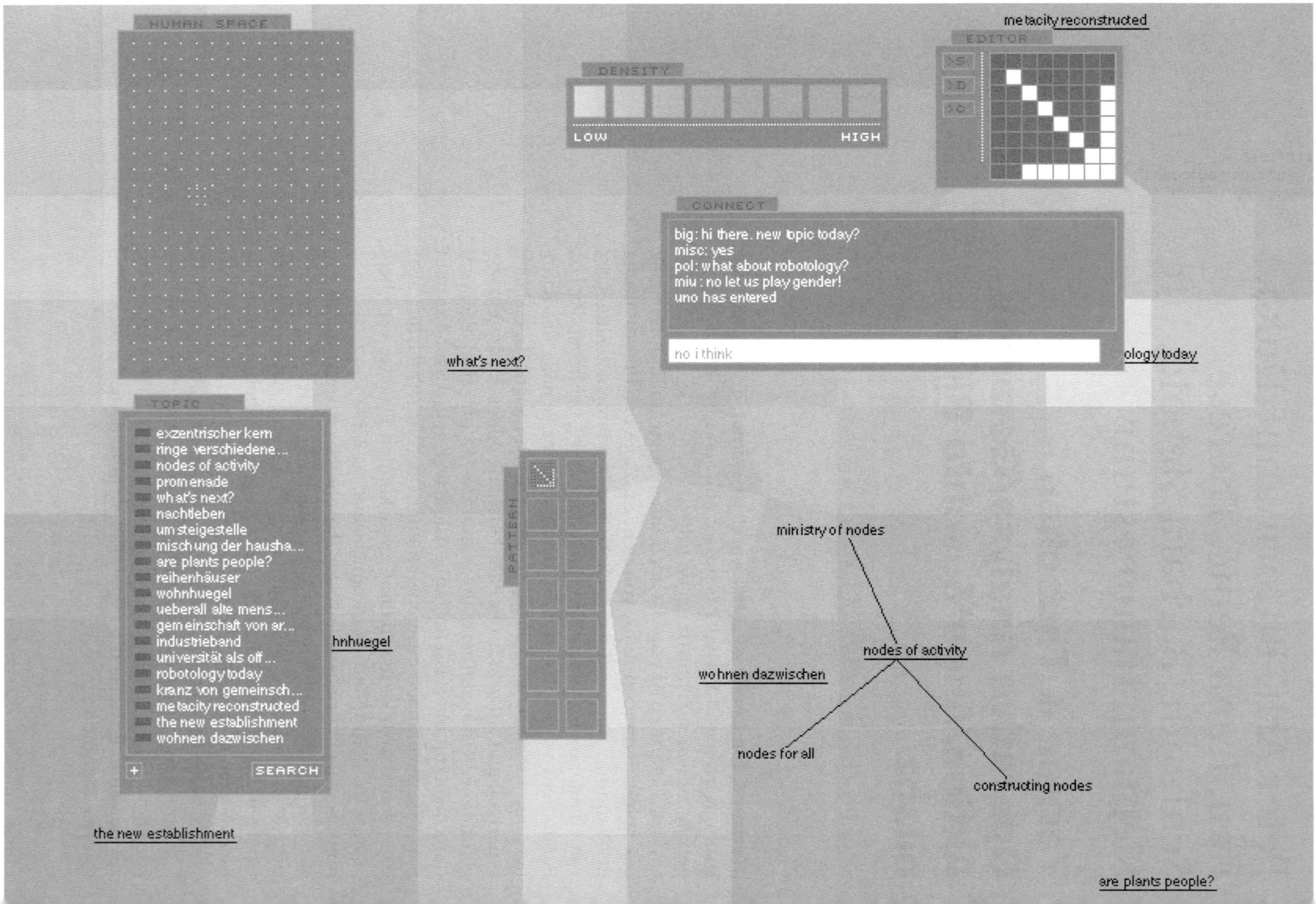
metacity reconstructed
HUMAN SPACE
DENSITY
LOW
HIGH
EDITOR
>S
>D
>C
CONNECT
big: hi there. new topic today?
misc: yes
pol: what about robotology?
miu : no let us play gender!
uno has entered
no i think
ology today
what's next?
TOPIC
exzentrischer kern
ringe verschiedene...
nodes of activity
promenade
what's next?
nachtleben
umsteigestelle
mischung der hausha...
are plants people?
reihenhäuser
wohnhuegel
ueberall alte mens...
gemeinschaft von ar...
industrieband
universität als off...
robotology today
kranz von gemeinsch...
metacity reconstructed
the new establishment
wohnen dazwischen
+
SEARCH
hnhuegel
PATTERN
ministry of nodes
nodes of activity
wohnen dazwischen
nodes for all
constructing nodes
the new establishment
are plants people?

b&k+ schoenerwissen, Ralf Chille, Michael Thomas, Matthias Rottmann, Sascha Kösch, Pit Schultz

politische-landschaft.de Polar

Das Kommunikationsmodell PolarBeta[1] wurde konzipiert, um die Grundlagen der Diskussionen während des Workshops erforschen zu können, mehr noch, um Aus- und Einblicke auf mögliche, andere Politische Landschaften entwerfen zu können. Im Mittelpunkt steht die Visualisierung der Denkbewegungen einer Gruppe von Personen, der Art und Weise wie Texte, Begriffe mittels visueller Elemente ein disperses Landschaftsbild ergeben.
Die Teilnehmer generieren eine Landschaft, die in ihrer Farbigkeit wie eine topographische Darstellung funktioniert. Ihre Handlungen und Bewegungen werden als Spuren auf diesem Feld der Möglichkeiten verzeichnet. Mittels eines Editors erstellen sie sich zunächst einen Stempel, ein individuelles Kennzeichen ihrer Spur in der Landschaft. Die Themen/Handlungseinheiten sind sowohl durch das Umherschweifen der Akteure aufzufinden, als auch über ein Archiv aufzusuchen, das durch die Teilnehmer ständig erweitert werden soll. Die Farbintensität der einzelnen Segmente beschreibt die Dichte, das heißt die Häufigkeit der abgegebenen Stempel und somit die politische Relevanz, die das Thema beinhaltet. Werden neu eingeführte Themen nicht aufgesucht, sterben sie ab, verschwinden in der Landschaft, da man sie nicht als Erhebung erkennen kann. Das Mapping wird durch eine Textebene erweitert, in der die Themen der Handlungsfelder zur Diskussion gestellt werden. Diese können auch über das Archiv abgerufen werden. Jeder Punkt im Human Space repräsentiert einen Akteur. Hier werden die Annäherungen und Polaritäten innerhalb der Gruppe visualisiert: sich ähnelnde Aufmerksamkeiten rücken aneinander, unterschiedliche Interessen driften auseinander. Die Spieler lassen sich über dieses Bedienfenster identifizieren, ebenso über ein einzelnes Handlungsfeld.

1] Eine Betaversion ist online unter http://www.polar1.net abrufbar. webdesign und betatest schoenerwissen.

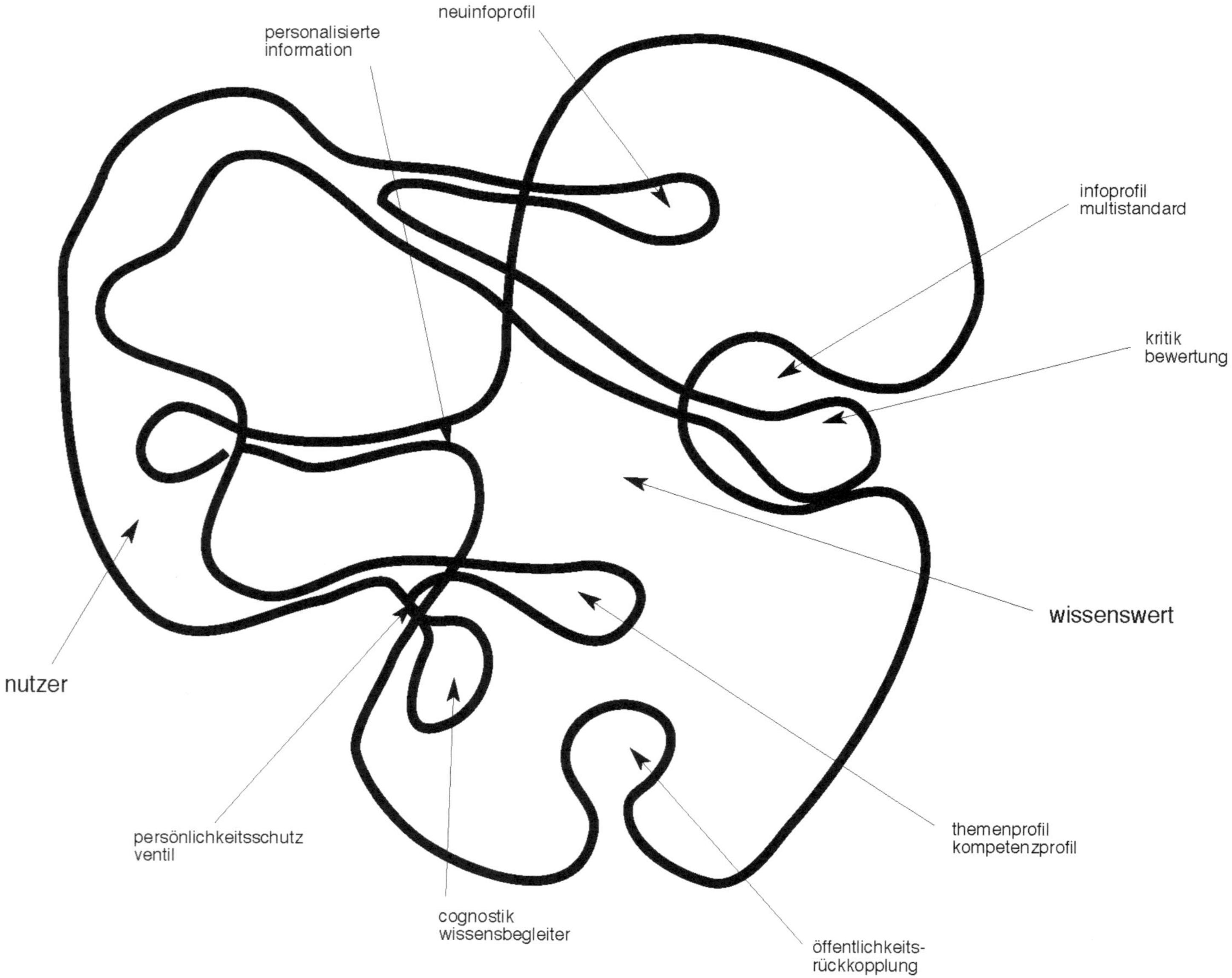
neuinfoprofil
personalisierte
information
infoprofil
multistandard
kritik
bewertung
wissenswert
nutzer
persönlichkeitsschutz
ventil
themenprofil
kompetenzprofil
cognostik
wissensbegleiter
öffentlichkeits-
rückkopplung

b&k+ Christopher Dell, Richard Anjou, Tobias Engelhardt, Jan Rinke (besonderer Dank an Angelika Schnell)

Von Information zu Wissen

„Wenn ich sage: ‚Ich weiß dies', treffe ich mindestens drei Aussagen. Die erste ist eine Aussage über ein Objekt (‚dies'), das ich beobachte. Die zweite ist eine Beziehung, die ich mit dem Objekt zu unterhalten behaupte, auf die ich als ‚Wissen' verweise. Die dritte ist eine Aussage über mich selbst, den Beobachter."

Ranulph Glanville

Das „Ein-Hirn-Problem" – die Wissenschaften vom Gehirn
Es liegt auf der Hand, dass die Wissenschaften, die sich mit dem menschlichen Gehirn befassen, eine Theorie des Gehirns, T(G), entwickeln müssen, wenn sie nicht zu einer Physik oder Chemie lebendiger – oder lebendig gewesener – Gewebe degenerieren wollen. Eine solche Theorie muss natürlich von einem Gehirn geschrieben werden: G(T). Daraus folgt, dass eine derartige Theorie so angelegt werden muss, dass sie sich selbst schreibt: T(G(T)). [...]

Das „Zwei-Hirn-Problem": Erziehung
Der Großteil unserer institutionalisierten Erziehungsbemühungen hat zum Ziel, unsere Kinder zu trivialisieren. Ich verwende diesen Begriff „Trivialisierung" genau so, wie er in der Automatentheorie gebräuchlich ist. Dort ist eine triviale Maschine durch eine festgelegte Input-Output-Beziehung gekennzeichnet, während in einer nicht-trivialen Maschine (Turingmaschine) der Output durch den Input und den internen Zustand der Maschine bestimmt wird.

Das „Viel-Hirn-Problem": Gesellschaft
Es liegt auf der Hand, dass unsere Gesellschaft als Ganzes von gravierenden Funktionsstörungen befallen ist. Es fällt nicht schwer

Auf das Verhältnis bzw. den Übergang von Information zu Wissen und dessen Verfügbarkeit zielt das im Rahmen des Workshops Politische Landschaft erarbeitete Flußdiagramm Wissenswert.

zu erkennen, dass der wesentliche Grund für diese Funktionsstörungen im Fehlen des adäquaten Inputs für das Individuum liegt, mit seiner Gesellschaft zu interagieren. Die sogenannten „Kommunikationskanäle“, die „Massenmedien“, bieten nur eine Einbahnstraße: Sie reden, niemand aber kann darauf antworten. Da der Rückkopplungskanal fehlt, ist das System nicht zu kontrollieren.

Das „All-Hirn-Problem“: Menschheit

Das bedrückendste Charakteristikum des globalen Systems „Menschheit“ ist seine nachweisliche Instabilität und der daraus folgende, unerwartet schnell herannahende Kollaps. Solange die Menschheit sich selbst als ein offenes System behandelt und die Signale der Sensoren ignoriert, die seinen eigenen Zustand vermitteln, bewegen wir uns unaufhaltsam diesem Ende zu.
Wissen bedeutet Verantwortung. Ein Arzt muss an der Unfallstelle handeln. Wir können es uns nicht länger leisten, einer globalen Katastrophe lediglich als wissende Zuschauer zuzusehen. Wir müssen all das Wissen, das wir haben, durch Kommunikation und Kooperation miteinander teilen und damit die Probleme unserer Zeit bewältigen. Nur auf diese Weise können wir unsere soziale und individuelle Verantwortung als Kybernetiker erfüllen, nur indem wir das praktizieren, was wir predigen.

Heinz von Foerster

heilige-drei-koenige.de, b&k+ diVa event, Markus Haag, Museum für Angewandte Kunst, Köln, 2000. Der Dreikönigenschrein wird online zur Neukodierung freigegeben.

ATOMIUM E2
BERGISCHE UNIVERSITÄT GH WUPPERTAL

Christoph Rau

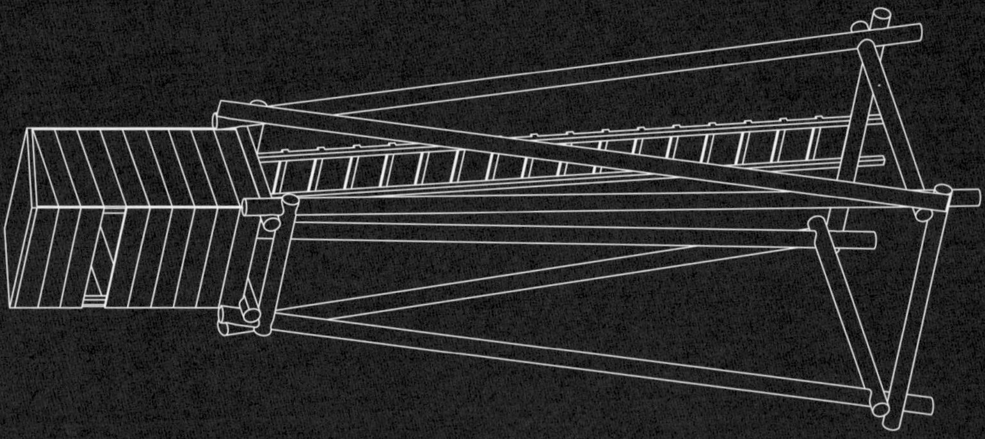

Gründung der Akademie

b&k+ ajb (Arno Brandlhuber, Bernd Kniess, Anne-Julchen Bernhardt): **Kosmopolis versus localvillage**
Jochem Schneider: **Denkmodell Landschaft**
alias (Katja Heinecke, Reinhard Krehl, Bertram Weisshaar): **der sindelfinger gartenschwarm – die vitalisierung des zufälligen**
Christopher Dell: **Heimaten 0.2 – Über die Gemeinsamkeit des Ortes**
Bittermann&Duka: **Die Dritte Kammer – Intangible Assets**
Isa Melsheimer: **Modelle**
ifau: **divercity featuring modell O'Brien**

Dank an: Dr. Klaus Meyersen.

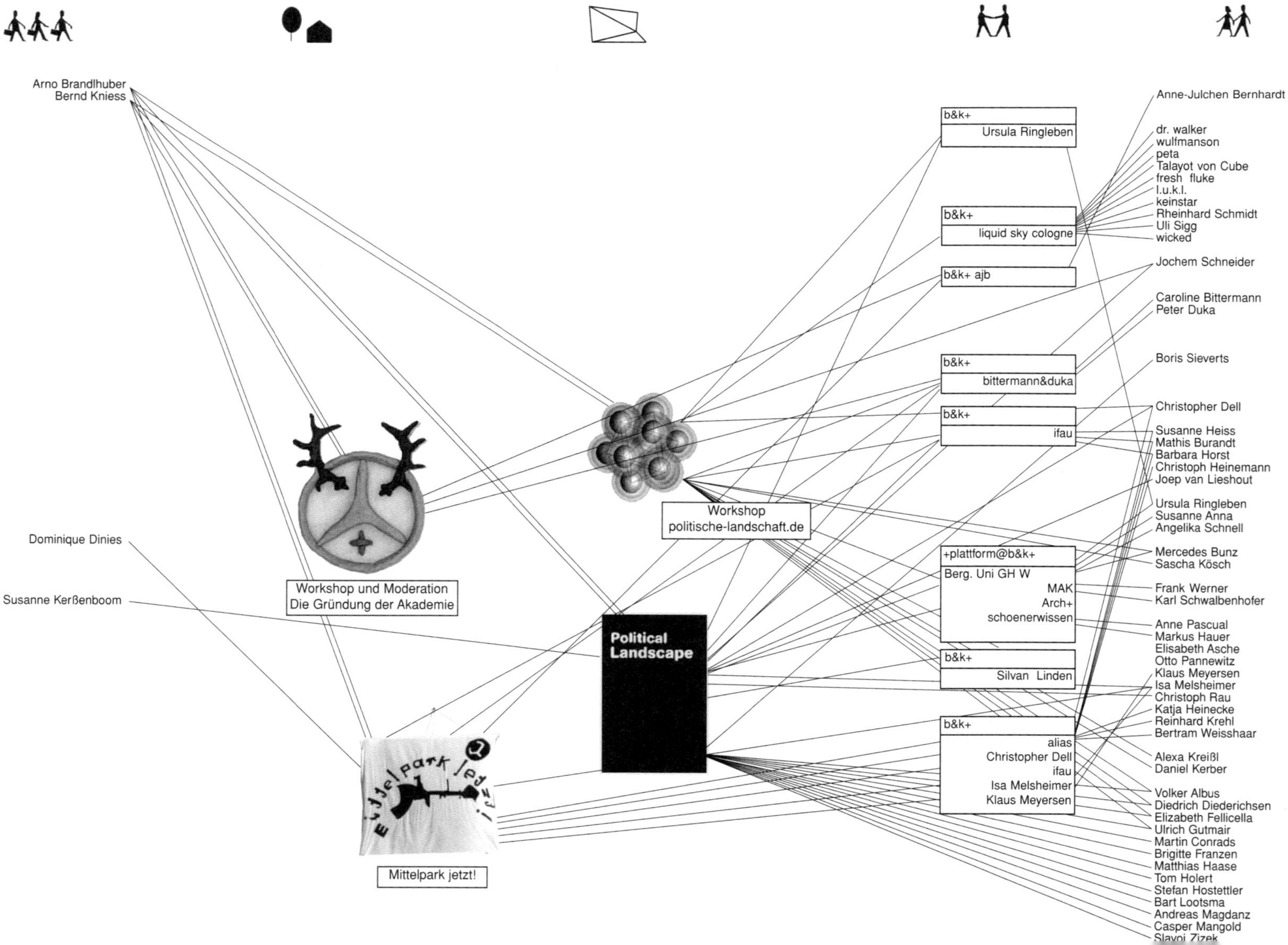

Arno Brandlhuber
Bernd Kniess
Dominique Dinies
Susanne Kerßenboom
Workshop und Moderation
Die Gründung der Akademie
Workshop
politische-landschaft.de
Political
Landscape
Mittelpark jetzt!
b&k+
Ursula Ringleben
b&k+
liquid sky cologne
b&k+ ajb
b&k+
bittermann&duka
b&k+
ifau
+plattform@b&k+
Berg. Uni GH W
MAK
Arch+
schoenerwissen
b&k+
Silvan Linden
b&k+
alias
Christopher Dell
ifau
Isa Melsheimer
Klaus Meyersen
Anne-Julchen Bernhardt
dr. walker
wulfmanson
peta
Talayot von Cube
fresh fluke
l.u.k.l.
keinstar
Rheinhard Schmidt
Uli Sigg
wicked
Jochem Schneider
Caroline Bittermann
Peter Duka
Boris Sieverts
Christopher Dell
Susanne Heiss
Mathis Burandt
Barbara Horst
Christoph Heinemann
Joep van Lieshout
Ursula Ringleben
Susanne Anna
Angelika Schnell
Mercedes Bunz
Sascha Kösch
Frank Werner
Karl Schwalbenhofer
Anne Pascual
Markus Hauer
Elisabeth Asche
Otto Pannewitz
Klaus Meyersen
Isa Melsheimer
Christoph Rau
Katja Heinecke
Reinhard Krehl
Bertram Weisshaar
Alexa Kreißl
Daniel Kerber
Volker Albus
Diedrich Diederichsen
Elizabeth Fellicella
Ulrich Gutmair
Martin Conrads
Brigitte Franzen
Matthias Haase
Tom Holert
Stefan Hostettler
Bart Lootsma
Andreas Magdanz
Casper Mangold
Slavoj Zizek

b&k+ ajb (Arno Brandlhuber, Bernd Kniess, Anne-Julchen Bernhardt)

Kosmopolis versus Local-village

Arbeitsstruktur
Individualismus und Vereinzelung stehen einer wachsenden Komplexität der Aufgabenstellungen gegenüber. Diese paradoxe Situation verlangt neue Strategien und Listen in der Kunst des Machens. Folgende Grundüberlegungen liegen der nachfolgend beschriebenen Arbeit dabei zugrunde:
Anstatt von einem vermeintlichen Mangel auszugehen, der mit neuen Erfindungen behoben werden will, besteht die Ausgangshypothese darin, dass alles bereits da und unscheinbar vorhanden ist – es muss entdeckt, erforscht und aktualisiert werden.
Das Arbeiten in den Zwischenräumen des Unbestimmten lebt von der Qualität der Verbindungen. Im permanenten Selbstversuch der Vernetzung mit anderen kulturellen Produzenten – Wissenschaftlern, Künstlern, Musikern, Philosophen – gewinnt der Architekt gegenüber dem Selbstverständnis des generalistischen Baumeisters letztlich neuen Handlungsraum.
Es stellt sich die Frage, wie der Beobachter und Nutzer in diesen Prozess einbezogen werden kann. Dafür sind Instrumente und Parameter der Bewertung zu entwickeln. In dem Maße, in dem sich der Planende als Bestandteil des von ihn beinflussten Prozesses begreift, eröffnet er auch dem sonst außenstehenden „Be-Planten" die Möglichkeit, sich selbst als Gestalter zu entdecken. Der Planer wird Teil der Nutzung – der Nutzer wird Teil der Planung. Ein solcher gegenseitiger Wechsel lässt einen Reichtum verfügbar werden, der sich aus der Gleichzeitigkeit verschiedener Wahrnehmungen und Erfahrungen speist.

DaimlerChrysler versus Sindelfingen
„Zur Geschichte der heutigen Industriestadt Sindelfingen und ihrer handwerklich-ländlichen Tradition:
Die Geschichte Sindelfingens beginnt im 11. Jahrhundert mit ei-

www.bk-plus.de

nem Benediktinerkloster, in dessen Bezirk Graf Adalbert von Calw ein Chorherrenstift begründet. 1263 ringt Graf Rudolf von Tübingen dem prosperienden Stift Ländereien südlich des Stiftsbezirks ab und gründet dort die Stadt Sindelfingen. Aufgrund der unmittelbaren räumlichen und administrativen Beziehung zum Stift bleibt die Stadt fast 200 Jahre ohne Rathaus und eigene Kirche. 1477 verlegt Graf Eberhard das Chorherrenstift nach Tübingen, wo es zur wirtschaftlichen wie geistig-geistlichen Grundlage der Landesuniversität wird. Das bescheidene, von Landwirtschaft und Weberei geprägte Landstädtchen Sindelfingen bleibt in den folgenden Jahrhunderten ohne größere Bedeutung. Im Juli 1915 beginnt mit der Ansiedlung der Daimler Motorenwerke Sindelfingens Aufstieg zur Industriestadt. Nach 1945 wächst das Werk Sindelfingen zur größten Automobilfabrik innerhalb der Daimler-Benz AG (seit 1926) heran. 1950 übertrifft die Zahl der 12 800 im Werk Beschäftigten die Zahl der 11 700 Einwohner von Sindelfingen. Das Wachstum beider schreitet rasant voran. Zeitweise werden im Werk bis zu 45 000 Mitarbeiter beschäftigt; die Stadt zählt 1971/72 mit der Eingemeindung Maichingens und Darmsheims rund 56 000 Einwohner. Heute gehört das Werk zum 1998 fusionierten DaimlerChrysler Konzern, beschäftigt rund 37 000 Mitarbeiter und beherbergt neben der traditionellen Automobilproduktion auch den neu angesiedelten Forschungsbereich. Sindelfingen ist Heimat für ca. 60 000 Menschen vieler Nationalitäten. Mit Werk und Stadt liegen sich heute zwei große, autonome Komplexe gegenüber – wie vor mehr als 700 Jahren das einstige Landstädtchen und sein Chorherrenstift.“

Otto Pannewitz, Galerie der Stadt Sindelfingen, August 2000

1450 erlangt Sindelfingen das Marktrecht und siedelt den Marktplatz in der „Leeren Mitte“ zwischen Chorherrenstift und Stadt an. Der Stadtgraben wird verfüllt, die Mauern geschliffen, die vormals leere Mitte zwischen zwei teilautonomen Bereichen wird zum Zentrum des materiellen und kommunikativen Austausches; es wird funktional wie stadträumlich zur neuen Mitte einer „Gesamt-Stadt“.

Büro und Werkstatt, Akademie 2000.

Vom offenen Raum zur offenen Entscheidung

Die heutige Situation befindet sich in Analogie zur historischen: Zwei teilautonome, auf sich zentrierte Funktionsbereiche – Stadt Sindelfingen und Werk DaimlerChrysler – erzeugen einen leeren Zwischenraum. Im Gegensatz zu der verbindenden Funktion des historischen Marktplatzes wird der heutige Raum zwischen Stadt und Werk von ihren jeweiligen Rückansichten gebildet: der vier-

16.

Vertrag

zwischen der

Daimler Motorengesellschaft A. G. in Untertürkheim
vertreten durch die Direktoren Kommerzienrat Ernst Berge und
Baurat Paul Daimler

und

der Stadtgemeinde Sindelfingen
vertreten durch Stadtschultheiss Hörmann.

Die Daimler Motorengesellschaft in Untertürkheim wird auf der Markung Sindelfingen ein oder im Laufe der Zeit auch mehrere Fabriken erstellen. Zu diesem Zwecke werden folgende Abmachungen getroffen.

§ 1.

Das zu erwerbende Gelände ist begrenzt im Süden durch den Lauf der Schwippe in Verbindung mit dem Mühlbach, im Osten durch die Strasse Böblingen - Sindelfingen, im Norden durch das Areal der Staatseisenbahn und im Westen durch den zur Rietmühle führenden Weg.

Die Stadtgemeinde unterstützt den mit der Erwerbung der Grundstücke beauftragten Vertreter der Gesellschaft in jeder nur möglichen Weise und stellt sowohl zu den Ankaufsverhandlungen wie auch zur Abschätzung etwaiger Flurschäden eine aus landwirtschaftlichen Sachverständigen zusammengesetzte Kommission kostenlos zur Verfügung.

=//=

§ 2.

Die Stadtgemeinde garantiert einen Grundstück-Durchschnittspreis von nicht mehr als 38 Pfg - achtunddreissig Pfennig - für den qm d.h., wenn der Ankauf im Durchschnitt billiger zu stehen kommt, so gilt der tatsächliche Durchschnitts-Kaufpreis, ist er dagegen teurer, so bezahlt die Stadtgemeinde den über 38 Pfg hinausgehenden Betrag.

Die Kaufskosten, welche die Daimler Motorengesellschaft zu tragen hat, werden nicht eingerechnet.

§ 3.

Die Abrechnung hierüber geschieht auf folgende Weise. Um den Grunderwerb und insbesondere die Auflassungen nicht zu verzögern, bezahlt die Daimler Motorengesellschaft die Grundstückspreise zunächst in der vollen Höhe an die Verkäufer bar aus. Nach Beendigung der Ankäufe rechnet die Daimler Motorengesellschaft mi[t] der Stadt ab. Die von der Stadt an die Daimler Motorengesellschaf[t] zu ersetzende Summe bezahlt die Stadt innerhalb eines Vierteljahr[s] vom Beginn der Bauarbeiten ab bar an die Gesellschaft. Sollte es der Stadt nicht gelingen, bis dorthin die erforderlichen Barmitte[l] aufzutreiben, so ist die Schuld vom Verfalltage ab von der Stadt mit 5 % zu verzinsen und binnen Jahresfrist (vom Verfalltage ab gerechnet) zu bezahlen bezw. zu verrechnen.

§ 4.

Das Fabrikanwesen benötigt zwei Zufahrtstrassen. Die eine soll von der Böblinger - Sindelfinger Strasse her bis zu den

=//=

Fabrikgebäuden auf dem rechten Ufer der Schwippe führen, die andere vom Bahnhof her auf dem sog. Rietmühlenweg entlang dem Anwesen der Fabrik.

Die Stadt verpflichtet sich diese Strassen im ortsbauplanmässigen Sinn auf ihre Kosten herzustellen. Die zur Erbauung der Fabrik unumgänglich notwendigen Wegstrecken müssen nach Abschluss dieses Vertrags unverzüglich in Angriff genommen werden und so bald wie möglich fertiggestellt werden. Die Daimler Motorengesellschaft wird diese sofort auszuführenden Wegstrecken, sobald der Lageplan des Fabrikanwesens feststeht, der Stadt mitteilen. An Anliegerbeiträgen sind der bestehenden Ortsbausatzung entsprechend nur die hälftigen Kosten für die Gehwegherstellung von der Daimler-Motorengesellschaft insoweit zu bezahlen, als die Strassen an dem Anwesen entlang führen.

Soweit zu den Strassen Eigentum der Daimler Motorengesellschaft erforderlich wird, hat diese die benötigten Strassenflächen an die Stadtgemeinde unentgeltlich abzutreten.

Die herzustellenden Strassen werden in ortsüblicher Weise auf Kosten der Stadt beleuchtet.

§ 5.

Die Stadtgemeinde verpflichtet sich bis zu der Stelle, an welcher der Anschluss an das Werk von der Daimler Motorengesellschaft gewünscht wird, die erforderliche Wasserleitung auf ihre Kosten sobald wie möglich zu legen, d.h. die Wasserleitung muss bis längstens 3 Wochen nach Abschluss dieses Vertrages ausgeführt sein.

Für sämtliche auf dem Anwesen der Fabrik zu erstellenden Gebäude und sonstigen Anlagen gilt der für Gewerbebetriebe festgesetzte Wasserpreis von 9 Pfg für den cbm.

=//=

§ 6.

Die Stadtgemeinde gestattet, die Ableitung der ungeklärten Abwasser des Fabrikanwesens in die Schwippe an beliebigen Stellen, so weit sich nicht flusspolizeiliche Anstände dadurch ergeben. Jn letzterem Falle sind die von den Regierungsbehörden gegebenen Vorschriften von der Daimler Motorengesellschaft zu erfüllen.

§ 7.

Die Gaszuleitung ist gleichzeitig mit der Wasserleitung auf Kosten der Stadt auszuführen. Später notwendig werdende Gaszuleitungen sowohl für Beleuchtungs- als Fabrikationszwecke werden gleichfalls von der Stadt auf ihre Kosten ausgeführt.

§ 8.

Die Stadtgemeinde verpflichtet sich, während der Dauer von 10 Jahren vom 1. April 1916 an gerechnet eine Gemeindeumlage von nicht mehr als 6 % der Gemeinde- Steuer-Ertragskataster von der Daimler Motorengesellschaft zu erheben. Es betrifft das die Grund= Gebäude und Gewerbesteuer.

§ 9.

Zu vorstehendem Vertrag behält sich der Vertreter der Stadtgemeinde die Genehmigung der bürgerlichen Kollegien vor, welche sofort nach Vertragsabschluss herbeigeführt werden muss und unter keinen Umständen verzögert werden darf.

~~Untertürkheim~~, den
Stuttgart,
6. Juli 1915.

Seitens der Daimler Motoren=
Gesellschaft

Sindelfingen, den 7. Juli 1915

Seitens der Stadtgemeinde

Stadtschultheiß Hörmann

spurigen Hanns-Martin-Schleyer-Straße, den Verladegleisen des Werkes, zwei „Arbeiterstegen" zu den Eingangskontrollen des Werkes und einem historischen Bahnhofsgebäude, das in den vergangenen Jahrzehnten – entsprechend der politischen Zielsetzung der „Autostadt" – ohne öffentlichen Schienenanschluss geblieben war.
2003 soll nun die Anbindung an den öffentlichen Personennahverkehr des Stuttgarter S-Bahnnetzes erfolgen. Die an uns gerichtete Aufgabenstellung war eine „angemessene" Gestaltung des zukünftigen Bahnhofsvorplatzes.
Schon die einfache Frage „Vorplatz, wohin?", wirft eine sehr viel grundlegendere Frage auf: Welcher Art sind die Verbindungen zwischen beiden Systemen? Selbstverständlich gibt es gesetzgeberische und verwaltungstechnische Kontakte; die Abgabe von Steuern und beispielsweise die Zustimmung zu Bauvorhaben werden der Sache entsprechend verhandelt. – Aber welcher Art sind die sozialen und kulturellen Verbindungen? Wie können diese städtischen Raum in Erscheinung bringen?
Sollten sich die vielen Berührungspunkte in den Leitbildern von Stadt und Werk zukünftig bündeln und gemeinsam entwickeln lassen, könnte daraus eine neue Form der gemeinsamen Stadtentwicklung, eine symbiotische Strategie, erwachsen.
Es gilt, Kommunikation und Austausch zunächst zweckfrei als Kultur des Miteinander zu begreifen. Mit dem erklärten Ziel der Förderung der Kommunikationskultur initiierten wir die Gründung der „Akademie" durch die Stadt Sindelfingen.
Die Gründungssatzung, die wir der Akademie zugrundelegten, klärt die Rahmenbedingungen und definiert einen konkreten Handlungsraum:

1. Zur Förderung der Kommunikationskultur begründet die Galerie der Stadt Sindelfingen eine Akademie.

2. Alle realen Aufgabenstellungen werden zur Verhandlung in die offene Zone projiziert.

3. Das Ergebnis des Prozesses ist „Der Bahnhof".

4. Die teilnehmenden Spezialisten sind freigestellt.

5. Es gelten die Gesetze der Gastfreundschaft.

6. Mit der Realisierung des S-Bahnanschlußes endet die Akademie.

Durch die „Freistellung der Spezialisten" auf Seiten der Stadtverwaltung und des Werkes, die Einführung der „Gesetze der Gastfreundschaft" und die Verlagerung des Diskurses in den zunächst

Vertrag zwischen der Daimler Motorengesellschaft A. H. – Untertürkheim und der Stadtgemeinde Sindelfingen, 1915, Stadtmuseum Sindelfingen.

Werk
Stadt
S 2003

rein kulturell orientierten Galeriekontext wird ein freier, offener Kommunikationsraum für die Verhandlungspartner sichergestellt. Der konkrete Hintergrund des zukünftigen S-Bahnanschlußes erlaubt zwischen zwei denkbaren Handlungsoptionen ein Feld des Möglichen aufzuspannen: Die Minimalvision beschränkt sich auf S-Bahnschilder, Fahrradständer und einige Blumenkübel zur Verschönerung des Platzes. Die Maximalvision summiert Vorstellbares in einem dichten, städtischen Gewebe, welches entdeckt, erforscht und aktualisiert werden will.

Workshop und Moderation – Die Gründung der Akademie

Die Gründung der Akademie der Stadt Sindelfingen findet als Workshop statt. Neben umfangreichen Arbeitsmöglichkeiten steht auch ein ausgewähltes Archiv zur Geschichte von Stadt und Werk zur Verfügung.

Zu dieser Gründungsveranstaltung werden Bürger, offizielle Repräsentanten von Stadt und Werk, Mitarbeiter und Fachleute eingeladen. Ohne Vorbehalte und pragmatische Einschränkungen, ohne die Forderung nach Realisierbarkeit, werden Interessen, Wünsche, Träume, Vorstellungen und konkrete Absichten zu Stadt und Werk umfassend moderiert, gesammelt und neu erfunden.

Elisabeth M. Asche, Celia Aneiros Naveiros, Sigurd Bayer, Nicole Bellaire, Anne-Julchen Bernhardt, Karsten Bickel, Caroline Bittermann, Stephanie Brachtl, Arno Brandlhuber, Thomas Bredel, Mathis Burandt, Dr. Inge Deborre, Mut Deutsch Müller, Christopher Dell, Dominique Dinies, Helmut Dinkelacker, Sabine Duffner, Peter Duka, Cilio Esteves, Ilda Esteves, Ursula Fujike, Brigitte Gebauer, Herbert Gebauer, Dr. Ingolf Gluthe, Harald Grobholz, In-Soon Grobholz, Isabelle Groll, Rainer Hangleiter, Katja Heinecke, Mathias Heimbold, Silke Hemmer, Angela Hermann, Susanne Heiss, Barbara Horst, Dieter E. Hülle, Marianne Ihring, Anke Joachim, Lothar Kittel, Bernd Kniess, Reinhard Krehl, Gerd Kurfiß, Isa Melsheimer, Klaus Meyersen, Elke Mimler, Hanka Neumann, Wolfgang Neumann, Kristina Paetsch, Otto Pannewitz, Christos Pavlo, Philippscheck Klaus, Eva Pistorius-Muth, Elke Pohl, Dr. Alfred Rau, Dr. Joachim Rücker, Jochem Schneider, Bertram Weisshaar.

Dieser Pool von Wünschenswertem und Notwendigem, Konkretem und Visionärem wird „im Auftrag der Akademie“ durch ein Team aus Architekten und Stadtplanern, Landschaftsplanern und Künstlern im Dialog mit Standort- und Infrastrukturplanern aus Stadt und Werk zu einer möglichen Zukunft konkretisiert.

Luftbild, 1984, Stadtarchiv Sindelfingen, Leere Mitte – S-Bahn-Anschluß 2003, Akademie 2000.

MIN
MAX
ZOB
M

Die umfassende, in einen offenen Raum projizierte Suche nach Planungsinteressen wird anläßlich des geplanten S-Bahnanschlusses im Zwischenraum von Stadt und Werk reale Vorstellung.

Projekt

Das Projekt „Mittelpark“ entspringt nicht der Reflexion über ein herzustellendes Produkt, als vielmehr dem „Prozess der gleichermaßen notwendigen und sich fortlaufend in Frage stellenden Bildung einer (ästhetischen) Einheit“; – es ist somit Produkt eines Kommunikationsprozesses. „Das Kunstwerk besteht darin, Strategien des Produzierens einer Einheit auszuprobieren und zu dementieren.“[1]

Der Planungsprozess generiert sich aus dem Widerstreit aller Interessen. Der Planer ist nicht der kreative Entwerfer eines Produkts, sondern er versteht sich als der moderierende Initiator dieses Prozesses. Seine fachliche Kompetenz steht nicht absolut, sondern befindet sich im Dialog mit der Qualifikation anderer Fachrichtungen.

Statt eines „Entweder – Oder“ ist das Programm nun ein „Und – Und“. Es dient der Überführung aller projizierten Wünsche, Sehnsüchte und Bedürfnisse in den offenen, realen Raum. In diesem Sinne verkörpert ein Modell nicht mehr die maßstäbliche Verkleinerung einer produkthaften städtebaulich-architektonischen Planung, sondern erzeugt ein Bild möglicher Zukunft und zukünftiger Möglichkeiten. Das Architektur-Modell wird zum Denk-Modell, an dem Zukunft und deren Bild diskutiert werden kann: Kosmopolis versus Localvillage.

1] Vgl. Ruth Sonderegger, Die Ästhetik des Spiels, Frankfurt a. M., Suhrkamp, 2000, S. 172

Entscheidungsoption S-Bahn 2003, Akademie 2000.

Und welchen sollte
sie in der Zukunft
haben?
Sehr hoch
Hoch
I Mixzone
Archiv
II Angebote zur Öffnung
Kinderbetreuung
Disko
Eventcenter
allgemeine Weiterbildung
Bibliothek
Bewegungs/ Fitness Zentrum
Ausbildungs zentrum
Berufsverkehr Schiene
berufliche Weiterbildung
Gastronomie
Ausliefer
gemeinsam nicht einsam!
der Mensch schöpft aus Quellen
tue Gutes + rede darüber
gemeinsam weiter!
3-3
Statt Worte: Taten
der Anfang ist getan

Moderation: Gründung der Akademie in der Galerie der Stadt Sindelfingen, Sammlung aller gemeinsamen Funktionen von Stadt und Werk, Akademie 2000.

Modell: Verdichtung aller im Moderationsverfahren gewonnenen Funktionen von Stadt und Werk, Akademie 2000.

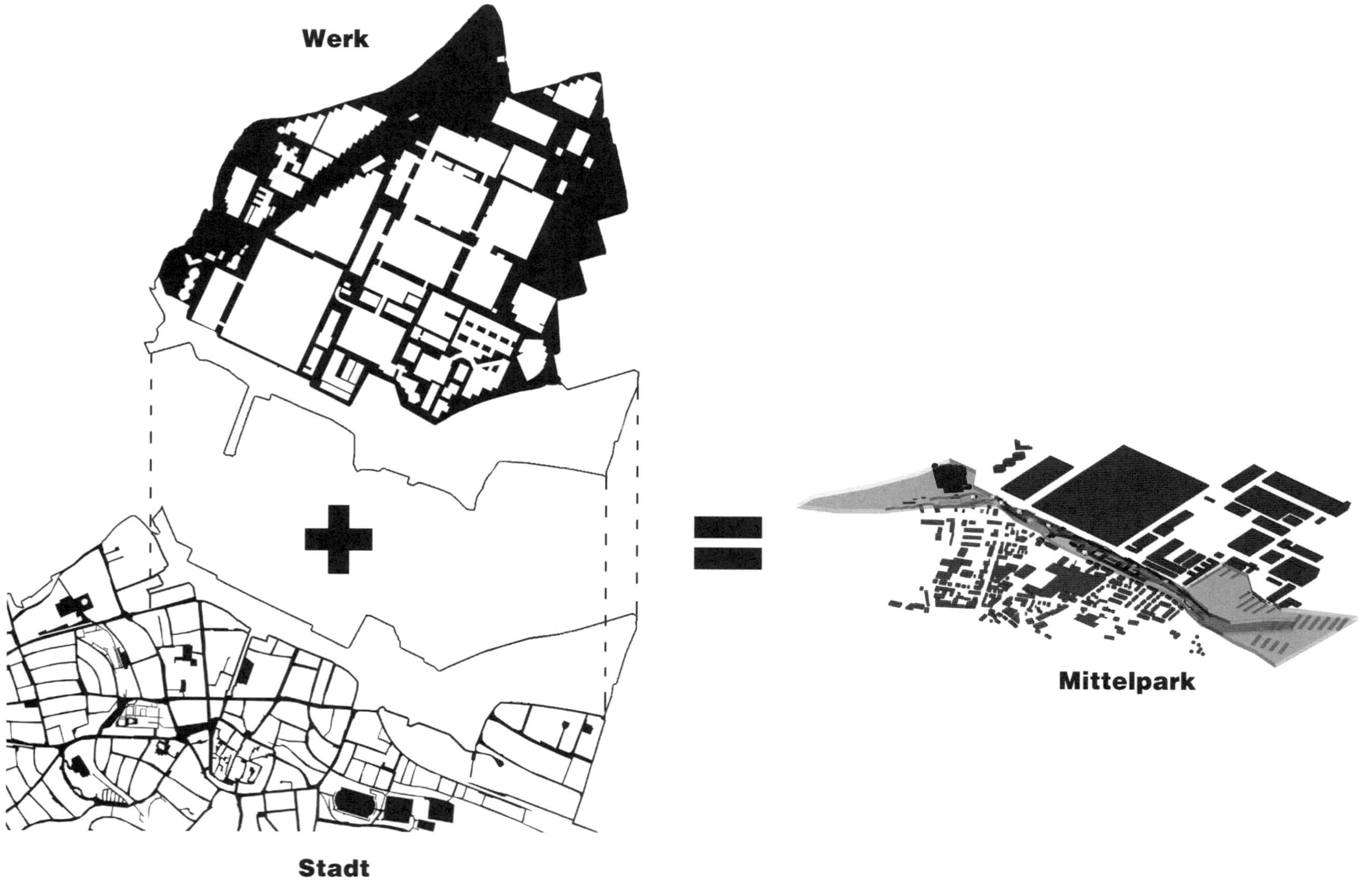
Werk
Stadt
Mittelpark

und – und: Entwicklung aller gemeinsam nutzbaren Funktionen von Stadt und Werk, Akademie 2000.

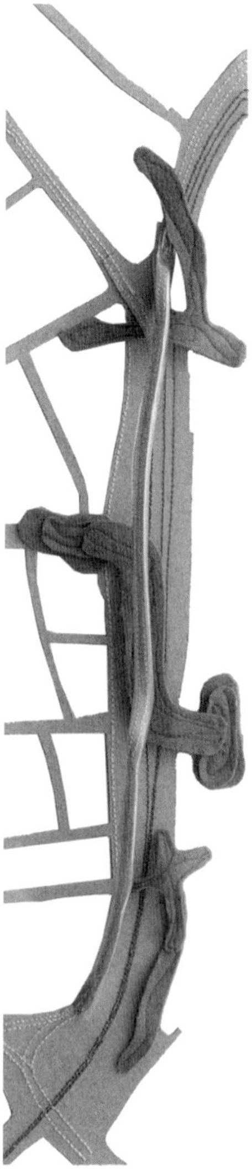
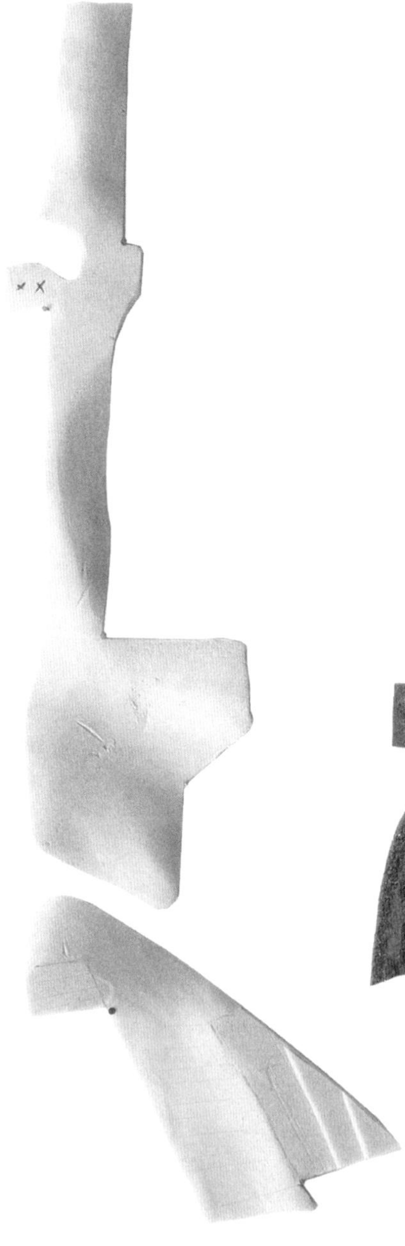

Arbeitsmodelle: Landschaft, Volumen, Infrastruktur, Akademie 2000.

Werk

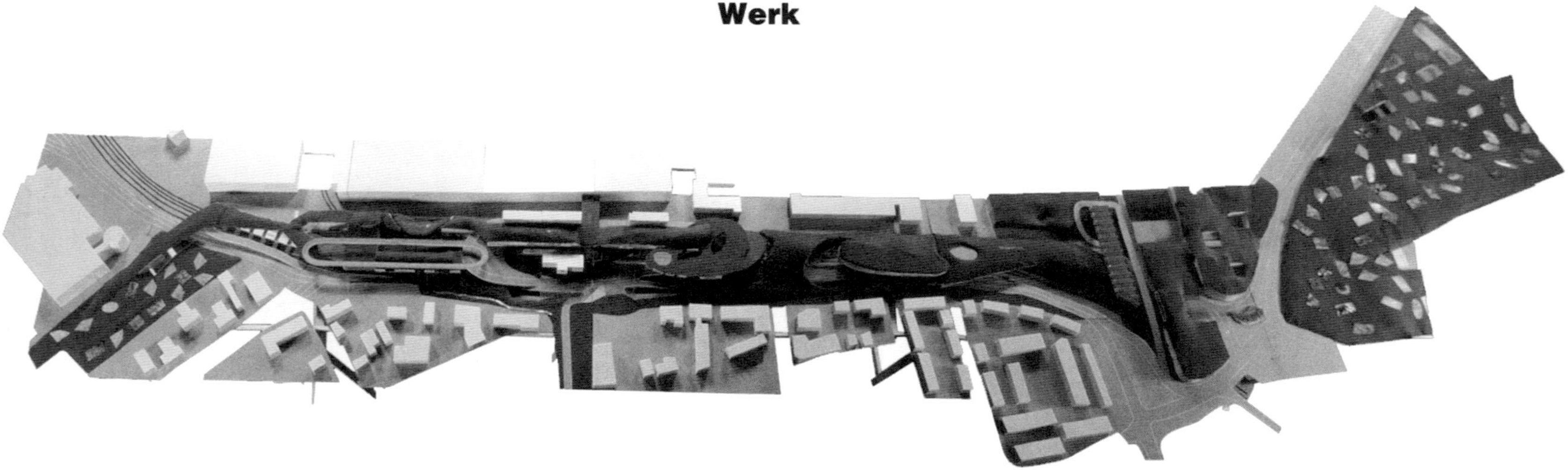

Stadt

Mittelpark jetzt!:
Die DaimlerChrysler AG erwägt, den Bedürfnissen ihrer Angestellten nach flexibler Gestaltung von Arbeit und Freizeit entgegenzukommen und auf ihrem Gelände neben einer Kindertagesstätte auch einen Supermarkt zu errichten. Dies ist gleichermassen Indiz für die innere (und soziale) Differenzierung einer monostrukturellen Großindustrie wie für die fortgeschriebene Autonomie der zunehmend „städtischen" Infrastruktur des Werkes. Das Projekt Mittelpark sieht hier ein weiteres Argument für die Kooperation von Stadt und Werk und die gezielte Konzenztration „gemeinsamer" Nutzungen in der „Schnittstelle":
Güterzug für 260 Autos, Auslieferungsregale, Hanns-Martin-Schleyer-Strasse, Werksstrasse, Anliegerstrasse, S-Bahnhof, ZOB oben, ZOB unten, DB Güterstrecke, Parken, Schaufenster DaimlerChrysler, Parkhauseinfahrt Stern-Center, Smart-Pool, Mobilitätszentrum, Verkehrszentrum, Car-sharing, Verkehrsübungsplatz für Schüler, VVS-Stelle, Mietwagenzentrale, P+R-Haus, Fahrradparkplatz und Schließfächer, Mitfahrzentrale, Diskussionraum für Verkehrsproblematiken, Truck-Stop, Autohof, Motel, Autokiosk, Park, Waldbrücke, Mobiler Garten, Temporärer Garten, Schwippe, Hain, Innengrün, Frischluftdüse, Wasserspiele, Strand, Seilbahn, Pausentreff, Freiluft Kommunales Kino, Teehaus, Parkcafe, Disco, Bewegungs-/Fitnesscenter, Restaurant, Kiosk, Fantasiezoo, Traumspielplatz, Wellness, Schimmbad, Therme, Raumschifflandeplatz, Rollschuhbahn, Kanufahren, Fußball, Tennis, Laufbahn, Basketball, Green, Science-Center, Forschungszentrum, Entwicklungsabteilung, Innovationszentrum, Kongresszentrum, Tagungsräume, Lounge, Stadt-/Werksarchiv, Weberschule, Ausbildungszentrum, Allgemeine Weiterbildung, Berufliche Weiterbildung, Aula, Berufsfachschule, Betriebskrankenkasse, Spielstation LAB.01, Kindergarten, Remida, Betriebskindertagesstätte DaimlerChrysler.

1. Die autonome Zweiteilung wird optimiert: Alle gemeinsam nutzbaren oder sich unterstützenden Funktionen werden zukünftig direkt zwischen Stadt und Werk angesiedelt.

2. Der scheinbare Widerspruch zwischen Erweiterungsflächen für die zentrale DaimlerChrysler-Forschung und einer Frischluftschneise für das Stadtgebiet Sindelfingen wird durch eine symbiotische Strategie auf der Grundlage eines stömungstechnischen Optimierungsprofils gelöst: 100 % optimiertes Geländeprofil und Naherholungsgebiet liegen über 100 % Forschungslabor.

Mittelpark jetzt! Modell, Maßstab 1:200, Gemeinsame Funktionen von Stadt und Werk, Akademie 2000.

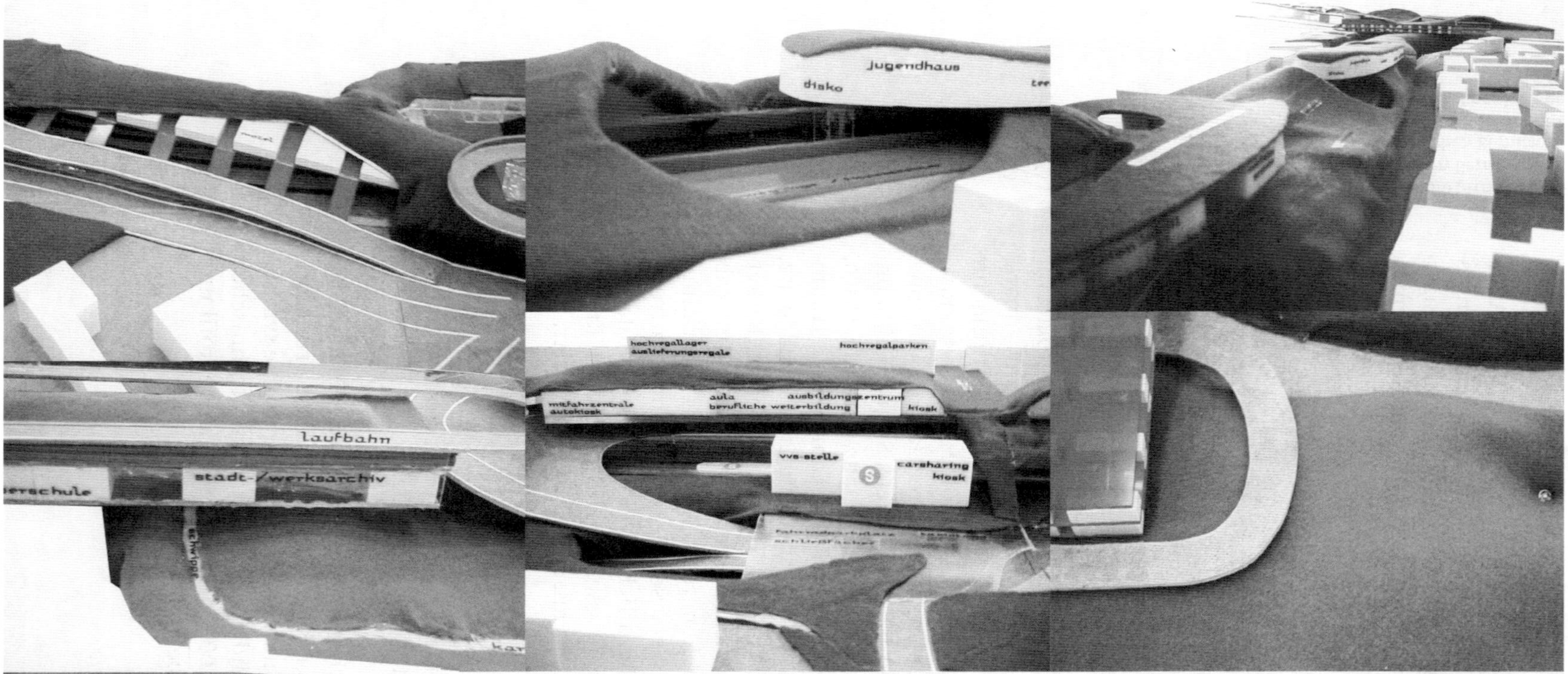
jugendhaus
disko
hochregallager
auslieferungsregale
hochregalparken
mitfahrzentrale
autokiosk
aula
berufliche weiterbildung
ausbildungszentrum
kiosk
vvs-stelle
carsharing
kiosk
laufbahn
stadt-/werksarchiv

science-center
hochregalparken
smart-pool
betriebskrankenkasse
koordinationsraum

Mittelpark jetzt! Modellausschnitte, Maßstab 1:200, Gemeinschaftlich zu nutzende Funktionen von Stadt und Werk, Akademie 2000.

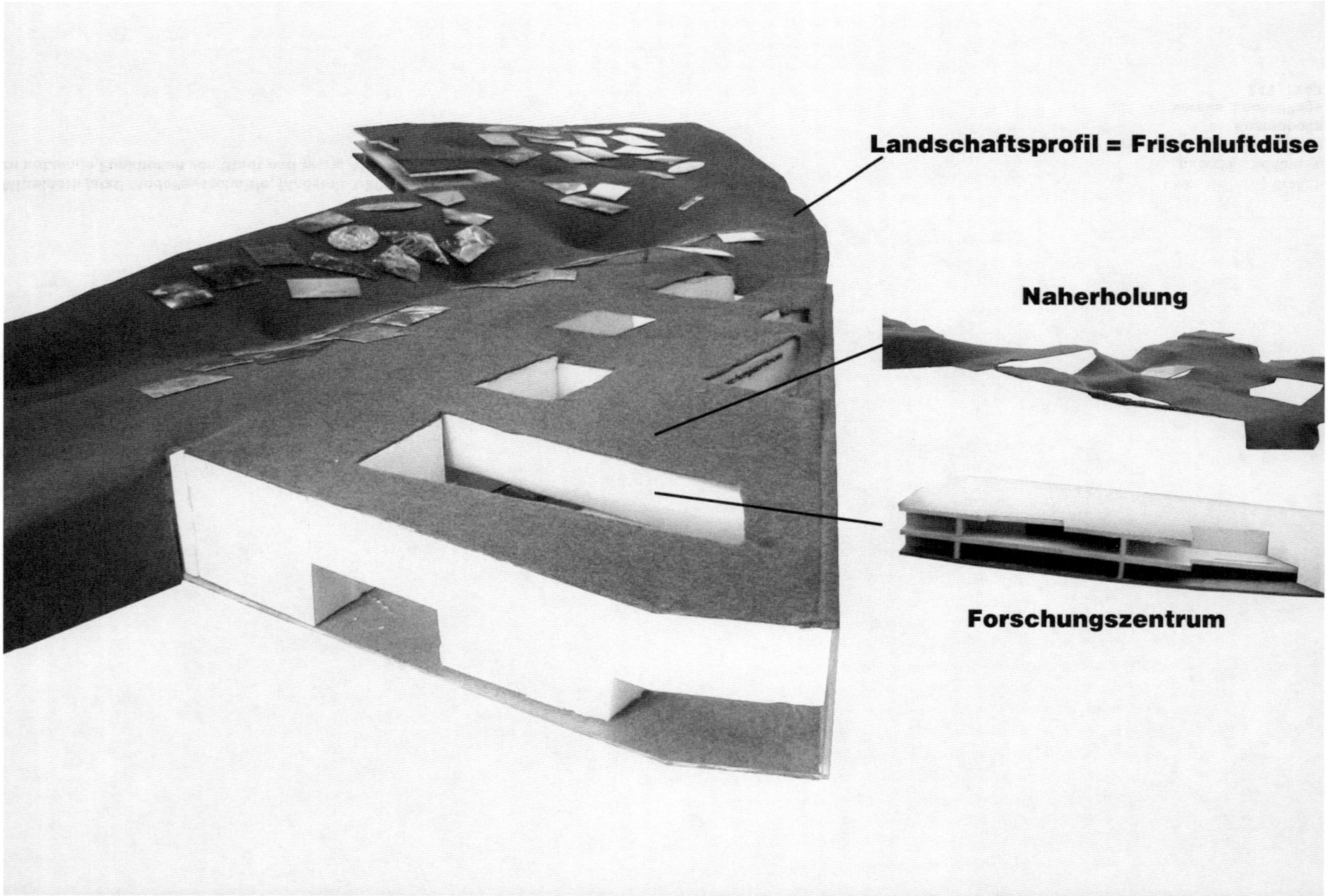
Landschaftsprofil = Frischluftdüse
Naherholung
Forschungszentrum

Mittelpark jetzt! Modell, Maßstab 1:200, Doppelfunktion: 100% Forschungszentrum DaimlerChrysler und darüberliegend 100% strömungstechnisch optimierte Frischluftdüse als Naherholungsgebiet, Akademie 2000.

Vorstellung möglicher Zukunften von Stadt und Werk, Akademie 2000.

Sindelfinger Zeitung, Samstag, 27. Mai 2000: **Ich weiss nicht was dabei rauskommen soll**/Sindelfinger Zeitung, Samstag, 27. Mai 2000: **Transitorische Luftnummer**/Sindelfinger Zeitung, Samstag, 29. Juli 2000: **Die Galerie wird zur Ideenwerkstadt**/Sindelfinger Zeitung, Mittwoch, 9. August 2000: **Utopie für den Bereich um den Bahnhof**/Kreiszeitung Böblinger Bote, Samstag, 9. September 2000: **Zungen lösen, Ohren öffen, Bilder entwerfen**/Kreiszeitung Böblinger Bote, Samstag, 9. September 2000: **Kulturprojekt: Mutig und voran**/Sindelfinger Zeitung, Dienstag, 12. September 2000: **Entdecken, Erträumen, Entwerfen**/Sindelfinger Zeitung, Dienstag, 12. September 2000: **Eine Akademie der offenen Räume**/Stadtzeitung Sindelfingen, Donnerstag, 14. September 2000: **Gründung der Akademie der Stadt Sindelfingen**/Sindelfinger Zeitung, Montag, 18. September 2000: **46 Bürger gründen Akademie in Galerie**/Sindelfinger Zeitung, Dienstag, 19. September 2000: **Utopien für eine Mega-Schnittstelle**/Dienstag, 19. September 2000: **Ein Spiel mit politischer Brisanz**/Kreiszeitung Böblinger Bote, Mittwoch, 20. September 2000: **Identifikations-Stern: mitten in der Innenstadt**/Kreiszeitung Böblinger Bote, Mittwoch, 20. September 2000: **Kulturprojekt: Sindelfinger Akademie**/Sindelfinger Zeitung, Donnerstag, 12. Oktober 2000: **Aus Brunnen sprudeln neue Ideen**/Sindelfinger Zeitung, Donnerstag, 12. Oktober 2000: **Tüfteln für Traum vom „Mittelpark“**/Sindelfinger Zeitung, Samstag, 14. Oktober 2000: **„Mittelpark“ als Zentrum**/Sindelfinger Zeitung, Samstag, 14. Oktober 2000: **„Wir wollen einfach zeigen was maximal möglich wäre“**/Kreiszeitung Böblinger Bote, Samstag, 14. Oktober 2000: **Start am Bahnhof Offene Räume**/Sindelfinger Zeitung, Montag, 16. Oktober 2000: **Traum-Vision von einem Mittelpark**/Sindelfinger Zeitung, Dienstag, 17. Oktober 2000: **Mittelpark macht Mischung möglich**/Sindelfinger Zeitung, Dienstag, 17. Oktober 2000: **Mittelpark als Ei des Kolumbus**/Kreiszeitung Böblinger Bote, Mittwoch, 18. Oktober 2000: **Kommunikations-Treff über der Schleyerstraße**/Sindelfinger Zeitung, Samstag, 21. Oktober 2000: **Neues Gesicht und neue Pläne**/Kreiszeitung Böblinger Bote, Samstag, 28. Oktober 2000: **Vision Mittelpark in der Galerie**/Sindelfinger Zeitung, Dienstag, 7. November 2000: **Schleyer-Straße soll unter die Erde**/Sindelfinger Zeitung, Mittwoch, 8. November 2000: **„Wir sitzen alle in einem Boot“**/Kreiszeitung Böblinger Bote, Donnerstag, 9. November 2000: **Keiner lehnt sich aus dem Fenster**/Stadtzeitung Sindelfingen, Donnerstag, 23. November 2000: **Eine Akademie in Sindelfingen?**/Sindelfinger Zeitung, Dienstag, 5. Dezember 2000: **Das „Mittelpark“-Modell ignoriert die Stadtmitte**/Sindelfinger Zeitung, Dienstag, 5. Dezember 2000: **Die „Mittelpark“-Akademie wird Modell.**

Mittelpark jetzt!, Akademie 2000. © Christoph Rau, 2000.

Jochem Schneider

Denkmodell Landschaft

Der Begriff der Landschaft hat Konjunktur. Bei Alpenvor*landschaft,* Fluss*landschaft,* Hügel*landschaft* – da meinen wir noch einigermaßen zu wissen, was gemeint ist. Doch was sind Wohn*landschaften,* Freizeit*landschaften,* Erlebnis*landschaften* oder gar Sauna*landschaften,* jetzt auch Politische *Landschaften?* Hypertrophie der Begrifflichkeiten!
Landschaft – dieser Eindruck verstärkt sich, je länger man darüber nachdenkt – ist alles und nichts. Die Suche nach gemeinsamen Kriterien bei all diesen Landschaften hinterlässt primär Ratlosigkeit. Was passiert, wenn ich politische Landschaften und Saunalandschaften zu verbinden trachte? Ich gerate ins Schwitzen!

Alles Landschaft – alles frisch?

Landschaft/landscape hat sich zum Modewort der Neunziger Jahre gemausert – vielleicht gerade ob seiner Konturlosigkeit und vielfältigen Einsetzbarkeit. Es ist ein unverfänglicher Begriff. Oder gibt es schlechte Landschaft? Landschaft ist per se positiv besetzt.
Diese Offenheit ist Chance und Dilemma zugleich. Denn das definitorische Defizit kann einerseits als Schwäche – willkürliche Verwendbarkeit, unpräzise Einsetzbarkeit, wahllose Sinnzuschreibung – dargestellt werden, beinhaltet gleichzeitig aber auch Potentiale: die Unabgeschlossenheit des Begriffs öffnet Spiel- und Assoziationsräume für neue (Denk-) Strukturen jenseits eingefahrener Kategorien und kann so veränderte Phänomene darstellen. Das bedeutet aber auch: Die Verwendung des Begriffs erfordert eine Definition durch den jeweiligen Autor: Er muss klären, was er mit seiner „Landschaft" meint.
Dieser Beitrag versucht eine Annäherung an die Potentiale im Landschaftlichen. Er betrachtet Landschaft weniger als formales Abbild denn als abstraktes Denkmodell. Dabei geht er von der These aus, dass die inflationäre Verwendung des Begriffs als symptomatischer Ausdruck einer Denkhaltung in der zeitgenössischen

Gesellschaft und Kultur betrachtet werden kann. Zwei Aspekte spielen dabei eine zentrale Rolle:

1. Landschaft dient als Begriff zur Beschreibung neuer Formen von Gemeinschaften.

2. Landschaft ist gleichzeitig ein Modell für eine individuell konstruierte, das heißt auch individuell unterschiedliche Realität.

Landschaft als Behältnis des Unterschiedlichen – auf der Suche nach neuen Gemeinschaften

Dem Begriff „Landschaft" ist die Vorstellung von einer Gesamtheit eingeschrieben, die sich aus höchst unterschiedlichen Einzelteilen zusammensetzt. Trotz ihrer Verschiedenartigkeit sind die Bestandteile als ein kontinuierliches Ganzes lesbar. Mit dem Ideenbild der Landschaft sind wir in der Lage, Fragmente zusammenzubinden, die zunächst als nicht kompatibel erscheinen – ohne sie gleichzeitig ihrer Eigenarten und Eigenständigkeit zu berauben. Statt einem nur indifferenten Nebeneinander bildet sich die Topographie einer erkennbaren gemeinsamen Oberfläche – Landschaft dient als Trägergerüst und Rahmen des Differenten. Landschaft ist unterschiedlich, aber durchgängig.

Das „Denkmodell Landschaft" könnte somit als Versuch begriffen werden, ein übergreifendes und dennoch nicht gleichmacherisches Interpretationsmuster für die Zusammenschau von unterschiedlichen, zum Teil widerstreitenden Realitäten zu etablieren.

Landschaft und der individuelle Blick – Landschaft entsteht im Kopf

Wenn wir von Landschaft sprechen, so scheint es zunächst, als ob wir von einem konkreten Raum sprechen – eben jener Seenlandschaft oder Flusslandschaft. Wir haben dabei ein klares Bild im Kopf. Dieses Bild ist aber ein persönliches. Was zu der signifikanten, zunächst ungewohnten, aber einleuchtenden These führt: Landschaft entsteht im Kopf. Die „Erfahrung Landschaft" entsteht als Abbild eines Ortes, als Sinneseindruck. Landschaft entsteht durch den (ästhetischen) Blick.

Wenn wir etwa von dieser Voralpenlandschaft sprechen, so unterscheidet sich das Bild individuell. Jeder hat eine partiell eigene Vorstellung, sie ist abhängig vom jeweiligen „Erfahrungshorizont".

Obwohl sich Landschaft individuell konstituiert, fungiert sie gleichwohl als gemeinsame Verständigungsebene.

Somit wäre in der Übertragung das „Denkmodell Landschaft" zu verstehen als eine individuell konstruierte, eigen-sinnige, mit großen Freiheiten versehene Betrachtungsweise, die aber trotzdem als Grundlage einer gemeinschaftlichen Struktur dient.

„Denkmodell Landschaft“

Artikuliert sich somit im Begriff „Landschaft“ der Wunsch, der Ausdifferenzierung in unterschiedliche individuelle Realitäten ein, wenn auch diffuses, so doch wahrnehmbares gemeinschaftliches Ganzes zur Seite zu stellen – dem Felsbrocken Halt zu geben? Kann die vielfältige Verwendung des Begriffs Landschaft als der – möglicherweise hilflose oder auch romantische – Versuch einer Reinterpretation von Gemeinschaft und Gemeinsinn betrachtet werden, verbunden mit der Forderung nach Wahrung eines Höchstmaßes an individueller Freiheit? Als die Suche nach dem kleinstmöglichen Nenner eines zeitgenössisch Kollektiven? Findet hier eine neu erwachte Sehnsucht nach einer zeitgemäßen Form von Gemeinschaft Ausdruck, die trotz Verschiedenartigkeit der Welt und trotz ausgeprägter Individualität der einzelnen Menschen eine gemeinsame Plattform etablieren kann? Kann die Beschäftigung mit Landschaft in einer Welt hoher Diversifizierung als ein Indiz für ein Gegensteuern gegenüber der Heroisierung des Einzelnen betrachtet werden?

Landschaft wäre somit als Konsensmodell zwischen der Notwendigkeit zur Schaffung neuer Gemeinschaften und dem Anspruch auf Individualität zu verstehen?

Das kommentarlose Nebeneinander des vermeintlichen „anything goes“, der Reiz des Dispersen kennzeichnete das, was in den Achtzigerjahren gleichzeitig als postmoderner Aufbruch und Antiquiertheit einer „Neuen Unübersichtlichkeit“ bezeichnet wurde – konsequenterweise einhergehend mit der heroischen Zeit des Individuellen. Diese Zeit hat ihren Höhepunkt Anfang der Neunzigerjahre überschritten.

Die Neunzigerjahre suchten nach neuen Formen des Gemeinschaftlichen, nach der Reinterpretation und (Re-)Konstruktion des flüchtig Kollektiven – und damit einher geht die verstärkte Verwendung des Begriffs „Landschaft“.

Das „Denkmodell Landschaft“ war auf unterschiedlichen Ebenen für das Zustandekommen des Projektes „Akademie Sindelfingen“ von Bedeutung.

x[1] – Regionale Landschaften: Kulturbehältnis Stadtregion

Mit dem Wachstum der Ballungsräume haben sich neue räumliche Beziehungen ergeben. Die Stadtregion verknüpft Stadt und Region – und artikuliert ein neues Modell jenseits der oft antagonistischen Beziehung zwischen Zentrum und Peripherie. Der Rand rückt in die Mitte, ist der Schwerpunkt von Wachstum und Wandel, während sich gleichzeitig in der historischen Mitte, dem alten Zentrum, Löcher und Leerstellen öffnen. Die Stadt bekommt einen größeren Radius und das Land kommt herein, die Grenze zwischen beiden verschwimmt. Nun finden wir Landschaft dort, wo vormals Stadt war und Stadt dort, wo vormals Landschaft war. In der Stadtregion vereinen sich unterschiedliche Akteure. Früher von Konkurrenzverhalten bestimmt und um weitestgehende Abgrenzung bemüht, finden sich die Kommunen heute zwangsläufig in einer neuen, ungewohnten Gemeinschaft. Relationen verschieben sich, wenn sich die Freie Kreisstadt am Rande, die auf eine 800-jährige Geschichte als Handelsort zurückblicken kann, nun in Gesellschaft mit der jungen Kommune befindet, die vor 25 Jahren durch den Zusammenschluss von vier Dörfern im Rahmen einer Verwaltungsreform entstanden ist. All das im Angesicht einer scheinbar übermächtigen Kernstadt, die gleichwohl erst seit 250 Jahren existiert. Unterschiedliche Geschichten treffen aufeinander und ein gemeinsames Selbstverständnis muss sich erst noch entwickeln. Während sich Kooperation und gemeinsame Identität auf wirtschaftlicher Ebene bereits weitgehend etabliert haben, bildet sich erst langsam ein gemeinsames politisches und administratives Instrumentarium. Man tastet sich schrittweise heran, Zuständigkeiten werden verschoben, die Bedenken vor einem Kompetenzverlust sind groß. Doch es gibt keine Alternative zum regionalen Verbund.

Die Stadtregion entspricht dem gedanklichen Modell „Neue Gemeinschaft bei weitestgehender Wahrung individueller Eigenarten".

Mit der Herausbildung eines ökonomischen Gemeinsinns stellt man sich der Herausforderung, auch ein gemeinschaftliches kulturelles Selbstverständnis zu entwickeln und es zum Bestandteil und Motor einer regionalen Identitätssuche zu machen. Aufgrund dieser Überlegungen wurde 1992 die KulturRegion Stuttgart gegründet und der damals gegründete Verein versammelt heute 38 Kommunen aus der Region mit dem Ziel, gemeinsam Kulturpolitik zu betreiben. Im jährlichen Wechsel widmen sich die Mitglieder einem kulturellen Schwerpunktthema aus verschiedenen künstlerischen Sparten. Seit Bestehen wurden Projekte aus den Bereichen Bildende Kunst, Literatur, Musik, Theater und Tanz durchgeführt. 1998 entschloss man sich für den Zeitraum 1999–2001 das Thema „Baukunst und Baukultur" zu behandeln. Hieraus entstand das Projekt „Offene Räume – Leere.Limit.Landschaft".

Mit dem Wachstum der Stadtregion bilden sich neue Räume. Die Besiedlung ehemals offener landwirtschaftlicher Nutzflächen führt zu einem veränderten räumlichen Gefüge. Weiträumige Freiflächen werden zu konturierten Zwischenräumen, im Siedlungsgefüge stellen sich Kontinuitäten ein. Die Nachfrage nach Freizeitorten wächst. Während die bauliche Entwicklung voranschreitet, bedarf es einer vorausschauenden Flächenpolitik. Die Zwischenräume sind die Identitätsräume der Zukunft. Sie setzen sich zusammen aus einem Geflecht von Leerräumen – und ihre Unbesetztheit ist das Potential zur Aneignung. Wertigkeiten ver-

schieben sich, unterschiedliche Maßstäbe verschränken sich ineinander. Fragestellungen nach Perspektiven des Öffentlichen lassen sich vom Dorf- und Stadtplatz über die Siedlungskanten hinaus bis in die offenen Landschaftsräume behandeln. Neue Nutzungsanforderungen, insbesondere bei Freizeit- und Sportaktivitäten überwinden spielend räumliche Grenzen und okkupieren das Offene. Verkehrsstrukturen hinterlassen ungeplante Zwischenräume, die undefiniert und deshalb verfügbar zum Attraktor für neue Nutzungsgewohnheiten werden.
Mit den verschiedenen Orten ergibt sich ein Geflecht von Freiräumen, das dem zentralen Charakteristikum des „Denkmodells Landschaft" entspricht: Aus ganz unterschiedlichen, sehr vielfältigen Einzelteilen ergibt sich ein ablesbares zusammenhängendes Gesamtnetz.
Im Rahmen des Projektes „Offene Räume" wurden für 21 Orte in der Region Stuttgart von interdisziplinären Arbeitsgruppen aus Künstlern, Architekten und Landschafsplanern Möglichkeiten für eine räumliche und kulturelle Aktivierung entwickelt. Einer dieser Orte ist die Schnittstelle zwischen Stadt und Werk in Sindelfingen.

x^2 – Lokale Landschaften: Schnittstellen und Systembrüche

Das Werk DaimlerChrysler und die Innenstadt stellen in Sindelfingen zwei grundlegend verschiedene Systeme dar. Nicht ohne Grund treffen sie an einer räumlich völlig diffusen Schnittstelle aufeinander. Der Zustand des Ortes macht die Distanz zwischen beiden nur allzu deutlich. In diesem allein infrastrukturell belegten Niemandsland soll ein S-Bahnhof eingerichtet werden. Dieser Akt der Besiedlung ist Anlass, über das Verhältnis der beiden Strukturen neu nachzudenken, auch und gerade über die kulturelle Bedeutung des Ortes. Lässt sich eine gemeinsame Oberfläche für die beiden zumindest heterogenen, teils auch antagonistischen Strukturen finden?

Planung, Kommunikation und Akademie

Künstler und Architekten haben im Rahmen eines ersten zentralen Workshops für die Behandlung dieses Ortes eine Kommunikationsstruktur entworfen. Sie haben sich bewusst gegen einen räumlich-gestalterischen Vorschlag entschieden. Sie haben das strukturelle Vakuum aufgegriffen und den Entwurf einer „Verfahrenskultur" in den Mittelpunkt ihrer Überlegungen gestellt. Mit dem Akademiegedanken haben sie eine Oberfläche entwickelt, die den Teilnehmern als Spielbrett auf dem Tisch dient. Dabei haben sie bewusst auf andere Darstellungsformen als die Üblichen gesetzt. Das Spiel ist elementar, der Knet zunächst sein Medium. Sie suchen Verfahrensphantasie zu stimulieren. Mit der

Frage nach der Diskursform, nach dem „Wie reden wir miteinander?", wird die kulturelle Dimension des Planungsverfahrens hervorgestrichen – es geht nicht in erster Linie um Form, sondern um wechselseitige Wunschproduktion. Über die ungewohnte Art in der Auseinandersetzung hofft man auf neue Ergebnisse zu kommen. Planer und Künstler übernehmen so die klassischen Aufgaben einer Moderation im Entwicklungsprozess der Stadt, mit ihren eigenen Methoden und Kompetenzen, beauftragt von der Kulturverwaltung Sindelfingens.
Genauso kennzeichnend wie die Tatsache, dass der Ort der Akademie nicht das Sitzungszimmer des Rathauses, sondern die Galerie der Stadt ist, so signifikant ist auch die Zuständigkeit der Kulturverwaltung. Sie spiegelt neue Schwerpunktsetzungen und deutet möglicherweise gar auf eine Verschiebung der Kompetenzen hin.
Der Begriff der Akademie erschließt historische Traditionen und eröffnet Möglichkeiten für einen fremden Blick auf eine altbekannte Frage. Hinter ihr verbirgt sich die Suche nach Möglichkeiten, um für ganz unterschiedliche Zielgruppen ein gemeinsames Experimentierfeld zu errichten – für künstlerisches Schaffen, gestalterisches Planen, kulturelles Entwickeln, politisches Abwägen und betriebswirtschaftliches Kalkulieren – mit dem Ziel der Auflösung einer vielschichtigen Pattsituation.

Interdisziplinarität
Die Akademie ist nicht nur eine Plattform für die Stadt mit ihren Bürgern und das Werk mit seinen Vertretern, sondern insbesondere auch eine gemeinsame Arbeitsbühne für die beteiligten Künstler und Planer mit ihren spezifischen Arbeitsweisen aus den unterschiedlichen Disziplinen.
Auch hier soll sie vermitteln und moderieren: zwischen dem Begriff des autonomen Kunstwerkes, der elementar ist für das künstlerische Schaffen und den pragmatischen Ansätzen eines planerischen Alltags, zwischen dem distanzierten Blick des Künstlers und der Lust an Gestaltung bei den Architekten. In der Frage, wie die unterschiedlichen Arbeitsweisen und Ziele im Sinne eines gemeinsamen Ergebnisses fruchtbar gemacht werden können, ergibt sich ein internes Spielfeld.

Ausdrucksformen
Das Modell ist primär die Ausdrucksform der Architekten, doch es versucht Lücken zu öffnen. Dennoch bleibt es genauso Teil des Ergebnisses wie die Bilder der Künstler oder die Installation des Musikers. Zum Gesamtbild wird es erst in der Wahrnehmung des Betrachters, wenn sich die Malerei mit den Plakaten aus der Bürgerbeteiligung, der Ton mit den Lichtbildern von den temporären Gärten und die sprudelnde Landschaft des „Sofas" mit dem vermeintlich umsetzbaren Bild des großen Modells vereinen. Die

gemeinsame Plattform ist die Akademie als Gesamtes, die „Galerielandschaft". Es lässt sich nicht ein Einzelprodukt als Ergebnis identifizieren, die Qualität des Spiels liegt vielmehr in der Unmittelbarkeit des Erlebens. Hierin ist auch die nachhaltige Wirkung zu begründen, die von der Akademie ausging.
In den formalen Ergebnissen bleiben die Produkte der Akademie noch separiert, es gibt kein kollektives Produkt im Prozess einer beständigen Wechselwirkung. Die Grenze zwischen künstlerischen und architektonischen Vorgehensweisen ist nichts anderes als die Schnittstelle zwischen Werk und Stadt. Man ist sich zunächst fremd und sucht nach neuen Formen der Kooperation.

Form und Programm
Mit dem Nebeneinander von unterschiedlichsten Nutzungen und einer Verbindung der Maßnahme am Bahnhof mit dem Mittelpfad sucht das „Projekt Mittelpark" die Notwendigkeit einer gesamtheitlichen Betrachtung zu verdeutlichen. Mit der Vielzahl von unterschiedlichen Nutzungen in einem übergeordneten hybriden Gebilde entwirft es das einprägsame Bild für die Forderung nach einem Nebeneinander des Unterschiedlichen. Mit der plakativen Behauptung einer beiderseits hundertprozentigen Befriedigung der Ansprüche (100:100) postuliert es die Aufhebung des Gegensatzes als Ziel. In den situativen, äußerst reduzierten Interventionen der Künstlergruppe alias wird diese Auflösung des Gegensätzlichen durch eine Verstärkung dieses Gegensätzlichen im Zuge seiner Besiedlung nochmals übersteigert, aber gleichzeitig auch in Wert gesetzt, als transitorischer Garten. Die Arbeit Heimaten.02 thematisiert die Beziehung zu diesem Ort des Dazwischen über Hördokumente und sucht nach einem „Geflecht von Relationen" – wieder wird das Nebeneinander im gemeinsamen Rahmen aufgegriffen.

Rezeption und Wahrnehmung
Das Ergebnis der Akademie ist nicht das Modell, sind nicht die Bilder, die Fotos und nicht die Hörkomposition. Das Ergebnis der Akademie ist der Prozess einer gemeinsamen Wunschproduktion für einen Ort, der sich bisher jeglichen Phantasien verschlossen hat. Es ist nicht das konkrete Projekt, das im Vordergrund steht, sondern der Prozess der Annäherung. Nicht nur zwischen Werk und Stadt, auch zwischen Kultur- und Planungsverwaltung und zwischen Künstlern, Architekten und Planern.

Das „Denkmodell Landschaft" folgt dem Ideal horizontaler Vernetzung. Auf der Suche nach Lösungsansätzen sucht es eher lateral als vertikal. Es schwärmt vielmehr aus, als dass es ins Fixier nimmt. Es beinhaltet das Spiel als Teil des Verfahrens und entwickelt so stückweise Ideen zum Umgang mit der Komplexität im Bestehenden. Im zunächst zweckfreien Umherschweifen, im offenen Streunen, ergeben sich Entdeckungen, die sich langsam zu einem neuen Ganzen zusammenfügen können. Ereignisse sind individuell bestimmt und verdichten sich dann langsam zu einem kollektiven Substrat.

Erst die Erforschung der Mehrdeutigkeit eines Ortes macht ein solches Vorgehen möglich. Das so skizzierte „Denkmodell Landschaft“ sucht nach einem Weg heraus aus der Zwanghaftigkeit politischer, kultureller und räumlicher Bestimmtheit. Ohne damit unentschieden oder gar opportunistisch zu sein.

alias (Katja Heinecke, Reinhard Krehl, Bertram Weisshaar)

der sindelfinger gartenschwarm – die vitalisierung des zufälligen

mögliche prinzipien für einen öffentlichen park – vom transitorischen garten zum transitorischen park

die mikrolandschaft des gartens ist nie historische landschaft, sondern momentlandschaft. sie ist transitorisch. setzlinge sind immer vorübergehende erscheinungen, die wachsen, welken, geerntet werden oder absterben. die gesetzmässigkeit der unabgeschlossenheit der welt formt sich in wandelnden bedürfnissen. grenzen zwischen den verschiedenen parzellen sind offen. keine zäune. freie landschaft. private zuordnungen, besitzrechtliche belange treten in den hintergrund zugunsten einer nutzung des raumes als einheit, als landschaftsbild. der alltag, erfindungen im alltäglichen liefern die poetische substanz der gärten. die gärten treten im schwarm auf. der schwarm, aus vielen einzelindividuen bestehend, verändert in jedem moment seine gesamterscheinung, ohne das individuum in seiner erscheinung zu verändern.

das prinzip der teilung:
parzellierung: gleich große, kleine teile zu gleichen bedingungen, die parzellengröße und ein anteil öffentlicher fläche am ganzen ist definiert, deren form, anordnung, verteilung erfindet sich beständig neu: es gibt kein raster, jahresverlosung per zufall/das ereignis: der sindelfinger gartenschwarm als jährlich wiederkehrende festliche inszenierung der neuverteilung und neuerfindung.
verteilen der fläche zwischen sindelfingen, dc und den beschäftigten: nicht mehr das abtreten der fläche für einen jeweiligen zugriff, sondern: forschungszentrum unten und transitorische gartenlandschaft oben.

das prinzip des austauschs:

gärten sind kommunikationsmodelle, die bedürfnisse, leidenschaften, träume, alltag und so weiter formulieren und vermitteln. austausch meint aber auch, dass die flächen getauscht werden, in jährlichem und mehrjährigem wechsel, in ständiger verhandlung; nicht der ewige besitz ist das bestimmende kriterium, sondern die wechselnde be-nutzung, neu-erfindung, neu-verhandlung.

das mitgebrachte kann, muss nicht bleiben – ist verhandlungssache, austausch durch öffentlichen zugang, grenzmarkierung, nicht grenzziehung.

das prinzip der brache:

brachflächen sind im schwarm der gärten keine leerstellen. vielmehr sind sie gedanklich nicht besetzte stellen, die freiheit schaffen. sie führen ihr eigenleben und mit sich einen reichtum an unentdeckten schönheiten, die in korrespondenz untereinander stehen: gärten und brachen stehen in physischer korrespondenz, beide sind ein fundus – die nicht verlosten parzellen bleiben brach liegen.

die heterogenität ist grundlage der latenten poesie des alltags.

Christopher Dell

Heimaten 0.2 – Über die Gemeinsamkeit des Ortes

eine akustische Recherche – Anmerkungen zu beiliegender CD

Was meinen wir, wenn wir den Begriff Heimat verwenden?
Wir beantworten diese Frage meist in Bezug auf unterschiedliche Ebenen. Zum einen denken wir an den Ort unseres Geborenseins, des Aufgewachsenseins oder an unseren jetzigen Stand- oder Wohnort. Spontan auf die Qualitäten von Heimat angesprochen, sprechen wir von dem Ort Heimat als dem Ort, an dem wir uns wohlfühlen, wo wir unsere Freunde haben, wo wir uns zu orientieren gelernt haben, sowohl im geographischen als auch im soziologischen Sinne. Hier finden wir in lokalen Netzwerken wie Familie, Freundeskreis, Verein oder anderen unsere, zur Identitätsbildung nötige, Anerkennung und unmittelbare Auseinandersetzung. Folglich können wir sagen, dass der Begriff Heimat ein sprachlicher Ausdruck unserer Beziehung zu einem sozialen und geographischen Raum sei. Es ist also kein starres Gebilde, sondern ein ständig sich veränderndes Geflecht von Relationen.
Einen kleinen Ausschnitt aus diesem komplexen Bild bietet die CD Heimaten 0.2. In der spezifisch auf die Kleinstadt Sindelfingen bezogenen Arbeit beziehen die Bürger Stellung. Zwar hatte ich bestimmte Fragen für die Interviews vorbereitet, doch entwickelte sich aus diesen Fragen oftmals ein freies Gespräch in verschiedene Richtungen, je nachdem, wohin der Befragte seinen Schwerpunkt lenkte. Bei aller Mannigfaltigkeit der Aussagen lässt sich ein Motiv in fast jeder Sindelfinger Biographie finden: DaimlerChrysler.
Der Weltkonzern DaimlerChrysler, der die Stadt Sindelfingen erst zur Stadt hat werden lassen, interessiert sich heute nicht mehr für die Region. „Auf der anderen Seite des Werks könnte auch gar nichts sein, es wäre uns egal. Sindelfingen hat für uns keine Relevanz.“ So eine Führungskraft im Werk DaimlerChrysler. Auf der anderen Seite sind die Bürger überzeugt, dass die Stadt von DaimlerChrysler abhängig sei („Wes Brot ich ess, des Lied ich sing“), auch wenn der Konzern seine räumliche Flexibiblität schon seit einigen Jahren auch dahingehend nutzt, in Sindelfingen Verluste

abzuschreiben und keine Gewerbesteuer mehr zu zahlen.
Sindelfingen entwickelte sich vor allem in der Nachkriegszeit zum hochindustrialisierten Wirtschaftsstandort. Betrug die Einwohnerzahl 1945 noch etwa 8 000, so stieg sie bis 1972 auf 56 000. Bereits 1950 übertraf die Zahl der 12 800 Beschäftigten bei Daimler-Benz die Zahl der 11 800 Einwohner von Sindelfingen. 1968 hatten sich beide Zahlen verdoppelt. Heute sind es ca. 40 000 Einpendler aus dem Einzugsgebiet. Sie stellen eine grosse Belastung für Verkehrssysteme und Umwelt dar.
Unter den Zugezogenen waren neben Bürgern aus dem gesamten Bundesgebiet auch zahlreiche Aussiedler aus dem Osten und Südosten Europas. 1988 lebten in Sindelfingen 11 000 „Gastarbeiter“ aus 80 Nationen (höchster Ausländeranteil in Baden-Württemberg), die sich hier eine „neue Heimat“ aufbauten. Die Frage wer noch „echter Sindelfinger“ sei, lässt sich selten beantworten.

Bittermann&Duka

Die Dritte Kammer – Intangible Assets

Die Gründung der Akademie

Als eine „Gemeinschaft von Raumarbeitern“ nach Sindelfingen eingeladen, waren wir vor die Aufgabe gestellt, mit unseren eigenen Kompetenzen denen von Architekten und Stadtplanern zu begegnen und damit eine gemeinsame Sprache zu entwickeln. Gegenstand der Arbeit war eine städtebauliche Fehlplanung an der Schnittstelle zwischen der Stadt Sindelfingen und dem Werk des global agierenden Megakonzerns DaimlerChrysler. Das abweisend randstädtische dieser Schnittstelle bei direkter Nachbarschaft zur Innenstadt entpuppte sich für uns als das Abbild des Verständigungsgebahrens zwischen den beiden voneinander abgewandten Parteien. Anstelle von ergebnisorientierten städtebaulichen Planungen mit ein bisschen Kunst am Bau verlagerte die Projektgruppe ihr vorläufiges Lösungsangebot auf die eher prozesshaft ausgerichtete Einführung einer Plattform zur Erneuerung der Kommunikation zwischen Stadt und Werk. Diese Plattform nannte die Projektgruppe „Akademie“. Allerdings war uns daran gelegen, den Begriff „Akademie“ eher von seiner ethymologischen Wurzel her zu interpretieren.

Die erste Akademie – die Gelehrtenversammlung Platons – lag in einem Lusthain im Tempelbezirk des Hekademos bei Athen, in dem Platon ein eigenes Grundstück besaß, das er als Garten angelegt hatte. Die Lage des Gartens inmitten des Hains entsprach in exemplarischer Weise Platons Denken, immer von einer Mitte auszugehen. Der Name Hekademos oder Akademos ist vorgriechischen Ursprungs und lässt sich heute nicht mehr weiter ableiten – man weiß nur, dass Akademos ein griechischer Heros gewesen sein soll. Heroen waren nach antiker Vorstellung auserwählte Menschen, die besonders talentiert waren, heilige Haine anzulegen und deren Schutz zu übernehmen. Der Heros war jemand von universaler Kenntnis: Er kannte die Natur, legte die Ordnung und die Regeln für die Abgrenzungen des Hains fest. Wie der Ort heilig gehalten werden musste, war Teil seiner seherischen Fähigkeiten. In seiner Nachfolge bedurfte es dann einer Gemeinschaft, die sich um den Bestand im Hain kümmerte und die semantischen Zusammenhänge erhielt, damit das Besondere, das Numinose des Ortes

Bittermann&Duka, „Die Dritte Kammer – Die Gründung der Akademie“, 2000, 100 x 150 cm, Öl auf Holz, Ausstellungsbeitrag zu „Die Gründung der Akademie“, Galerie der Stadt Sindelfingen, 2000.

bewahrt bleiben konnte.
Die Sindelfinger Akademie sollte weniger heroische Züge tragen als vielmehr helfen, die zur Diskussion stehende „Schnittstelle“ in ihrer Essenz wahrzunehmen, zu deuten und umzudefinieren. Die „Schnittstelle“ sollte im Laufe des Prozesses der „Akademie“ als ein unerlöster, verwunschener Ort erkannt werden, der sich mit einer gemeinsamen Entscheidung wieder in einen „Hain“ verwandeln ließe. „Hain“ stand hier für einen Ort, der Neugier weckt, den aufzusuchen Lust macht und der von der Gemeinschaft in seinem neu gefundenen Bedeutungszusammenhang gepflegt und erhalten wird. Im Laufe dieses Prozesses sollte es eher um kleine utopische Entwürfe in den Erzählräumen „Stadt“ und „Landschaft“ gehen, als um große Würfe realer städtischer Neuordnung. Soweit unsere erste Vorstellung von einer „Akademie“.
Nach den Regeln eines vorher besiegelten Gründungsvertrags wurde die „Akademie“ im Herbst 2000 in der Galerie der Stadt Sindelfingen ins Leben gerufen. Alle Beteiligten – die Künstler, die Architekten, ein Komponist und Vertreter der Stadt – bespielten zunächst nach heterogenen Vorgaben die Ausstellungsräume der Galerie. Die Gesamtheit aller Räume wurde umgeformt von reinen Kunstausstellungsräumen hin zu einem vielgestaltigen Forum für alle Arten von Kommunikations-und Werkstattprozessen bis hin zu städteplanerischen Veranstaltungen, die hierher verlegt wurden, um das Ambiente der Akademie zu nutzen. Eine unserer Aufgaben war es, zwei Räume mit Arbeiten aus „Der Dritten Kammer“ auszustatten, mit diesen „autonomen“ Werken den künstlerischen Part vorzustellen und damit eine Ausgangssituation zu inszenieren.
„Die Dritte Kammer“ beherbergte diesmal nicht nur Visualisierungen des gärtnerischen Prinzips, das üblicherweise einen ihrer wesentlichen inhaltlichen Bestandteile ausmacht, sondern sie wurde selbst zum Bestandteil eines größeren Ganzen, das nur eine Teilfunktion übernehmen sollte: Das Erzeugen eines kontemplativen Klimas, in dem utopisches Denken gedeihen konnte. So wurden die Räume zum bühnenbildartigen Hintergrund, vor dem die Teilnehmer der Akademie ihre eigenen Entwürfe und Vorstellungen zur „Schnittstelle“ entwickeln konnten. An manchen Tagen wurde das Atmosphärische in dem von uns inszenierten „Hain“ wichtiger als das Rezeptive.

Bittermann&Duka, „Die Dritte Kammer“, 2000, Räume während der Gründungsveranstaltung, Beiträge zu „Die Gründung der Akademie“, Galerie der Stadt Sindelfingen, 2000.

Das Bild ist ein Modell

Eine Utopie will nicht wirklich werden, sondern wirksam sein. Dieser Widerspruch beschreibt einen ihrer elementaren Wesenszüge. Utopische Erfindungen, deren Realitätsgehalt von Vorgriffen auf die Zukunft, aber auch Rückgriffen auf die Vergangenheit stark gedehnt wird, sind geprägt von dieser Differenz zwischen Wirklichkeit und Wirksamkeit. „Die Dritte Kammer" ist ein virtueller Raum, in dem Gestalten und Gedanken immer wieder zu Orten von vermeintlicher Realität fusionieren. Die Wirksamkeit von Bildern, die im Gegensatz zu der die Bilder grundierenden Wirklichkeit steht, ist eines der vorrangigen Anliegen „Der Dritten Kammer".

Eine Utopie konzipiert sich auf der Entwurfsebene. Die entstehenden Entwürfe reichen in das Innerste des Menschen, an seinen unberührbaren Kern, um dort in ihm etwas zum Klingen zu bringen, was normalerweise vor den zudringlichen Blicken der anderen geschützt ist. Ihr Ursprung liegt im Archetyp des „Utopos", was soviel wie heiliger, nicht betretbarer Ort bedeutet. Da der „Utopos" schwer in Kategorien zu fassen ist, stellt man ihn eher in Gleichnissen, Metaphern und Geschichten dar. Jeder Plan, der an die Grenzen seiner Vollkommenheit getrieben worden ist, hat also die Utopie berührt. Daraus folgt, dass jede Utopie – sei sie nun politisch, künstlerisch oder religiös – etwas an sich hat, das über ihre bloße Gestalt hinaus auf ein „Nirgendwo" verweist. Dieses „Nirgendwo" ist ein Sehnsuchtsort, der Energien freisetzt, die Impulse zur Gestaltung der Welt an die Wirklichkeit abgeben – auch wenn diese Umsetzungen dann von den Utopien selbst weit entfernt erscheinen. Von Interesse aber ist nicht der Aspekt der Nähe zur möglichen Verwirklichung, sondern die geistige Wirkkraft, die durch ein vorläufiges gedankliches Zuweitgehen erzeugt wird und die auch zunächst abwegig erscheinende Erfindungen in ihrem Bannkreis duldet.

Dieser Überzeugung von der Wirkkraft der Bilder liegt der Gedanke zugrunde, dass das Bild ein Modell ist, nicht Darstellung, sondern die Konstruktion dessen, was dargestellt wird. Ein Modell ist die Voraussetzung für die Planbarkeit der Dinge, um dann diese vorweggenommene Zukunft zu verwirklichen. Es ist ein Schritt auf dem Weg zu einer veränderten Wirklichkeit. Auf diesem Weg erfüllt das Bild in seiner Modellhaftigkeit also einen Zweck und zugleich den Selbstzweck seiner autonomen Existenz. Die entstehenden Bilder werden wiederum Schritt für Schritt zu einem Entwicklungsmodell, ohne dass die Realität außerhalb ihrer selbst je erreicht wird. In diesem Widerspruch eröffnen sich der Malerei vielfältige Möglichkeiten.

Die Bewältigung dieses Widerspruchs fordert gleichermaßen ein Interesse am Prinzip „Ergebnis" wie am Prinzip „Prozess". Das kontinuierliche Abschreiten einer Achse zwischen zwei Polen er-

Bittermann&Duka, „Die Dritte Kammer – Hain", 2000, 100 x 150 cm, Öl auf Holz, Ausstellungsbeitrag zu „Die Gründung der Akademie", Galerie der Stadt Sindelfingen, 2000.

scheint als Ausweg aus dem Dilemma der ideologischen Festlegung auf das eine oder andere Prinzip. Ein Werk aufzubauen, dessen einzelne Teile autonome Ergebnisse verschiedener Entwicklungsschritte sind, bildet den einen Polpunkt der Achse. Die Prozesse, die der Entwicklungsgeschichte der Bilder zugrunde liegen und sie zu Bindegliedern in deren Verlauf werden lassen, bilden den anderen. So erweitern sich die Bildfunktionen von ihrer rein autonomen Bedeutung zu einer angewandten, die vielfältig interpretierbar wird. Die Flexibilität, die diesem Prinzipienwechsel zu eigen ist, erscheint erforderlich angesichts der Enge, die eine Festlegung auf Kategorien wie „Salonmalerei" oder „Kontextkunst" mit sich bringt. Keiner dieser Begriffe wird dem gerecht, was eine Malerei leisten kann, deren autonome Darstellungsformen durch kontextuelle Bezüge in eine historisch neue bildnerische Kategorie überführt werden.

Bittermann&Duka, „Die Dritte Kammer – Intangible Assets", 2000, 150 x 100 cm, Öl auf Holz, rechts: Wandinstallation. Ausstellungsbeitrag zu „Die Gründung der Akademie", Galerie der Stadt Sindelfingen, 2000.

Mittelpark jetzt!

Welche Rolle konnten wir als Künstler in diesem Zusammenspiel von ganz unterschiedlichen Kompetenzen und Interessen übernehmen? Kunstintern gibt es keinen Pluralismus, nur Positionen einzelner Künstler, die meist unverbunden, ja fast autokratisch nebeneinander stehen. Kunst kann ein Transportmittel sein, um gesellschaftspolitische Chancen anzubieten oder Kritik zu formulieren. Was aber können künstlerische Konzepte mit Stadtentwicklung zu tun haben? Mit Vorliebe reagieren Künstler auf Erscheinungen an städtischen Bruchstellen und stellen dann assoziative Zusammenhänge her. Sie handeln von innen nach außen – reagieren gewissermaßen aus relativ großer Distanz auf reale Prozesse und Zusammenhänge. In dem Maße jedoch, in dem wir uns in den Moderationsprozess mit Beteiligten aus Stadt und Werk involviert fanden, war an eine solche Distanz nicht mehr zu denken. Gefragt war vielmehr, von dem Bewusstsein des Mangels auf ein Zulassen des Bedürfnisses nach Fülle umzuschalten.

Gärten sind ein Vorschlag, wie die Welt zur „besten aller Welten" geordnet werden könnte. Er kann als Gegenentwurf zur alltäglichen Welt verstanden werden. Meist spiegelt er Wünsche und Sehnsüchte derer, die ihn hervorbringen. Während der 10-tägigen Werkphase reagierte die Projektgruppe zum einen auf die Erzeugnisse der „Wunschmaschinen" interessierter Bürger und einer Sonderdelegation von Mitarbeitern des Werks, die während der Gründungsveranstaltung der „Akademie" hervorgebracht worden waren. Zum anderen reagierte sie auf die Austragung eines prekären Kampfes zwischen der Stadt Sindelfingen und dem Werk DaimlerChrysler um ein großes mit Kleingarten-Anlagen und Feldern bebautes Grundstück, das seit Jahrzehnten die wichtigste Frischluftschneise der Stadt bedeutet, für das Werk jedoch die bequemste Erweiterung ihres Geländes darstellen würde – das begehrte Grundstück hat den Namen „Mittelpfad".

So gedieh der Gedanke, die ursprüngliche Schnittstelle in beide Richtungen – auch um den Mittelpfad – zu erweitern, viele Funktionen, die in der Moderationsphase als Wünsche erkannt worden waren, unter der Erde anzusiedeln und über dem gesamten akkumulativen Gebilde einen riesigen Park anzulegen. Dem Gebiet „Mittelpfad" wurde auf diese Weise eine 200-prozentige Nutzung zugewiesen: 100 % Entwicklungszentrum für DaimlerChrysler – unter der Erde, 100 % Park für Sindelfingen – über der Erde. Entstanden war der „Mittelpark". Mit Aktionen unter dem Motto „Mittelpark jetzt!" – machten wir auf ihn aufmerksam. Zwar wurde uns der Vorwurf gemacht, diese Lösung wäre nur ein insgeheimes Ebnen des Verhandlungsweges für das Werk, wir aber sind der Meinung, dass die Erweiterung des Horizonts um diese dritte Möglichkeit eines „Darüber hinaus" die Verhandlungen zwischen Stadt und Werk verändern kann.

Bittermann&Duka, „Mittelpark jetzt!", 2000, ca. 250 x 300 cm, Computergrafik, Ausstellungsbeitrag zu „Die Gründung der Akademie", Galerie der Stadt Sindelfingen, 2000.

mittelpark jetzt!
Akademie Sindelfingen

hanns-martin-schleyer-strasse
zob
s-bahnhof
kindergarten/betriebs
koordinati
mobilitätsz
waldbrücke
waldbrücke
werksstrasse
dach der gro
tauchturm
teehaus
minigolf

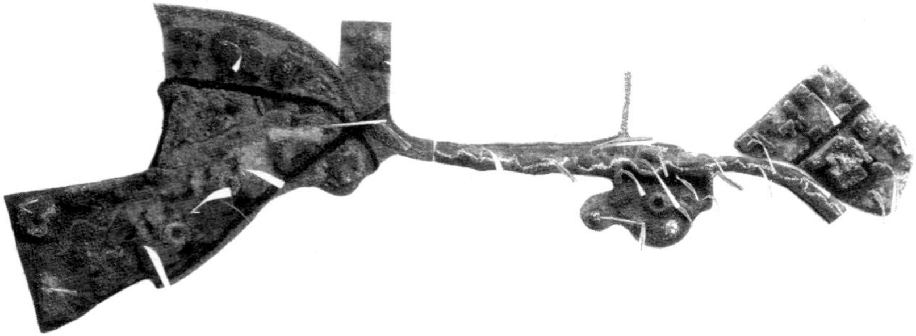

Hätten wir als Künstler – unter den gleichen Bedingungen eines nicht-ausgesprochenen Bauauftrages – allein diesen Unort „Schnittstelle“ bearbeitet, wäre dabei eine wesentlich abwegigere, maßstäblich unrealisierbare Lösung herausgekommen. Denn da der Vorteil der Kunst manchmal darin liegt, ihre Erfindungen nicht an den Prinzipien der Machbarkeit messen lassen zu müssen, kann sie Fiktion, Realitätssinn, aber auch Kritik einbringen, kann Modellhaftes, aber auch das Moment des Scheiterns einbeziehen. Gemeinsam jedoch haben wir ein Gebilde entstehen lassen, das als Hybrid fungiert und dessen Umsetzbarkeit bei aller Kühnheit des Gedankens doch im Bereich des Möglichen bleibt. Jeder der Beteiligten war gezwungen, seinen üblichen Arbeitsprozess zu unterbrechen und auf einer ungewohnten Ebene weiterzuagieren.
Problematisch bleibt nach unserer Einschätzung die Tatsache, dass das prinzipielle Interesse der Städte, großen Wirtschaftsunternehmen gute Standortbedingungen zu liefern, unter bestimmten Bedingungen mit dem Missbrauch des kulturellen Felds bezahlt wird. Speziell in Sindelfingen führte diese Problematik des nutzbringenden „imagetransfers“ zu einer merkwürdigen Schieflage der gesamten Situation. Einerseits ist ein Kunstbegriff, der auf so experimenteller Ebene angesiedelt ist, wie es die Zusammenarbeit von Künstlern und Architekten in diesem Kontext bedeutete, im regionalen Bereich einer Kleinstadt wie Sindelfingen noch komplizierter zu vermitteln als im überregionalen – was sich an den Reaktionen des Publikums und der Lokalpresse ablesen ließ. Trotz des Versuchs, mit Bildern und Modellen Verständigung herzustellen, blieb das Ganze in gewisser Weise im Hermetischen stecken, denn die Forderung nach Allgemeinverständlichkeit eines Projektes geht einfach auf Kosten von Komplexität und Dichte an Informationen. Andererseits bedient das kulturelle Sponsoring des Werkes DaimlerChrysler auf seiner Ebene andere Größenordnungen, weil die „intangible assets“ (intellektuelles Kapital) den Marktwert eines globalen Unternehmens nur dann erhöhen, wenn der Sponsoring-Einsatz auch seinem globalen Anspruch Genüge tut. Daher beschränkte sich in unserem Fall das Interesse der Delegation des Sindelfinger Werks auf die ortsspezifische Auseinandersetzung und der kulturelle Rahmen bildete ein zwar willkommenes, aber dennoch für sie nicht unbedingt notwendiges Dekor.
Dahingestellt sei demnach auch die öffentliche Wirkung dieser modellhaften Ortsverwandlung. Diese Frage stellt sich um so nachdringlicher, als schon die Definition von ‚Öffentlichkeit‘ in diesem Fall zwischen zwei denkbar weit von einander entfernten Maßstabsebenen erfolgen muss: der des global agierenden Konzerns, der seinen Aktionären größere Sentimentalitäten nicht zumuten will und der Maßstabsebene der Stadt und ihrer Bewohner, die sich aller Abhängigkeit zum Trotz das Anrecht auf eine eigene Realität nicht in Abrede stellen lassen wollen.

Oben links: Bittermann&Duka, „Mittelpark jetzt!“, 2000, 500 x 600 cm, Acrylfarbe auf Nessel, Transparent an der Frontfassade der Galerie der Stadt Sindelfingen
Oben rechts und unten links: Bittermann&Duka, „Mittelpark jetzt!“, 2000, Modellbauphase und Modellvariationen, Beiträge zu „Die Gründung der Akademie“, Galerie der Stadt Sindelfingen, 2000.

Isa Melsheimer

Modelle

In Isa Melsheimers Arbeiten spielt sich das Wichtige unten ab: Unter einem riesigen Architekturmodell vermehren sich Holzbaracken im Miniaturformat schnell wie eine brasilianische Favela (*ohne Titel*, 2000), unter einer gepolsterten Sitzbank schwebt eine *Siedlung* (1999), unter einem Waschbecken entsteht die *Behausung* (1999/2000). Oder mitten im Raum steht eine niedrige Chaiselongue (*Chaiselongue*, 2000), auf der sich zwei Menschen der Länge nach fläzen können.

Auf der gepolsterten Bank von *Siedlung* sitzt es sich komfortabel, obgleich man mitten im dunklen Unterholz hockt. Dieser mit dem Computer verzerrte Waldboden bildet eine Art begrüntes Dach über einer Reihe von vier fast gleichgroßen, gleichgestaltigen Hauskisten mit Fensterausschnitten. Anders aber als bei einer Klappbank können wir nicht von oben in diese Räume hineinschauen, sondern sehen ihre Innengestaltung in frontaler Ansicht und in künstlicher Beleuchtung. Siedlungen sind eher gleichförmige Hausansammlungen aus ähnlicher Zeit. Nicht mit der historischen Struktur eines Dorfes, einer Stadt unverwechselbar verwachsen, proben ihre Bewohner die individuelle Gestaltung. Isa Melsheimer macht den Unterschied zwischen den Zellen der uniformen Waldsiedlung an den tapezierten Wänden fest. Auf ihren Fototapeten sind die Naturmotive fraktal ins Kraut geschossen, Mutationen der grellfarbigen, geometrisch gemusterten Wanddekoration. Die unheimliche Öffnung der Wand in den Urwald, die Wüste, den umgekippten See mit Tropenbewuchs, wird balanciert durch eine elegant geschwungene Wendeltreppe aus Holzstöckchen. Deren rustikale Ästhetik kennt man, in anderem Maßstab, von Naturlehrpfaden. Vom Fuß des Arrangements sich nach oben schlängelnd, scheint die Treppe in einem kleinen Rundzelt zu enden. Es thront auf dem zugewucherten Waldweg der Polsterung und ist ganz besonders kunstvoll mit einzelnen Pflanzen in der Art einer botanischen Studie bestickt. *Siedlung* könnte ein Arrangement für Wichtelmänner, die legendären Helfer der ‚kleinen Leute', sein, die sich auf dem Weg ins 21. Jahrhundert sowohl mit denen arrangieren müssen, die Datschen betreiben als auch denjenigen, die Kunst be-sitzen.

Aus der Perspektive von Isa Melsheimers *Siedlung* gibt *ohne Titel*

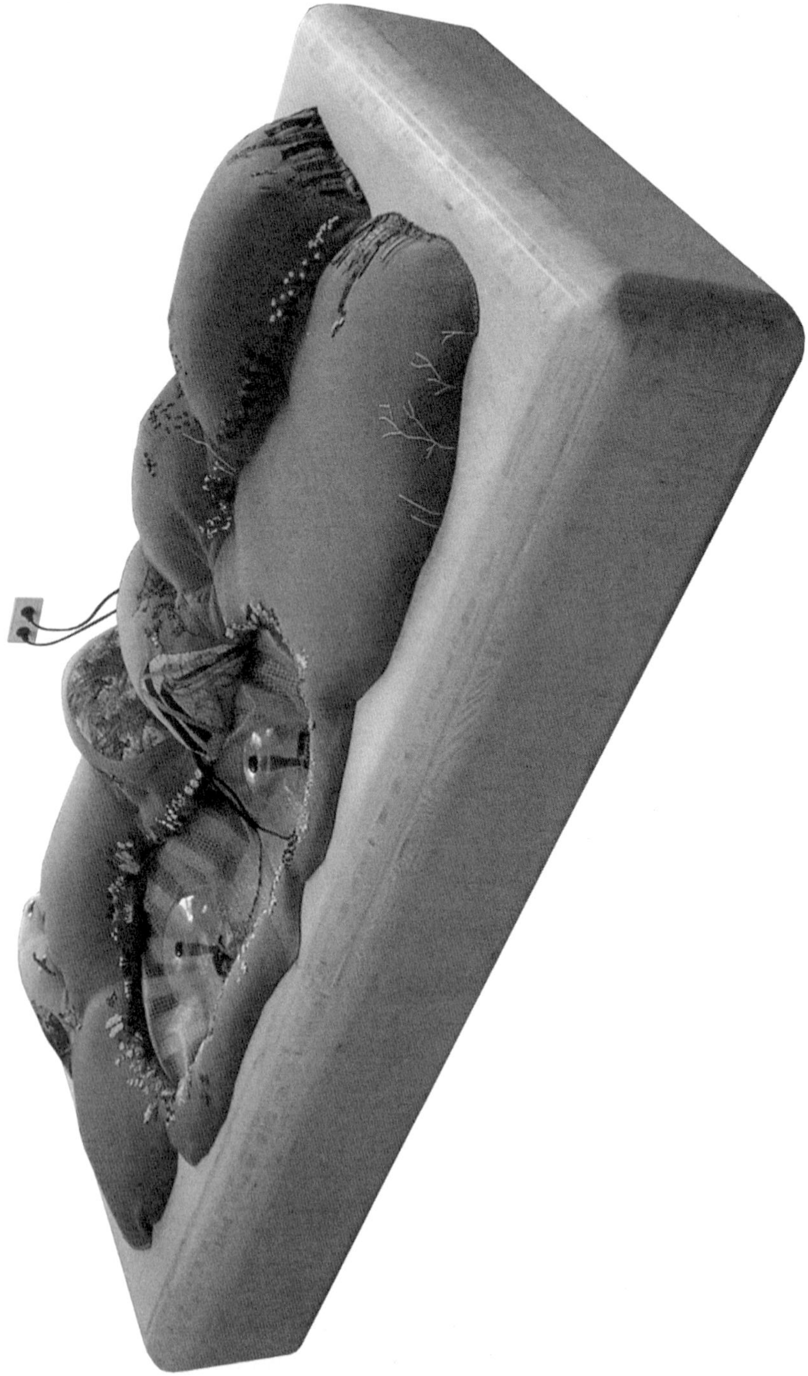

(2000) in erster Linie die sozialökonomisch und kulturell unterschiedliche Konnotation von Schrebergartenverein und Slum zu erkennen. Denn selbst ihre zusammengezimmerten Sperrholzhütten sind andeutungsweise behaglich gestaltete Behausungen, deren Potential sich allerdings ‚unterhalb' jeder stadtplanerischen Utopie entfaltet. Als Behausung würde man eine minimale Unterkunft bezeichnen, eine, die Qualitäten des Hauses oder gar des Zuhauses nur zeitweilig hat, das Dach über dem Kopf, nach dem man suchen muss: unter einer Brücke, im Dunkel oder zumindest in einem Winkel. In *Behausung* überbrückt Isa Melsheimer den Abstand von der schwebenden Aussichtsplattform, in deren Helligkeit sich nichts verstecken ließe, zum Waschbecken-See derart, dass darunter die Welt der Schlupfwinkel entsteht. Die Minimalform eines Unterschlupfs dürfte die einzelne Zeltbahn sein. Doch auch dieses improvisierte und doch leicht vom kalten Boden abgehobene Lager ist gestaltet, die Stoffbahn mit einfachen bunten Hausansichten, mit ‚Traummotiven' geschmückt. Keineswegs aber muss die Erdoberfläche einziger Ort für Behausungen sein. Für das Weltall – einem fantastischen Reich zwischen ‚Seegrund' und Fußboden – zeigt Isa Melsheimer ein anderes Behausungsmodell. Denn wie auf Knopfdruck scheint sich das Zelt aus Klarsichtfolie aus dem Siphon-Raumschiff aufgespannt zu haben und fest im All vertäut zu sein. Damit seine BewohnerInnen den besonderen Bedingungen gewachsen sein werden, gibt es einen styroporisolierten und mit weichem Samt bedeckten Zeltboden. So sorgfältig wie für die imaginären Obdachlosen aller Dimensionen sorgt die Künstlerin auch für die BesucherInnen, wenn sie ihnen die vergleichsweise große, auf Maß gesteppte Matratze, die gänzlich ‚im Freien' liegt, als Knieschoner anbietet, wollen diese sich das Heterotop genauer betrachten.

Was die Matratze für den Knieenden ist die ergonomische, den liegenden Körper stützende Form der Polsterung bei der *Chaiselongue:* eine fürsorgliche Geste an die BenutzerInnen. Diese ungewöhnliche Liege stellt eine grüne Hügellandschaft dar, voll liebevoll gestickter und applizierter Pflanzen und Vierbeiner, exotischer Vögel und einem wassergefüllten Springbrunnenteich. Auf den zweiten Blick hin kippt die Idylle allerdings ins Morbide: Unter den Tieren erkennt man Riesenameisen, Würmer und tote, in die ‚Täler' zwischen den runden Polsterhügeln gestürzte Schafe. Isa Melsheimer verwandelt den Prototyp der Akademie, den Hain Platons, in eine Gartenlandschaft, in der der philosophisch-ästhetische Gedankenfluss, über die Kadaver stolpernd, im Nachhinein plötzlich zu jenem trivialen Plätschern wird, das der künstliche Teich in grellgrüner PVC-Folie mit seinen zwei kugelförmigen Fontänen ästhetisch bereits nahegelegt hatte. Schließlich nervt das monotone Summen der beiden Zimmerspringbrunnen, Inbegriff kitschiger Heimwerkerdeko, in seiner Unbedarftheit. Auch

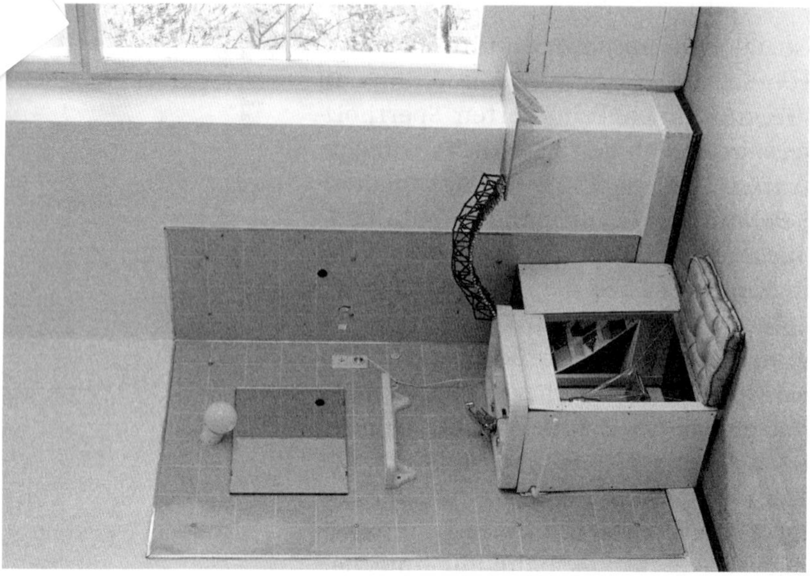

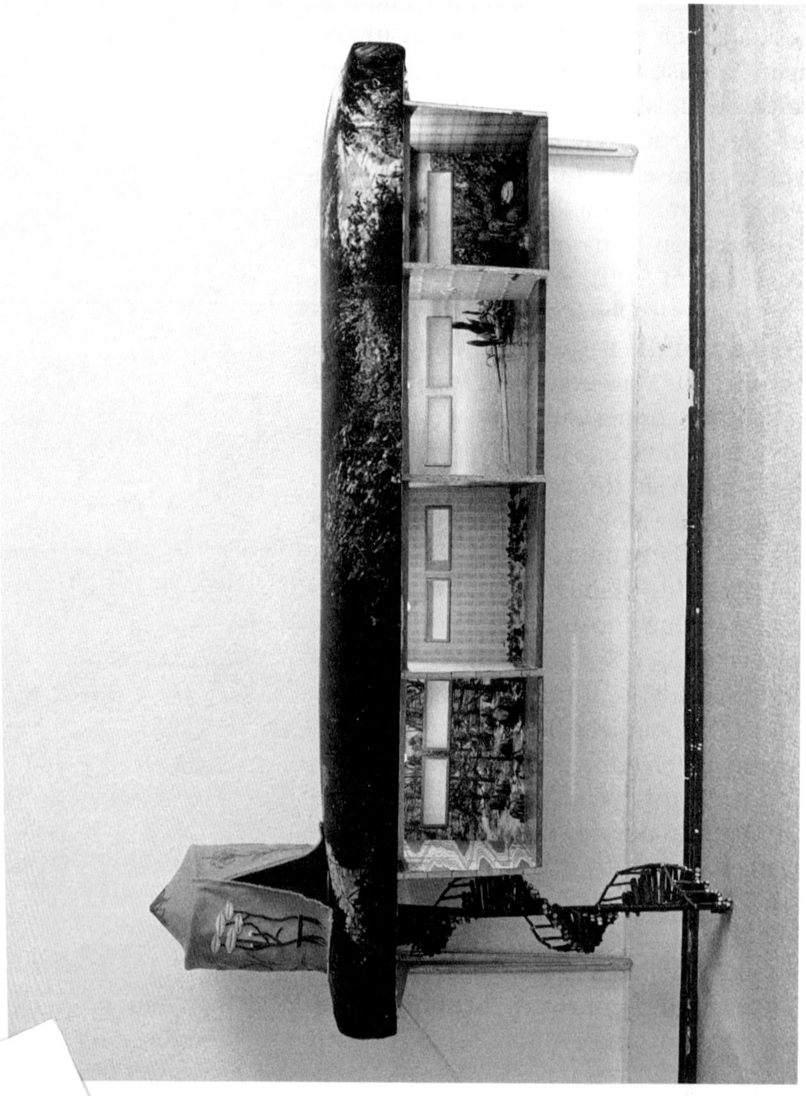

in dieser Arbeit irritiert das, was von unten, aus den Ritzen quillt, die schöne Anmutung, ob die handgearbeiteten Leichen oder der einfältige Pumpkreislauf, den das benutzerfreundliche Holzpodest mit den sorgfältig abgerundeten Ecken und der weich geschliffenen Oberfläche gnädig verbirgt. Ameisen können alles, auch Menschen, kurz und klein fressen; Würmer, Inbegriff wimmelnden Lebens, nähren sich von den Leichen. Ähnlich wie die kleinen Baracken, deklassieren sie die schöne, die hohe Form in Richtung eines „niedrigen Materialismus", dem George Bataille in den 1930er-Jahren soziale Sprengkraft zusprach.
Sich hinzulegen, zumindest aber sich zu bücken, vielleicht auf die Knie zu gehen, beispielsweise, um sich die *Behausung* näher anzusehen, heißt, sich physisch auf die horizontale Ebene, die der Desublimation und des Bataillschen Tiefstehenden zu begeben: dem, was ‚unter den Tisch gekehrt' wurde. Isa Melsheimer markiert mit ihren treffsicher gebastelten Wohnarrangements, den mit Leichtigkeit eingebauten geschmacklichen Irrtümern, der hingebungsvollen Handarbeit und den blumigen Fantasien vom trauten Heim an dem Punkt ein soziales Feld, wo sie in ihr Gegenteil umschlagen, das Unheimliche einerseits, ein Unbehaustsein andererseits.

Hanne Loreck

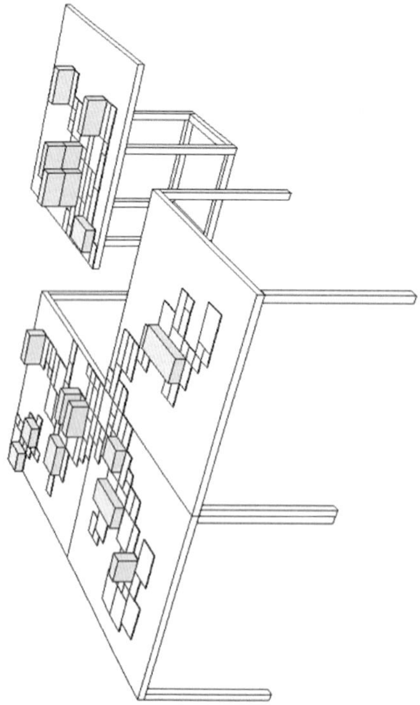

ifau

divercity featuring modell O'Brien[1]

Modell O'Brien ist ein interaktives Stadtplanungs- und Beteiligungsmodell, das als Installation anlässlich des Projekts log.in – netz/kunst/werke entwickelt wurde. Das gesamte Installationspaket ist konzipiert für die Stadt Schwabach, deren ehemaliges Kasernengelände das Test- beziehungsweise Planungsfeld beschreibt. Es besteht aus zwei untereinander verknüpften Planungswerkzeugen: einem vor Ort eingerichteten Modell mit frei kombinierbaren Stadtbausteinen und einer interaktiven Website in direkter Rückkopplung zum Modellraum. Über beide Realitätsebenen können lokale wie globale Ideen und Vorschläge zur Entwicklung des Gebietes eingebracht werden. Der sich entfaltende Entwurfsprozess verbleibt zunächst unbetreut, Ausgangspunkt ist komplette Offenheit und freier Zugriff auf das Planungsmodell. Es soll untersucht werden, ob sich auch bei einem radikalen Entzug von übergeordneten Vorgaben und Leitbildern stabile und kooperative Strukturen einstellen. Nach anfänglichen Schwankungen entsteht ein relativ geordneter Aufbau, der dann nach einer zusätzlichen Moderation sogar zur Gleichförmigkeit tendiert. Die Transparenz des Modells scheint die Bereitschaft zu kooperieren bei den diversen Teilnehmern enorm zu steigern. Festzuhalten bleibt, dass ein frei verhandeltes Grundgerüst sich in weiteren (nicht moderierten) Phasen als sehr robust erweist. Eigentliche Vielfalt entsteht nun über spezialisierte und auch durchaus egoistische Eingaben, die die stabilisierte Matrix bereichern.
Die theoretische Grundlage für modell O'Brien bildet divercity, eine städtebauliche Strategie, die Stadt als offenes System versteht und ein Planungsinstrument vorstellt, das durch freie Zugänglichkeit und ständige Aktualisierung der gegenwärtigen Produktion von Stadt entsprechen kann. Im wesentlichen beschreibt divercity Stadtplanung als open source Projekt, dessen Grundlage eine vernetzte und frei zugängliche Planungsplattform bildet, bei der städtebauliche Prozesse nicht durch leitbildmotivierte, zeit/räumliche Vorgaben, sondern über direkte und aktuelle Eingaben reguliert werden. Der städtische Raum wird wie ein Produkt behandelt, das durch die Teilnahme verschiedener kompetenter In-

1] divercity – modell O'Brien ist ein projekt von: ifau (Institut für angewandte Urbanistik, Berlin) und Ulrich Königs (Königs Architekten, Köln) in Zusammenarbeit mit: Gabriele Gentz (Künstlerin, Berlin), Jens Reinert (Künstler, Berlin) und Andreas D. Schwarz (Coder – x-ed:peri-mental.dmt, Berlin) entstanden im Rahmen von: log.in – netz/kunst/werke (Arbeitsgemeinschaft Kultur im Großraum Nürnberg, Fürth, Erlangen, Schwabach) in Zusammenarbeit mit dem Institut für moderne Kunst Nürnberg, Juni – November 2000.

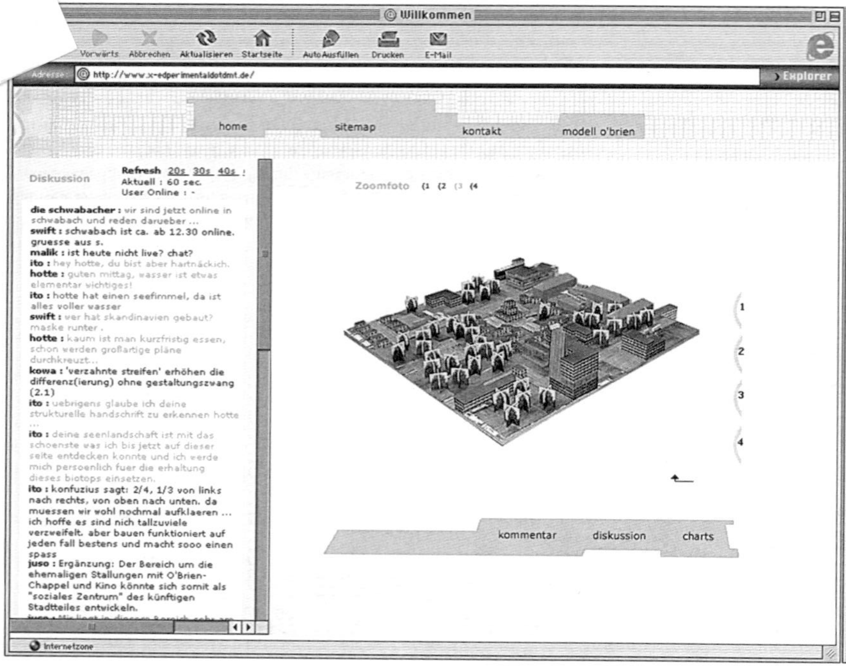
Willkommen
Vorwärts Abbrechen Aktualisieren Startseite AutoAusfüllen Drucken E-Mail
Adresse http://www.x-edperimentaldotdmt.de/
Explorer
home sitemap kontakt modell o'brien
Diskussion
Refresh 20s 30s 40s
Aktuell : 60 sec.
User Online : -
die schwabacher : wir sind jetzt online in schwabach und reden darueber ...
swift : schwabach ist ca. ab 12.30 online. gruesse aus s.
malik : ist heute nicht live? chat?
ito : hey hotte, du bist aber hartnäckich.
hotte : guten mittag, wasser ist etwas elementar wichtiges!
ito : hotte hat einen seefimmel, da ist alles voller wasser
swift : wer hat skandinavien gebaut? maske runter .
hotte : kaum ist man kurzfristig essen, schon werden großartige pläne durchkreuzt...
kowa : 'verzahnte streifen' erhöhen die differenz(ierung) ohne gestaltungszwang (2.1)
ito : uebrigens glaube ich deine strukturelle handschrift zu erkennen hotte ...
ito : deine seenlandschaft ist mit das schoenste was ich bis jetzt auf dieser seite entdecken konnte und ich werde mich persoenlich fuer die erhaltung dieses biotops einsetzen.
ito : konfuzius sagt: 2/4, 1/3 von links nach rechts, von oben nach unten. da muessen wir wohl nochmal aufklaeren ... ich hoffe es sind nich tallzuviele verzweifelt. aber bauen funktioniert auf jeden fall bestens und macht sooo einen spass
juso : Ergänzung: Der Bereich um die ehemaligen Stallungen mit O'Brien-Chappel und Kino könnte sich somit als "soziales Zentrum" des künftigen Stadtteiles entwickeln.
Zoomfoto (1 (2 (3 (4
1
2
3
4
kommentar diskussion charts
Internetzone

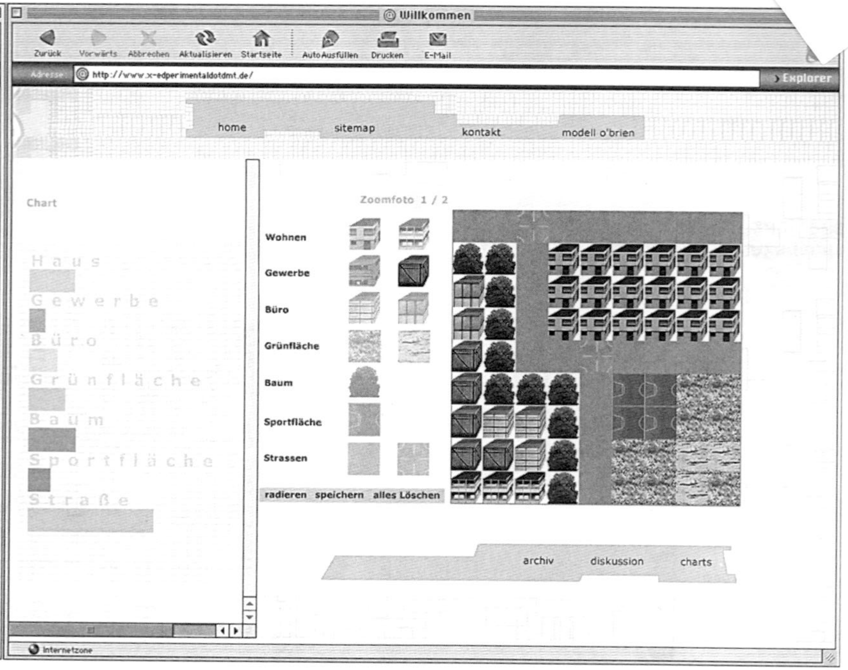
Willkommen
Zurück Vorwärts Abbrechen Aktualisieren Startseite AutoAusfüllen Drucken E-Mail
Adresse http://www.x-edperimentaldotdmt.de/
Explorer
home sitemap kontakt modell o'brien
Chart
Haus
Gewerbe
Büro
Grünfläche
Baum
Sportfläche
Straße
Zoomfoto 1 / 2
Wohnen
Gewerbe
Büro
Grünfläche
Baum
Sportfläche
Strassen
radieren speichern alles Löschen
archiv diskussion charts
Internetzone

teressensgruppen immer weiter verbessert wird. Der Quellcode liegt offen. Die Realität der Stadt (Dynamik, Spezialisierung) kann aktiv in den Planungsprozess eingehen. Krisen und Konvergenzen werden produktiv eingebaut; durch sie wird der Planungsprozess stetig hinterfragt und reguliert. In Konkurrenz- oder Mangelsituationen entstehen Kooperationen gerade durch den Entzug vorher festgelegter planerischer Sicherheiten. Die Potentiale defizitärer Kontexte können so direkt genutzt werden. Der Planer wird zum Organisator eines Prozesses anstatt wie bisher Autor eines Entwurfes zu sein.

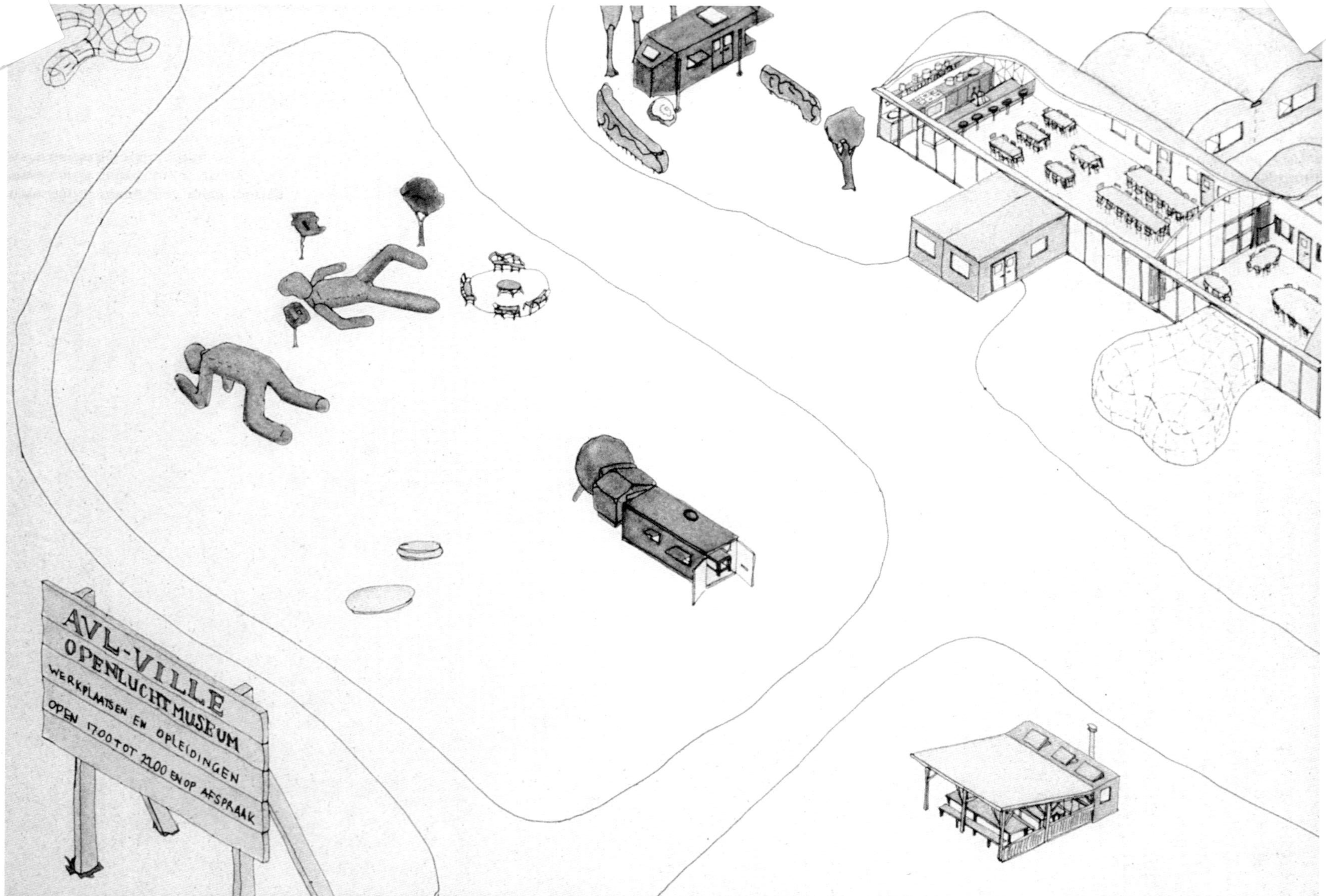
AVL-VILLE
OPENLUCHTMUSEUM
WERKPLAATSEN EN OPLEIDINGEN
OPEN 17.00 TOT 22.00 EN OP AFSPRAAK

Atelier van Lieshout

Freistaat

AVL-Ville (Detail), 1999, Wasserfarbe auf Papier, 70 x 100 cm, Foto: Atelier van Lieshout.
Nächste Seite: AVL-Ville 1, 2001, Freistaat im Ausbau, Keilestraat Rotterdam, verschiedene Abmessungen und Materialien, Foto: Atelier van Lieshout.

AVLU
40.22.7.99